高等职业教育旅游大类"十三五"规划教材

编委会

总主编

马　勇　教育部高等学校旅游管理类专业教学指导委员会副主任
　　　　湖北大学旅游发展研究院院长，教授、博士生导师

编　委（排名不分先后）

朱承强　全国旅游职业教育教学指导委员会委员
　　　　上海师范大学MTA教育中心主任
　　　　上海旅游高等专科学校酒店研究院院长，教授

郑耀星　全国旅游职业教育教学指导委员会委员
　　　　中国旅游协会理事，福建师范大学教授、博士生导师

王昆欣　全国旅游职业教育教学指导委员会委员
　　　　浙江旅游职业学院党委书记，教授

谢　苏　全国旅游职业教育教学指导委员会委员
　　　　武汉职业技术学院旅游与航空服务学院名誉院长，教授

宋德利　全国旅游职业教育教学指导委员会委员
　　　　山东旅游职业学院院长，教授

邱　萍　全国旅游职业教育教学指导委员会委员
　　　　四川旅游学院旅游发展研究中心主任，教授

韩　军　全国旅游职业教育教学指导委员会委员
　　　　贵州商学院旅游管理学院院长，教授

郭　沙　全国旅游职业教育教学指导委员会委员
　　　　武汉职业技术学院旅游与航空服务学院院长，副教授

罗兹柏　中国旅游未来研究会副会长，重庆旅游发展研究中心主任，教授
杨如安　重庆旅游职业学院院长，教授
徐文苑　天津职业大学旅游管理学院教授
叶娅丽　成都纺织高等专科学校旅游教研室主任，教授
赵利民　深圳信息职业技术学院旅游英语专业教研室主任，教授
刁洪斌　青岛酒店管理职业技术学院副院长，副教授
刘亚轩　河南牧业经济学院旅游管理系副教授
张树坤　湖北职业技术学院旅游与酒店管理学院院长，副教授
熊鹤群　武汉职业技术学院旅游与航空服务学院党委书记，副教授
韩　鹏　武汉职业技术学院旅游与航空服务学院酒店管理教研室主任，副教授
沈晨仕　湖州职业技术学院人文旅游分院副院长，副教授
褚　倍　浙江旅游职业学院人力资源管理专业带头人，副教授
孙东亮　天津青年职业学院旅游专业负责人，副教授
闫立媛　天津职业大学旅游管理学院旅游系专业带头人，副教授
殷开明　重庆城市管理职业学院副教授
莫志明　重庆城市管理职业学院副教授
蒋永业　武汉职业技术学院旅游与航空服务学院讲师
朱丽男　青岛酒店管理职业技术学院旅游教研室主任，讲师
温　燕　浙江旅游职业学院讲师
张丽娜　湖州职业技术学院讲师

高等职业教育旅游大类"十三五"规划教材

总主编 ◎ 马 勇

酒店管理概论

主 编 ◎ 韩 军
副主编 ◎ 陈 弘 李海瑛

Introduction to Hospitality Management

华中科技大学出版社
http://www.hustp.com
中国·武汉

内 容 提 要

本书以管理学基本理论为基础,将全书内容从认识酒店开始,提出管理的基础理论,并专门分列出了计划管理和组织管理的内容。结合酒店职能管理工作的实际需要,分别设置了服务质量管理、酒店经营方式与理念、人力资源管理、设备物资管理、酒店文化建设等项目。最后以酒店管理发展趋势这一项目作为全书的结束。本书的内容和体例设计具有显著的针对性、实践性和指导性,适于有志于在酒店行业发展的学生学习,对酒店业的从业者也具有较好的参考作用。

图书在版编目(CIP)数据

酒店管理概论/韩军主编. —武汉:华中科技大学出版社,2017.3(2022.9 重印)
高等职业教育旅游大类"十三五"规划教材
ISBN 978-7-5680-2529-4

Ⅰ.①酒… Ⅱ.①韩… Ⅲ.①饭店-商业企业管理-高等职业教育-教材 Ⅳ.①F719.2

中国版本图书馆 CIP 数据核字(2017)第 012273 号

酒店管理概论 韩 军 主编
Jiudian Guanli Gailun

策划编辑:李家乐
责任编辑:封力煊
封面设计:原色设计
责任校对:张 琳
责任监印:周治超

出版发行:华中科技大学出版社(中国·武汉)	电话:(027)81321913
武汉市东湖新技术开发区华工科技园	邮编:430223

录　　排:华中科技大学惠友文印中心
印　　刷:武汉市籍缘印刷厂
开　　本:787mm×1092mm 1/16
印　　张:13.75 插页:2
字　　数:338 千字
版　　次:2022 年 9 月第 1 版第 7 次印刷
定　　价:49.80 元

本书若有印装质量问题,请向出版社营销中心调换
全国免费服务热线:400-6679-118 竭诚为您服务
版权所有 侵权必究

总序

大众旅游时代,旅游业作为国民经济战略性支柱产业,对拉动经济增长和实现人民幸福发挥了重要作用。2015年,中国旅游业步入了提质增效时期,旅游业总收入超过4万亿元,对GDP(国内生产总值)的综合贡献率高达10.51%,成为推动我国供给侧改革的新的增长点。伴随着旅游产业的迅猛发展,旅游人才供不应求。因此,如何满足社会日益增长的对高素质旅游人才的需要,丰富旅游人才层次,壮大旅游人才规模,释放旅游人才红利,提升旅游专业学生和从业人员的人文素养、职业道德和职业技能,成为当今旅游职业教育界急需解决的课题。

国务院2014年颁布的《关于加快发展现代职业教育的决定》,表明了党中央、国务院对中国职业教育的高度重视,标志着我国旅游职业教育进入了重要战略机遇期。教育部2015年颁布的《普通高等学校高等职业教育(专科)专业目录(2015年)》中,在旅游大类下设置了旅游类、餐饮类与会展类共12个专业,这为全国旅游职业教育发展提供了切实指引,为培养面向中国旅游业大转型、大发展的高素质旅游职业经理人和应用型人才提供了良好的成长平台。同年,国家旅游局联合教育部发布的《加快发展现代旅游职业教育的指导意见》中,提出"加快构建现代旅游职业教育体系,培养适应旅游产业发展需求的高素质技术技能和管理服务人才"。正是基于旅游大类职业教育变革转型的大背景,出版高质量和高水准的"全国高等职业教育旅游大类'十三五'规划教材"成为当前旅游职业教育发展的现实需要。

基于此,在教育部高等学校旅游管理类专业教学指导委员会和全国旅游职业教育教学指导委员会的大力支持下,在"十三五"开局之时我们

率先在全国组织编撰出版了"全国高等职业教育旅游大类'十三五'规划教材"。该套教材特邀教育部高等学校旅游管理类专业教学指导委员会副主任、中国旅游协会教育分会副会长、中组部国家"万人计划"教学名师马勇教授担任总主编。为了全方位提升旅游人才的培养规格和育人质量,为我国旅游业的发展提供强有力的人力保障与智力支撑,同时还邀请了全国近百所旅游职业院校的知名教授、学科专业带头人、一线骨干"双师型"教师和"教练型"名师,以及旅游行业专家等参与本套教材的编撰工作。

为了更好地适应"十三五"时期新形势下旅游高素质技术技能和管理服务人才培养与旅游从业人员的实际需要,本套教材在以下四大方向实现了创新与突破。

一是坚持以"新理念"为引领,通过适时把握我国旅游职业教育人才的最新培养目标,借鉴优质高等职业院校骨干专业建设经验,围绕提高旅游专业学生人文素养、职业道德、职业技能和可持续发展能力,尽可能全面地凸显旅游行业的新动态与新热点。

二是坚持以"名团队"为核心,由中国旅游教育界的知名专家学者、骨干"双师型"教师和业界精英人士组成编写团队,他们教学与实践经验丰富,保证了教材的优良品质。

三是坚持以"全资源"为抓手,全面发挥"互联网+"的优势,依托配套的数字出版物,提供教学大纲、PPT、教学视频、习题集和相关专业网站链接等教学资源,强调线上线下互为配套,打造独特的立体教材。

四是坚持以"双模式"为支撑,本套教材分为章节制与项目任务制两种体例,根据课程性质与教材内容弹性选择,积极推行项目教学与案例教学。一方面增加项目导入、同步案例、同步思考、知识活页等模块,以多案例的模式引导学生学习与思考,增强学生的分析能力;另一方面,增加实训操练模块,加大实践教学比例,提升学生的技术技能。

本套教材的组织策划与编写出版,得到了全国旅游业内专家学者和业界精英的大力支持与积极参与,在此一并表示衷心的感谢!应该指出的是,编撰一套高质量的教材是一项十分艰巨的任务,本套教材中难免存在一些疏忽与缺失,希望广大读者批评指正,以期在教材修订再版时予以补充、完善。希望这套教材能够满足"十三五"时期旅游职业教育发展的新要求,让我们一起为现代旅游职业教育的新发展而共同努力吧!

规划教材编委会

2016 年 5 月

前言 Preface

2014年国务院发布《国务院关于促进旅游业改革发展的若干意见》(以下简称《意见》)。《意见》提出,到2020年,境内旅游总消费额达到5.5万亿元,城乡居民年人均出游4.5次,旅游业增加值占国内生产总值的比重超过5%。酒店是旅游业产业链中的重要环节,在旅游收入中占有很大比重。中国酒店业经过30多年的发展,除了星级酒店的发展壮大外,经济型连锁酒店、主题文化酒店、乡村民俗客栈、度假酒店等也紧随市场需求的变化快速发展。但就其质量而言,整体上管理水平还不高,效益不佳的状况依然存在,也缺乏国际竞争力。提升酒店的经营管理水平和竞争实力,是中国酒店业发展新阶段急需解决的问题。本书的编者也力求在这方面能够做出一点努力,使更多的酒店管理专业学习者能够从中得到知识启迪和动力,成为支撑中国酒店业发展的专业人才。

随着旅游业的繁荣,旅游教育也同步发展并促进了旅游业的发展,相关专业的教材也比较丰富,特别是高职高专酒店管理教材出版,在近年也十分活跃。但在实际的教学工作中,各院校使用较多的教材只强调企业管理的基本原理,与酒店企业的特殊性相脱离,显然不能满足培养酒店企业所需的高素质技能应用型人才的需要,即酒店的中、基层管理者和专业技术人才,既要有娴熟的服务技能,又要有一定的组织管理能力和市场经营能力。本书编者结合多年从事酒店管理专业的教学管理经验和深入企业锻炼实践的收获,编写了这本《酒店管理概论》,本书可作为高职高专院校酒店管理与相关专业的教学用书,也可作为酒店管理人员和从业人员的学习参考资料。本书遵循从原理到方法的逻辑编写,在基本结构系统科学的前提下,力图体现以下特点:

第一,针对性。本书主要针对酒店管理及相关专业,并将此书作为专业基础课教材来使用,将管理学的基本原理与酒店的特征有机地结合起

来,直接服务于人才培养目标的需要,并删减了在其他同类教材中常见的酒店公关管理、酒店营销管理、酒店实务管理等内容,具有更强的针对性。

第二,层次性。酒店管理专业的办学有不同的层次,本书则是针对高职高专培养层次,理论内容坚持"必需、够用"的原则,对企业管理学的原理和方法进行了适当的取舍,突出了职业岗位对相关理论知识的需要。

第三,实践性。高职高专院校培养的是高素质应用型人才,相应的理论知识一定要转化为相应的能力,所以本书各章都设计安排了实践训练环节,把理论知识掌握融入实践活动中,贯彻了学生能力和技能培养的教育教学理念。

第四,指导性。本书的体例编排对教师和学生都具有较强的指导性,特别是对教师如何有效地组织和开展课内课外的教学活动提供了思路,使教师在教学内容、教学方法和教学手段上都积极适应高素质技能应用型人才培养的需要,学生在教材体系的指导下也知道该如何学习理论知识和锻炼实践能力。

第五,时效性。本书在编写过程中,还引入了酒店管理在实践中的新做法和研究中的新成果。

本书由韩军设计和编写大纲,并负责全书的统稿和审阅。全书共 10 个项目单元,项目一、项目九和项目十由刘尧尧编写,项目二由韩军编写,项目三由李海瑛编写,项目四、项目七由陈娴编写,项目五、项目六由肖璐编写,项目八由陈弘编写。

由于编者水平有限,书中难免有缺憾和不足之处,敬请各位同行和读者批评指正。

编 者
2016 年 11 月于贵阳

目录 Contents

项目一 认识酒店
- 任务一 酒店的定义及功能 /2
- 任务二 酒店的类型与等级 /5
- 任务三 酒店业的发展与酒店集团 /9

项目二 酒店管理基础理论
- 任务一 管理与酒店管理 /16
- 任务二 酒店管理的基础理论 /27
- 任务三 酒店管理基本原理 /34
- 任务四 酒店管理基本方法 /41

项目三 酒店计划管理
- 任务一 了解酒店计划管理概况 /50
- 任务二 酒店计划的制订 /55

项目四 酒店组织管理
- 任务一 酒店组织结构设置 /61
- 任务二 掌握酒店组织管理内容 /67
- 任务三 制定酒店组织管理规章制度 /73
- 任务四 酒店组织的督导与沟通 /78

项目五 酒店服务质量管理
- 任务一 酒店服务质量概述 /85

    任务二 酒店服务质量管理 /92

项目六 酒店经营方式与理念

    任务一 酒店经营形式的选择 /113
    任务二 酒店集团经营 /123
    任务三 酒店经营理念的发展 /129

项目七 酒店人力资源管理

    任务一 人力资源管理概述 /140
    任务二 酒店员工的招聘 /145
    任务三 酒店员工的培训与开发 /150
    任务四 酒店员工的激励与薪酬 /154

项目八 管理酒店设备物质

    任务一 管理酒店设备 /164
    任务二 管理酒店物资 /169
    任务三 酒店建筑与装饰 /172

项目九 酒店文化建设

    任务一 酒店文化的含义 /179
    任务二 酒店文化的建设 /184

项目十 酒店管理的发展趋势

    任务一 可持续发展与绿色酒店 /192
    任务二 高科技与酒店管理 /195
    任务三 酒店集团化经营 /198

推荐阅读 /207
参考文献 /210

项目一
认识酒店

项目目标

职业知识目标：
1. 了解酒店的发展历程。
2. 掌握酒店的功能和等级分类。

职业能力目标：
1. 了解当下世界著名酒店集团。
2. 熟悉中国酒店星级评定的相关规定。

职业素质目标：
运用本项目丰富的教学案例和情境结合的实训操练，培养能够适应现代酒店行业发展需要的专业技能与职业素养。

项目核心

酒店发展历程；酒店功能；酒店等级分类；世界酒店集团；酒店星级评定

项目导入： 陈明明的父母在他读小学的时候就从农村到城里打工了，他高中毕业后到城里看望父母，看见城里的高楼大厦很是羡慕，听说这些高楼大厦好多都是酒店，于是填报志愿的时候就选了酒店管理专业。收到大学的录取通知书后，亲戚朋友得知他学的是酒店管理专业，纷纷议论说，酒店管理不就是端盘子、叠被子吗，这有什么好学的。陈明明一下子有些迷茫了，不知该怎么办，不过最终还是鼓起勇气来到了学校，想知道酒店管理专业是不是像亲戚朋友们说的那样。

任务一 酒店的定义及功能

一、酒店的定义

"酒店(Hotel)"一词源于法国，原指法国贵族在乡下招待宾客的别墅，后来的欧美酒店业沿用了这一词。而在中国，对酒店的称谓就很多，如酒店、宾馆、大厦、山庄、度假村、饭店、旅社、招待所等，虽然不同的称谓体现了自身的不同特性，但基本的功能是一致的。在英语中，具有与 Hotel 相同功能的也有其他一些称谓，如 Inn、Guesthouse、Tourist、Resort、Tavern、Lodge、House 等，同样，不同的称谓也体现了自身的特点。

早期的酒店只是为离开自己惯常环境的人提供食宿服务场所，随着社会经济的发展，酒店为客人提供的服务业不断丰富和完善，综合性和服务性越来越突出。因此，在市场经济条件下，我们可以对酒店作这样的定义：酒店是指以企业组织的形式向顾客提供住宿、饮食、娱乐、购物等综合性服务的场所。

根据上述定义，现代酒店具有以下特征：

（一）经济性

从经济活动的角度分析，酒店是具备一定的生产要素、从事服务经营活动、以营利为目的、具有法人资格的经济组织，酒店必须在合理的产权制度下自主经营、自负盈亏、自我发展、自我约束。

（二）服务性

酒店为顾客提供的核心产品是服务，这是由现代社会分工、社会的商品生产和商品交换所决定的。酒店作为服务性行业的典型代表，正是以服务的形式为社会提供劳动，参加社会的交换和分配，从而获得自己的经济利益。服务是酒店的社会职责，不提供服务，酒店就不能从社会得到经济利益，同时也失去了存在的社会意义。

（三）综合性

酒店与一般企业不同，酒店向顾客提供的产品是多个产品的组合，这些产品既有有形产品，又有无形产品；既有一次性消费品，又有多次性、连续性消费品。综合性服务不仅表明了酒店在对客服务中的综合性，而且也表明了酒店经营管理中的综合性。在酒店管理中提出"100－1＝0"，就是现代酒店综合性的一种反映。

知识演练

某酒店接待了共108人的国外旅游考察团,酒店在接待前就做了充分的准备和安排,客人入住时,入住登记、行李运送、房间安排、餐饮安排都有条不紊地顺利完成。团队准备在入住第三天用完早餐后离店,在用早餐时,一位客人向服务员反映牛奶不太新鲜,服务员看了后不置可否,没有采取任何措施。团队由香港离境后,酒店向香港接待方结账,接待方以最后的早餐质量有问题而表示不满,在付款问题上产生了较大分歧。

问题:这件事说明了什么?

答:说明了现代酒店具有经济性、服务性和综合性。酒店从事服务经营活动、以营利为目的,并且酒店为顾客提供的核心产品是服务,但也是多个产品的组合。如果顾客对一个产品不满意,会导致顾客对酒店的整体印象和服务产生怀疑。

二、酒店产品的特点

从不同的角度分析,酒店产品具有不同特点。例如,从销售分析,酒店产品具有季节性和不可储存等特点。这里,我们从对从业人员的素质要求的角度来分析酒店产品的特点。认识这些特点,对整个酒店的经营管理都是具有重大作用的。

(一)酒店产品是高气氛产品

一瓶葡萄酒,在超市的价格是30元,同样的葡萄酒在一般的餐馆价格是40元,而在五星级酒店,这瓶葡萄酒的价格可能达到80元。为什么会有这么大的差别呢?这里主要的原因在于顾客在不同地点消费葡萄酒所享受的氛围不同。显然,五星级酒店出售的氛围有酒店的名气、门厅迎接、灯光、墙纸、地毯、花卉、喷泉、背景音乐、服务员的制服、微笑等,这要求我们要注意一切能创造酒店气氛的细节。

(二)酒店产品是高服务产品

我们会看到这样的现象:当客人来到酒店,门童会拉门问候,行李员会帮助提拿行李;客人住的房间,服务员会为客人清洁整理好每一处使用过的地方;餐厅服务员会为客人斟酒、报菜名,甚至会为客人分汤分菜。在西方国家,人们都习惯于给服务员小费,实际上是宾客支付的自己享受到了"免除举手之劳"的费用,同时也是激励酒店员工提供高情感服务的一种奖赏。这说明酒店产品是高服务产品,要向客人提供热情、周到的服务。

(三)酒店产品是高职业化产品

高职业化产品的含义是,每一项服务的每一个动作都是经过培训的和有规范的,如葡萄酒服务可分为白葡萄酒服务和红葡萄酒服务两种。进行白葡萄酒服务时,先要将白葡萄酒的酒杯放在一支冰桶里,然后将一块服务手巾绕过瓶底从瓶的两侧对称裹起,向顾客显示商标,再打开瓶盖,将软木塞放在垫有餐巾的盘子里,送给主人闻一下,接着在主人的杯子里倒一点酒,等主人摇晃闻一下示意"好"后,再从主人右侧开始斟酒,一般斟酒杯容量的三分

一。这都是职业化的要求。

知识演练

> 温州市区23家酒店联合宣布,从2007年元旦起,谢绝(顾客)自带酒水进店就餐。对此,温州市工商局、市消费者委员会表示此举损害了消费者合法权益,"劝导"他们尽快废止"谢绝自带酒水"的行规。但遗憾的是,早报记者在温州市区暗访发现,该市大部分酒店还是坚决执行了该行规。业内人士认为,这意味着温州酒店业"谢绝(顾客)自带酒水"已升级为"禁止(顾客)自带酒水"的行业霸王条款。
>
> 问题:你认为谢绝自带酒水违法吗?是霸王条款吗?该怎样解决这个问题?
>
> 答:从企业经营要遵守相关法规的角度看,"谢绝自带酒水"这一行规违反有关法规,属于霸王条款,因为消费者依法享有的选择权被无形剥夺了。如果这些酒店一意孤行,应该向相关部门进行说明,要求相关执法部门依法做出处理。
>
> 但是,从酒店产品的特性来看,它属于高气氛产品,酒店特有的环境氛围与顾客在家里饮酒待客是不一样的。气氛也是产品的一部分,对自带酒水收取一定的服务费,从酒店产品特性的角度来说,也是合理的。

(四)酒店产品是质量不易稳定的产品

酒店产品质量的一半取决于服务员对宾客面对面的直接服务。由于服务员的情绪受各种因素的影响而波动性较大,因此,酒店产品的质量不易稳定。例如,喜来登酒店对服务员提出的口号是"首先把工作做好"。另一方面,说明酒店建立详尽的质量管理标准的重要性。

三、酒店的功能

酒店的功能是随着经济社会的不断进步而相应发展的,因此,可将酒店的功能分为传统功能和现代功能。

(一)传统功能

酒店的传统功能是指酒店在出现之初就已具有的功能,主要是住宿、饮食和集会功能。

(1)住宿功能。住宿功能是指酒店为客人提供一个安全、卫生的休息空间,主要是满足客人睡眠需要。按照酒店星级或者档次的不同,其舒适程度不同,即星级越高,住宿设施就越豪华,舒适度也越高。住宿功能是酒店最基本的功能,如果没有住宿功能,就不能叫作酒店。

(2)饮食功能。饮食功能是指现代酒店向顾客提供饮食及相关服务的功能。星级酒店通常具有多种不同风味和消费层次的餐厅和酒吧,满足来自不同国家和地区、不同消费习惯的客人的需要,通过向客人提供多样化的美食和饮品,令客人流连忘返。

(3)集会功能。集会功能是指酒店向社区开放,为社区的集会、文化交流和信息传播等活动提供场所和相关服务。现代酒店的会议设施和服务业在不断完善和发展,吸引了多种会议在酒店举行,进一步发挥了酒店的集会功能。

(二)现代功能

酒店的现代功能是社会的变化和客人的需求逐渐建立和完善起来的。现代酒店都力图通过完善的设施和尽善尽美的服务来满足客人的需求,以期招徕更多的客人。酒店的现代功能主要有文化娱乐功能、商业服务功能、购物服务功能、交通旅行服务功能、引领时尚功能、服务示范功能等。

(1)文化娱乐功能。文化娱乐功能是指酒店通过举办文化活动、提供康乐设施,以满足客人对娱乐休闲和健康的需求。生活水平的提高使人们对文化、娱乐、康体、休闲的要求越来越高,而酒店作为旅游者度假观光、商务人士交往活动的场所,通过提供多样的、高级的文化娱乐活动,既满足了客人的需要,又拓宽了酒店自身的发展之路,同时这也是高星级酒店评定的标准与要求。

(2)商业服务功能。商业服务功能主要是指酒店为客人的商务活动提供各种设施和服务的功能,如提供商业活动展览、写字间、互联网服务、商务文秘服务等,满足商务客人的多种业务活动需要。

(3)购物服务功能。购物服务功能是指酒店根据自身的特点和客源结构,组织一些旅游纪念品、高级消费品,或者是一些普通消费品,来满足客人的需要。

(4)交通旅行服务功能。交通旅行服务功能是指酒店不仅能为客人办理机票、车票、船票和接送站服务,还能为客人提供专车和旅游行程安排,免除客人的后顾之忧。

(5)引领时尚功能。引领时尚功能主要是因为酒店完全是一个为人们提供各类消费服务的场所,同时也是社会名流经常出入的场所,因此,无论是饮食、家居、服饰,还是休闲康乐,都是走在时尚前沿。

(6)服务示范功能。服务示范功能是因为酒店业是与国际接轨最早的行业,服务规范性比较高,也是服务业中的龙头产业,酒店的服务理念和方式受到许多相关服务型行业的学习和效仿,如电信业、零售业、银行业、医院等都在向酒店学习服务规范。

任务二 酒店的类型与等级

一、酒店的分类

对酒店进行分类主要有两个方面的作用。一是便于投资者根据酒店类型来选择投资方向,做出投资决策;二是便于经营者做好酒店市场定位,选择主要目标市场,确定酒店管理的经营方向。

酒店的分类没有统一的标准,根据分析问题的不同角度,现代酒店的分类可用表1-1表示。

表 1-1　酒店分类表

分类依据	酒店类型	主 要 特 点
按接待对象	商业酒店	以商务散客为主,档次较高,服务设施较齐全,建在商业区
	旅游观光酒店	以接待观光旅游者为主,标准房多,档次差别大,建在景区和城市都有
	公寓型酒店	以家居式套房为主,客人居住时间较长,自助服务,建在城市
	汽车旅馆	建在高速公路旁或城市近郊区,档次一般,主要为开车旅行者服务,强调自助服务
	度假型酒店	以接待度假旅游者为主,建在风景和环境较好的地区,休闲娱乐设施比较齐全
	国宾型酒店	建在城市风景好的地段,主要为国宾和高级领导服务,也为市场上其他客人服务
按投资主体	独资酒店	包括国有独资和外商独资酒店。一般规模比较大,类型多样
	有限公司酒店	股东以出资额为限承担有限责任,不公开发行股票和募集股份
	股份公司酒店	募集或发行股票,股东享有与持股份额比例相同的权利和义务
按豪华程度	豪华型酒店	设施豪华,服务齐全,价格高,服务高消费者
	经济型酒店	提供基本的食宿服务,简洁卫生,价格适宜,服务大众消费者
	廉价型酒店	以提供能够满足睡眠需要的床位,价格低廉,舒适性差
按规模大小	大型酒店	客房数在 600 间以上
	中型酒店	客房数在 300~600(含 600 间)间
	小型酒店	客房数小于 300 间
按文化特色划分	主题精品酒店	文化特征鲜明,设施设备考究,注重宾客体验,规模较小,通常用一些古旧建筑改造
	乡村民俗客栈	一般以家庭为单位经营,规模小,以体验乡村生活为主,干净,亲切
	城市客栈	设备简洁,注重宾客之间的交流,规模较小,青年背包旅行者比较多

二、酒店的等级

世界上酒店种类繁多,为了推销和方便客人做选择,各国都根据酒店的硬件设施状况和软件服务水平,将酒店划分为不同的等级。虽然目前国际上还没有正式规定酒店等级的划分标准,但有些标准是被公众认定的,如清洁程度、设施水平、家具品质、酒店规模、豪华程度、服务质量、管理水平等,所以酒店的等级划分还是比较统一的。

(一) 国际上通行的等级划分标准

目前国际上对酒店的等级划分用得比较多是五星等级划分标准,即从一星至五星,服务和设施越好,星级越高。

一星级酒店:设施较简单,具备食宿两个基本功能,能满足客人最简单的旅行需要,提供基本的服务。一般标准间面积为 12~14 平方米,块料地板,一般墙面;卫生间有浴盆或淋浴,供热水 6 小时以上;设有餐厅、酒吧。属于经济等级,符合经济能力较差的旅游者。

二星级酒店:设施一般,除具备客、房餐厅外,还设有购物、邮电、美容等综合服务设施,服务质量较好。一般标准间面积为 14～16 平方米,有空调或窗式空调,一般墙面,地毯或局部床边地毯,有彩电、电话;卫生间面积为 3～3.5 平方米,有 138 厘米的浴盆,淋浴头,抽水马桶,全天供应热水,有中、西餐供应。

三星级酒店:设备齐全,有会议室、游艺厅、酒吧、咖啡厅、美容等综合服务设施,标准间为 16～20 平方米,卫生间 3.5～5 平方米,152 厘米浴盆,中央空调,墙面装饰,上等地毯,目前最受观光旅游者欢迎。

四星级酒店:除了具有三星级酒店应该具有的所有设施外,还要求高级和高雅,标准间面积在 20 平方米以上,卫生间在 5～6 平方米,健身娱乐设施齐全,大型宴会厅。

五星级酒店:最高级酒店,设施不但要齐全,而且要豪华,标准间面积在 26 平方米以上,卫生间在 10 平方米,健身设施还有网球场、游泳池、桑拿、日光浴室等,多套国际线路电视。

(二) 国际上酒店等计划分的差异

虽然国际上有通用的五星等级划分酒店的基本标准,但是各个国家还是有差异,比如,美国汽车协会采用五粒钻石,将酒店划分为一般、好、佳、优秀和突出等级,日本将酒店划分为高级、简易酒店和国民宿舍三大等级。

目前我国采取与国际接轨的五星等级制。我国于 1988 年和 1997 年两次颁布了旅游涉外酒店星级评定标准,在 1997 年颁布的新的评定规则中,对三星到五星级酒店的设施设备和服务的评定标准进行了调整,增加了一些自由选择的项目。2004 年以前,我国星级酒店的划分与评定主要以《旅游涉外酒店星级的划分与评定(GB/T14308—1997)》为标准。2001年,我国又开始对 1997 年的标准进行修改,修改后的新标准《酒店星级的划分与评定》已于 2004 年 7 月 1 日正式实施。与 1997 年制定的标准相比,现在实施的新标准最大的变化是对四星级以下酒店的餐饮服务要求适当简化,但对四星级以上的酒店在前厅、客房和餐厅等核心区域强化了要求,增加了整体舒适度等内容。同时在新的评定标准中,还增设了预备星级和"白金五星级"。"白金五星级"对酒店的条件要求很高,除了必须具备两年五星级酒店资格,地处城市中心商务区或繁华地带,外观造型独具一格,内部功能布局与装修装饰与所在地历史、文化、自然环境相结合等 7 项必备条件外,还必须具备 6 项参评"硬"条件中的 5 项。一星至五星级酒店的星级匾牌是长城和镀金五角星,"白金五星级"用的是白金色五角星。开业不足一年的酒店可以申请预备星级,有效期为一年,新标准还将"一年复核一次"改为"五年后须重新评定",打破了星级终身制。除此之外,新标准还将"旅游酒店"取代了"旅游涉外酒店",评定中还增加了酒店品牌、总经理资质、环境保护等内容,增加了允许度假村、海边浴场、民俗酒店等特色突出或极具个性的酒店可以直接向国家旅游局酒店星级评定机构申请星级的规定。

三、中国酒店的星级评定

(一) 星级评定的责任分工

旅游酒店星级评定工作由全国旅游酒店星级评定机构统筹负责,其责任是制定星评

定的实施办法和检查细则,授权并督导省级以下旅游酒店星级评定机构开展星级评定工作,组织五星级酒店的评定与复核工作,保有对旅游酒店星级评定机构所评定酒店星级的否决权。

省级旅游酒店星级评定机构按照全国旅游酒店星级评定机构的授权和督导,组织本地区旅游酒店星级评定与复核工作,保有对本地区星级旅游酒店星级评定机构所评定酒店星级的否决权,并承担推荐五星级酒店的责任。同时负责将本地区所评星级酒店的批复和评定检查资料上报全国旅游酒店星级酒店评定机构备案。

其他地市或行政区域的旅游酒店星级评定机构按照全国旅游酒店星级评定机构的授权和所在省级旅游酒店星级评定机构的督导,实施本地旅游酒店星级评定与复核工作,保有对本地区以下旅游酒店星级评定机构所评酒店星级的否决权,并承担推荐高一级星级酒店的推荐责任,同时,负责将本地区所评星级酒店的批复和评定复核资料逐级上报全国旅游酒店星级评定机构备案。

(二)星级的申请

申请星级的酒店,均须执行《旅游统计调查制度》,承诺向全国旅游酒店星级评定机构提供不涉及本酒店商业机密的经营管理数据的义务。旅游酒店申请星级,应向相应评定权限的旅游酒店星级评定机构递交星级申请材料,申请四星级以上酒店,应按属地原则逐级递交申请材料,申请材料包括酒店星级申请报告、自查自评情况说明及其他必要的文字和图片资料。

(三)星级的评定规则

1. 受理

接到酒店星级申请后,相应评定机构在何时申请材料基础上,与14天内做出受理与否的答复,对申请四星级以上酒店,其所在地旅游酒店星级评定机构在逐级递交或转交申请材料时,应提交递交报告或转交报告。

2. 检查

受理申请或接到推荐报告后,相应评定机构应在一个月内以明察和暗访的方式安排评定检查。检查合格与否,检查员均应提交检查报告,对检查未予通过的酒店,相应评定机构应加强指导,待接到酒店整改完成并要求重新检查的报告后,于一个月内再次安排评定检查。对申请四星级以上酒店,检查分为初检和终检。初检由相应评定权限的旅游酒店星级评定机构组织,委派检查员以暗访或明察的形式实施检查,并将检查结构和整改意见记录在案,供终检时对照使用;初检合格,方可安排终检。终检由相应评定权限的星级评定机构组织,委派检查员对照初检结构和整改意见进行全面检查;终检合格方可提交评审。

3. 评审

接到检查报告后的一个月内,旅游酒店星级评定机构应根据检查员意见对申请星级的酒店进行评审。评审的主要内容有:审定申请资格,核实申请报告,认定本标准的达标情况,查验违章及事故、投诉的处理情况等。

4. 批复

对于评审通过的酒店,旅游酒店星级评定机构应给与评定星级的批复,并授予相应星级的标志和证书。对于经评审认定达不到标准的酒店,旅游酒店星级评审机构不予批复。

（四）星级的复核与处理

星级复核是星级评定工作的重要补充,目的是督促已取得星级的酒店持续达标,按照旅游酒店星级评定标准及附录A、附录B、附录C进行,每年一次。复核工作在酒店自查自纠,并报告其结果的基础上通过明察或暗访进行,对严重降低和达不到标准的,按以下办法处理：

（1）按情节轻重签发警告通知书、通报批评、降低或取消星级的处理,并在相应范围内公布处理结果。

（2）凡在一年内接到警告通知书三次以上或通报批评两次以上的酒店,降低或取消星级,并向社会公布。

（3）被降低或取消星级的酒店,一年内不予恢复或重新评定星级。

（4）取得星级的酒店如发生重大事故,造成恶劣影响,其所在地旅游酒店星级评定机构应立即反映情况或在职权范围内做出降低或取消星级的处理。

凡经旅游酒店星级评定机构提升或降低、取消星级的酒店,应立即将原星级标志和证书还予旅游酒店星级评定机构,由旅游酒店星级评定机构做出更换或没收处理。

任务三　酒店业的发展与酒店集团

一、世界酒店业的发展

从世界范围内来看,酒店业的发展大致经历了客栈时期、大酒店时期、商业酒店时期和现代酒店时期。不同时期的划分代表了酒店业的发展历程。

（一）客栈时期

12—18世纪,正值中世纪城市的兴起和商业性往来初现,乡间和路边的客栈随之增多,是酒店最初的兴旺时期。刚开始出现的客栈只是家庭住宅的组成部分,规模小,设备简陋；到了15世纪,有些客栈不仅有20～30间客房,甚至还有酒窖、餐厅和厨房了；到了18世纪,英国等地的客栈除了为过往旅客提供食宿之外,还为人们提供交流、聚会的场所。在中世纪初期,人们居住在相对隔绝的村镇,沿途又多盗匪出没,旅行的商人不得不结成商队,其他旅行者往往也结伴而行,所以,当时的客人最需要的是一个较为安全的住宿地,对酒店的服务项目并无特殊要求。中世纪的宗教战争在一段时间内也推动了客栈的发展。后来城市间公共马车系统的出现,旅游者的数量开始稳步增加,每隔10～15公里的车站旁就有客栈。

（二）大酒店时期

19—20世纪,酒店业的发展进入了大酒店时期,又称为"豪华酒店"时期。西方产业革命的新技术和新发明迅速被酒店采用,铁路的出现又使旅游者大量增加,这都为酒店的发展带来了机会。这一时期的酒店呈现规模大、设施豪华、服务项目多的特征。19世纪初在德国诞生了第一座豪华酒店巴登别墅式豪华酒店,随后欧洲各国大兴土木,争相建造豪华酒店,如巴黎大酒店、卢浮宫酒店、凯撒酒店都是当时著名的酒店。而最具代表性的是1829年在波士顿落成的特里蒙特酒店,酒店第一次在房间里设计了盥洗室,第一次设计了前厅并把钥匙交给客人,第一次设门厅服务员,第一次使用菜单,第一次对员工进行培训。大酒店时期不仅设施豪华,而且在经营管理上也有巨大创新,其中的杰出代表就是凯撒·里兹(Caeser Rits),他不仅创办了一家非常豪华的酒店,而且提出了"客人永远是对的"的经营格言。

(三)商业酒店时期

进入20世纪,各国酒店进入发展最活跃的时期。20世纪初,随着商业旅行的急剧增加,人们对廉价而又舒适的食宿设施的需求也随之增加,而当时的豪华酒店价格太高,客栈又过于简陋。美国的斯塔特勒(Statler)最早意识到了这一市场空隙,建成了斯塔特勒酒店,提出了"提供普通民众能付得起费用的世界第一流服务"的经营口号,在酒店最早提供私人浴室、更大的客房、客房服务和室内无线电设施。直到今天,国际产业标准化中许多基本的客用设施和运作控制系统都是斯塔特勒的创举,如自来水、电话、门边的电灯开关、管道竖井、球形门锁等。他还提出了酒店经营成功的根本要素就是"地点",并最早采取了联号酒店的经营形式。由于受经济危机和战争的影响,这一时期的酒店都经历了一些起伏。

(四)现代酒店时期

现代酒店时期为20世纪50年代至今。二战以后,经济复苏使得旅游需求增加,酒店数量相应增加,而且出现了新的特点。首先,先进科技被酒店广泛采用,如室内给排水、中央空调、电梯、现代通信和网络等。其次,酒店规模不断扩大,经营集团化,酒店管理公司出现,合同管理、特许经营在酒店发展中起到了重要作用。最后,酒店的市场细分更加明显,不同消费层次的旅游者都会找到适合自己酒店。

二、中国酒店的发展

与世界酒店业的发展相比,中国酒店业的发展阶段没有那么完整,因为中国没有完成产业革命这一历史阶段,所以中国的酒店业几乎没有经历大酒店时期和商业酒店时期,在改革开放以后很快就进入了现代酒店时期。而改革开放后发展起来的酒店几乎就成了改革开放的形象代表,并使酒店业成为中国与国际接轨最早的行业。

中国2000多年的封建社会,使得客栈时期在中国酒店发展历史上占据最长的时间,最早可追溯到春秋战国时期,由于朝代的变化,其名称也有变化,有驿站、驿舍、邮亭、铺舍等。直到清末民初,中国的酒店才从古代的住宿设施中开始脱离,与西方的商业酒店接轨。

近代中国的酒店有三种类型:第一种是外国人在沿海和大城市建立的酒店,如天津的利顺德大饭店；第二种是民族资本家投资兴建的酒店，多数为中西式酒店；第三种是在铁路沿线兴建的各种招商客栈，沿袭民间客店的经营方式。

新中国成立后，建设了一批高级宾馆、酒店，主要用于接待友好人士和外国专家，是行政单位性质。十一届三中全会后，对外开放使大量外国人进入中国，相应的涉外星级酒店以合资或独资的形式大量涌现，中国的酒店业进入了产业发展阶段，成为国家和地方经济中的一部分。从数量上分析，1980年至今，中国旅游星级酒店一直呈逐步增长的发展趋势，而从质的发展角度分析，中国旅游酒店经历了以下几个阶段。

第一阶段是1984年推出北京建国饭店管理模式。北京建国饭店开业后获得了良好的经济效益，在经营理念、企业制度、内部管理、经营方式、服务规范等各方面都开创了一代新风。因此在1984年国家旅游局经国务院批准做出决定，先在全国50家酒店，后来在102家酒店中开展了"学建国"活动。这个活动包含了若干政策性的因素，主要有企业的奖金可以浮动、给员工提供一顿工作餐等，这些现在看来非常普通的政策在当时却是突破性的，使刚刚起步的旅游酒店比较迅速地完成了从招待所向企业的转变。

第二阶段是1987年贯彻行业星级标准工作。1987年，国家旅游局根据形势发展的需要，请世界旅游组织的专家按照国际上的一般惯例，结合中国实际制定了酒店星级标准。星级标准执行之后使全行业从根本上登上了一个新台阶。

第三阶段是1993年，星级标准经过5年的贯彻之后正式上升为国家标准，使星级标准在更高层次上发挥效力。经过十余年的全面宣传和贯彻，星级标准在1997年、2003年和2010年进行了三次修订，使其与经济社会的发展相适应。

三、酒店集团

酒店业发展进入了现代酒店时期以后，呈现的一个显著特点之一就是集团化经营。现代酒店集团，又称"连锁酒店"或"联号酒店"，是指酒店集团公司在本国或世界各地直接或间接地控制两家以上酒店，这些酒店使用统一的店名、统一的经营方式、统一的服务标准和规范，联合经营，形成系统。

（一）酒店集团的产生

酒店集团这种企业组织形式首先出现在美国，1907年，美国的里兹公司将特许经营权出售给其他酒店，使其可以以里兹公司的名义从事经营活动，由此出现了世界上第一家酒店联号。

但酒店集团的发展还是在第二次世界大战之后。二战后，经济复苏和繁荣，酒店成了一些大财团的投资项目，在企业组织上，跨国公司成为垄断组织的重要形式，而且酒店业内部激烈的竞争引发了联合、吞并，这几个方面的因素促使了酒店集团的发展。目前世界上已有数百家具有世界影响的著名酒店连锁集团，其中美国酒店集团几乎占据排名的前十位，由此可见美国酒店业在全世界是最发达的，酒店集团经营管理占有绝对优势。

知识衔接

全球酒店行业权威媒体美国《HOTELS》杂志公布了2015年度"全球酒店集团325强"(HOTELS 325)的最新排名(见表1-2)(截至2015年12月31日)。万豪国际酒店集团公司夺得榜首位置,2014年的第1名希尔顿国际酒店集团下滑至第2名。前10名中,中国军团表现醒目,锦江国际集团由2014年的第9名上升至第5名,而华住酒店集团挤入前10名,表现不俗。

(资料来源:http://mt.sohu.com/20160809/n463308097.shtml。)

表1-2 2015年世界十大酒店集团排名

排名	酒店集团名称	房间总数/酒店总数	总部
1	万豪国际酒店集团公司	759330/4424	美国
2	希尔顿国际酒店集团	753777/4556	美国
3	洲际酒店集团	744368/5032	英国
4	温德姆酒店集团	678042/7812	美国
5	锦江国际集团	565558/5408	中国
6	雅高酒店集团	511517/3876	法国
7	精选国际酒店集团	507484/6423	美国
8	喜达屋酒店与度假村国际集团	369967/1297	美国
9	贝斯特韦斯特酒店集团	293589/3745	美国
10	华住酒店集团	278843/2763	中国

(二)酒店集团的优势

酒店行业是集中度非常高的行业,在世界范围内,200余家最大的酒店集团垄断了酒店市场或者说主导了市场。集团化经营的优势使国际性的跨国酒店集团在国际竞争中处于十分有利的地位,集团化经营优势明显。

1. 市场优势

首先,酒店集团通常有较好的知名度和美誉度,对游客的投宿选择会产生重大影响,声誉对于以出售无形产品——服务为主的酒店来说尤为重要。例如,欧美客人如果来到中国,他们对希尔顿、喜来登、雅高等集团的酒店就会有信任感和安全感,自然会选择这些酒店下榻。

其次,酒店集团通常拥有先进的客源预订网络和信息中心,分布在世界范围内的集团内酒店相互推荐客源,有效地控制了客源,及时获取客源情况、市场需求、经营趋势等信息。

最后,酒店集团拥有宣传推销优势,集团有更大的可能和实力组织世界范围内的宣传推销活动。

2. 财务优势

一般酒店集团资金实力雄厚,不动产资本庞大,资信良好,能够比较方便地通过各种渠道筹集资金,加入酒店集团的酒店能在资金上得到集团的全力支持。同时,酒店集团在长期的经营活动中逐渐形成了比较完善的财务制度,也有利于各成员酒店的有效利用。

3. 管理优势

首先,酒店集团都形成了一套自己的管理模式,这种模式是每个成员酒店都必须遵循的,集团对各成员酒店在管理和服务上的指导和监督也十分严格,这有利于酒店管理水平的稳定和提高。

其次,任何一个成员酒店在管理和服务上有了创新性的好办法,会很快在集团内部推广,使所有成员受益。

最后,酒店集团充分利用自身资源,合理调配、培训各类人员,人力资源管理上的优势也十分明显。

本项目是学生学习酒店管理的引路篇。通过对酒店这种企业类型的含义、功能、类型、等级的阐述,使学生理解了酒店的产品和生产经营有别于其他类型的企业,它有自身行业的特殊性,从而引发学生对酒店管理的兴趣,为本课程的学习打好基础。

知识训练

一、选择题

1. 酒店最基本的功能是( )。
   A. 住宿功能　　B. 饮食功能　　C. 集会功能　　D. 集会功能
2. 对酒店进行分类的主要作用有( )。
   A. 提供投资决策　　　　　B. 方便市场定位
   C. 便于旅游统计　　　　　D. 判断管理水平
3. 对五星级酒店的评定工作,是由( )旅游酒店星级评定机构组织。
   A. 县级　　B. 地市级　　C. 省级　　D. 全国

二、判断题

1. 如果被评定为白金五星级酒店,将不再受复核,享有终身权利。　　(　　)
2. 斯塔特勒是大酒店时期的代表人物。　　(　　)
3. 酒店集团的发源地是在美国。　　(　　)

三、简答题

1. 我国星级酒店评定的主要规定有哪些?
2. 酒店集团的主要优势体现在哪些方面?

3.酒店产品的特点对从业人员提出了什么要求?

能力训练

一、案例分析

在智利北部的阿塔卡马沙漠,有一家52个房间的酒店,平均单价是每夜659美元,由探险酒店集团经营管理,它的目标市场是探险旅游者。酒店为顾客组织了35项探险活动,包括步行、远足、骑马、登山、攀岩、驾车探险等,由顾客选择参加。根据这类探险旅游者的平均逗留时间,酒店有针对性地推出了2636美元"四天游"包价项目。这个项目包括四个晚上的住宿,四天所有的饮食及探险活动,喝酒另算。为了安全和管理,每项探险活动的参加者最多为10人,每天在晚餐前由顾客选择第二天的参加项目,酒店配上导游兼安全员。从城里来的探险旅游者一到酒店就打开窗户,放松自己,享受宁静,酒店没有电视,没有影碟播放机,但有卫星天线连接的电话。在阿塔卡马沙漠听到的声音只有鸟鸣和夏天房间天花板上老式风扇的转动声。厨师长为探险者准备了清淡的、新鲜可口的菜肴,他认为重油、熏肉不利于探险活动。新鲜的蔬菜、水果都是每天空运过来的,当然这些成本都计入了昂贵的房费中。这家酒店虽然地理位置远在沙漠边缘,日常供应诸多不便,但其产品、服务完全符合目标市场的需要,因此,它获得了成功。

请分析:

1.如果对这家酒店进行星级评定,可以评为几星级?为什么?

2.这家酒店属于什么类型?

3.这家酒店为什么会获得成功?

二、实践训练

分别参观本地一家三星级、四星级或五星级酒店,分析它们的不同。

项目二
酒店管理基础理论

项目目标

职业知识目标：
1. 掌握管理和酒店管理的基本概念。
2. 掌握古典管理理论、行为科学理论和现代管理理论的主要内容和实质。
3. 掌握管理的基本职能和基本原理。

职业能力目标：
1. 了解酒店活动中常用的一般管理方法。
2. 根据管理基础理论在酒店管理活动中的寻找出相应的应用佐证。

职业素质目标：

通过管理学基本知识的学习，结合酒店这类企业组织加以理解，初步形成基本的管理意识和理念。

项目核心

管理；酒店管理；科学管理理论；组织管理理论；酒店管理的基本职能；酒店管理基本内容；酒店管理的基本方法；酒店管理的基本原理

项目导入：

阿牛的乡村客栈

阿牛高中毕业后没考上大学，便随老乡一起到深圳打工。因为没有干过重体力活，也没有什么技术，一时间找不到工作。见某厨师培训学校招生并安排就业，便报名参加了培训。培训结束后，他被安排在一家五星级酒店工作。由于他勤奋好学，掌握了许多特色菜肴的制作，很快就成了骨干。工作五年后，由于在城里不

能入户，正好家乡利用美丽的自然风光和民族风情大力发展旅游，阿牛便决定利用自己的手艺回乡创业。他用自己的积蓄，建了一个乡村客栈。开始他找来自己的亲朋好友帮忙，大家齐心协力，生意还算红火。可两个月过去了，有的人就不那么主动了，有客人来都推给别人去接待；有时候阿牛要求服务员按照酒店的标准进行服务，员工说我们乡下就这样，碍于亲情他也不好进行批评。客人对一些服务不满意，比如床单不够干净、没有Wi-Fi，夜里蚊子多、餐具没有消毒等等，大大小小的事最后都有阿牛来处理。同时他还要负责采购、收款、记账，每天都很累，忙下来后扣除各种费用实际上并没有多少收入，还不及自己做厨师时的一半收入。这样的发展状况，让阿牛有些灰心了。问题出在哪里呢？

任务一　管理与酒店管理

一、酒店管理的概念

（一）管理的概念

人类社会自从有了集体化协作劳动，管理就已经存在了。而对于什么是管理，并把管理作为一门学科加以研究，则是20世纪初才出现的。对于管理，众多学者从不同的角度做出了不同的定义。

美国的哈罗德·孔茨和西里尔·奥·唐奈认为，管理就是通过别人使事情做成的一种职能。管理的工作内容就是进行计划、组织、人事、指挥和控制，孔茨强调管理的工作内容。

美国管理学家西蒙认为，管理就是决策。决策贯穿于管理的全过程和管理的所有方面，任何组织都离不开对目标的选择，任何工作都必须经过一系列的比较、评价、决策后才开始。如果决策错误，管理执行得越好，损失就越大。所以，西蒙认为管理就是决策，决策是管理的真谛。

管理学家穆尼认为管理就是领导。因为任何组织中的一切有目的的活动都是在不同层次的领导下进行的，组织活动的有效性取决于领导的水平和有效性。

还有的学者认为管理就是沟通。因为管理的主体是人，管理局是如何做人的工作，其中观念整合是先导，所有的管理问题归根到底都是共同的问题。

显然由于人们的研究立场、方法和角度不同，对管理的定义也就多种多样。在这里，我们采用美国管理学家罗宾斯博采众家之长对管理下的定义：

所谓管理，是指通过与其他人的共同努力，既有效率又有效果地把工作做好的过程。在这个定义中,过程、效率、效果这三个关键词值得我们讨论。

1. 管理过程

早在 20 世纪初期,法国工业经济学家亨利·法约尔就已经提出:所有的管理者都必须执行涉及管理过程的五项管理活动,这五项管理活动就是计划、组织、命令、协调和控制。目前最为盛行的管理学教材是把管理过程简化为 4 项:计划、组织、领导和控制。管理过程的活动如图 2-1 所示。

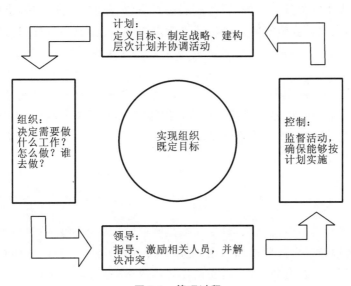

图 2-1　管理过程

(1)计划。计划首先是对组织目标进行定义,其次是建立一个总体战略已达到这些目标,最后是制订一个易于理解的层级计划来整合并协调组织的各项内容。设定目标为的是把工作落到实处,并能帮助员工关注组织中那些最重要的事情。

(2)组织。组织就是要对组织结构进行设计,决定要执行哪些任务、谁来完成、任务如何分配、向谁汇报、在哪里制定决策等。

(3)领导。领导就是指挥协调组织中的员工。当管理者激励员工、指挥其他人的活动、选择有效的沟通渠道或解决员工之间的冲突,我们认为他正在履行领导的职能。

(4)控制。控制就是监督、比较、纠错的方式与方法。在目标已确定,计划已制订,机构已安排,员工的聘用、培训及激励等活动都已完成之后,可能还会发生一些差错。为了保证组织所进行的活动能够按照既定的方向进行,管理者必须监督组织的绩效。实际的绩效必须与其以往所设定的目标相比较,如果比较的结果存在明显的偏差,那么管理者就有责任使组织回到正轨上来。

2. 效率和效果

效率和效果所要回答的是"做什么"和"怎么做"的问题。所谓效率是指通过正确地做事,将投入转换为产出。例如,在既定的投入条件下,如果获得了更多的产出,那么我们就说效率得到了提高。同样,用较少的资源投入,获得了相同的产出,这也是提高了效率。既然管理者需要投入的资源如财力、人力、物力都是稀缺的,他们就会关注这些投入的有效使用

问题。所以,管理关注的是资源成本最小化的问题。

资源成本最小化固然重要,但对组织来说仅有效率还远远不够。管理还要关注既定目标的实现情况,在管理学中,我们称之为"效果",即做正确的事。对于一个组织来说,就是达到其既定目标。

尽管效率和效果是两个不同的概念,但是两者密切相关。如果不考虑做事的效率,就很容易达到效果。例如,一家酒店不考虑所投入的人工和材料等成本费用,那么酒店完全可以为顾客提供更为优质的服务。同样,一些酒店和部门(如航空、铁路、出入境关口等)出于安全等方面的考虑,在旅游客流高峰期采取了更为严格的措施,效果虽好,却遭到了游客的抱怨和批评。由此我们认为,有效的管理既要关注目标的实现(效果),也要关注实现目标的效率。

组织是否会出现有效率却没有效果的情况呢?答案是肯定的。也就是说,组织会高效率地做错事。许多旅行社以零团费甚至负团费招徕顾客,对导游实行弹性工作制,经营活动的效率非常高,却因为服务质量得不到保证,顾客权益受到损害,而遭到顾客和社会的批评,旅行社的长远目标是难以实现的。

(二)酒店管理

1.酒店管理的定义

在我们了解了管理的概念以后,对于什么是酒店管理就不再是一件困难的事了。酒店管理,就是管理者遵循一定的理论和原则,运用各种管理方法,对酒店所拥有的和可以利用的有形与无形等资源进行有效的配置,做出正确的决策,经过计划、组织、领导、控制等管理过程,以实现酒店所期望的经济和社会目标的综合性活动。由于其产品和服务的特殊性,管理活动在酒店这类型的企业中,有其自身的个性特征。

2.酒店管理的要素

酒店管理的要素是指管理主体为达到管理的预期目标所要操纵的管理客体系统。国外一些管理学者将企业管理的基本要素概括为"7M":

(1)Men——人,包括员工的招聘、培训、考核、奖惩、升降、任免。

(2)Money——资金,包括筹资、预算控制、成本、财务分析、资本营运等。

(3)Methods——方法,包括经营战略、计划、决策、质量管理、作业研究、工作设计等。

(4)Machines——机器,包括企业布局、工作环境、工艺装备、设施等。

(5)Material——物料,包括材料的采购、运输、储存、验收等。

(6)Market——市场,包括市场需求的预测、产品决策、价格和销售策略制定等。

(7)Morale——士气,包括提高工作效率,员工的热情、兴趣和志向引导到生产和服务工作上,发挥人的积极性和创造性。

以上7个要素在不同类型的企业组织中的重要性程度不同。酒店产品的根本属性是服务,所以"人"的因素就特别重要,尽管所有的组织中"人"都是第一位的。随着技术的发展和人工成本的刚性特征,未来酒店将用更加智能化以减少人员,就需要更加关注新技术设备的应用。另外,网络时代的市场变化迅速,也是需要时刻关注的要素。

二、酒店管理的目的

(一) 管理目的

管理目的是各项管理活动最终应达到的预期结果,是实现管理过程、规范管理行为树立的方向标。也就是说,管理目的就是管理系统规定被管理系统的管理活动、运作行为应遵循的发展轨道,达到渴望达成的境界,给自身也给被管理系统树立一个努力的方向和目标。

这里讲的管理系统,指的是管理部门的综合,通常也称"管理主体";被管理系统,指的是管理对象,一般又称"管理客体",是管理系统的子系统。而管理系统和被管理系统的总和,就构成管理体系。

管理目的具有以下几个特点:

1. 综合性

管理目的是管理体系各项管理活动各方面的内在联系及其发展变化要求的综合反映和总体要求。

2. 可分性

管理目的在规范管理活动、管理行为中,可分解为各管理层次、各专业职能管理、各方面的具体目标和任务。

3. 阶段性

管理目的的实现存在时间上的有序性,它受各个时期不同的主客观条件的制约而呈现出阶段性。

4. 客观性

管理目的的实质,是反映社会制度及其基本规律的必然要求,反映管理的客观必然要求,是不以人们的主观愿望为转移的。

(二) 酒店管理目的

除了上述所有组织的管理所包含的目的外,酒店的管理还包含以下几点目的:

1. 促进和推动地方旅游经济的发展

一个地区,乃至一个国家,旅游经济的发达程度是与该地区的酒店密切联系的。如果一个地区的酒店不断提高自身的管理水平,企业实力就会不断增强,旅游经济的发展水平就会提升。从我国各省、自治区、直辖市的旅游收入和全国酒店的分布可以看出这一点。

2. 增收创汇,拉动内需,刺激经济发展

加强酒店的管理,可以提高酒店创收和创汇的能力。在我国改革开放初期,因为当时国家经济的发展需要大量的外汇,酒店是重要的外汇来源之一。2008年,发端于美国的次贷危机使全世界经济受到重创,随后欧洲债务危机再使世界经济雪上加霜,中国出口贸易受阻,出口导向型经济面临巨大压力,世界经济一直处于低速发展进程中。中国决定以扩大内需来拉动经济发展,因此,大力发展国内旅游,成为刺激内需的有效方式。从2000年实行"黄金周"制度以来,旅游拉动经济效果十分明显。无论是增收创汇,还是拉动内需,其实现的程度和水平是与酒店的管理和发展水平分不开的。2015年,中国国内旅游人次突破40亿人次,旅游总收入达4万亿元,旅游业对GDP的贡献达到10%。

3. 提高经济效益

酒店是为旅游者或其他顾客提供以住宿、餐饮为主的服务型企业,规范和加强管理的目的首要的目的就是保证和提高酒店自身的经济效益。通过合理的产品开发和服务,准确的市场定位和营销,规范的内部运行体制,严格的资金使用和控制流程,实现投入产出的最大化。只有稳定、合理的经济效益,才能保证酒店有可持续发展的能力,才能以良好的工作条件稳定员工队伍,才能保持酒店的品牌和建立良好的无形资产。没有效益,一切都将无从谈起。

案例分析

加强酒店的管理是提高酒店投入产出效益水平的关键。站在酒店微观的角度,取得满意的经济效益是它的主要目的,酒店管理的目的,就是要实现利润最大化。虽然有的企业把自己的目标确定为股东利益最大化,或者企业价值最大化,但是最核心的还是企业利润。要实现利润最大化,取得理想的经济效益,管理是关键。在进入21世纪后,部分酒店创新管理思路,以档次低、价格低、单体规模低的"三低"为经营管理特色的连锁经济型酒店快速发展,应对市场需求,形成了独到的竞争优势,取得了较好的经济效益。

作为一名酒店评估人,Stephen Rushmore研究了全球千余家酒店的财务经营状况。其中有些运营良好,有些则陷于困境。总体说来,越是功能复杂的五星级豪华酒店,利润回报率越低;而功能简单,只提供有限服务的中等功能的酒店则相反。一些连锁酒店,例如:Four Seasons,Man-darin Oriental 的财务状况通常要比独立酒店好得多。是什么原因造成了这种局面,豪华酒店又该如何改善自身的经营状况呢?

相比那些提供有限服务的专业酒店来说,五星级酒店的实力要雄厚很多。就目前来讲,一家豪华酒店的造价是一家经济酒店的8~10倍,从理论来说,其利润回报率也高出8~10倍,但实际上往往达不到。这就是第一个问题所在:豪华酒店投资巨大,往往超过市场的支持力。

要达到五星级的服务水准,就需要五星级的运作。例如,特色美食街、24小时送餐服务、游泳等都需要巨大的资金消耗,以支付劳动力,但又不可能对这类服务制定相应的高价。以送餐服务为例,一份早餐从准备、送餐到清理可能要花费75美元,但大多数酒店并不愿意向客人收取能够支付这个成本的价钱。相反,他们往往减免该项费用,把这份早餐作为"Loss Leader"(吸引客人的特价品),从而保持其五星级水准。

Stephen Rushmore 赞成豪华酒店需要一点"Loss Leader"以保持水准,建设一家豪华酒店的花费的确比中档酒店高得多。其实有许多机会可以增加利润,降低费用,大大提高利润回报率,而这些又往往容易被忽略,以下是 Stephen Rushmore 提供的几条建议。

寻找途径,使每个部门都成为创利单位。如果必须提供24小时送餐服务,则要求厨房夜间保持积极的工作态度,能够随时为客人提供新鲜可口的食品。开办菜品外卖、食品零售、糕点、干果和花店。增加宴会销售,这要比酒店甚至向酒店客人开办烹饪课,收费颇高要让每一平方英尺的空间,每一名雇员充分利用时间,创造利润。

如果你的酒店缺少提供全套服务的健身温泉,缺少功能健全、能够提供会议室的高科技的商务中心,想办法增加这些设施。这些是当今五星级酒店所需具备的基本便利。如果管理得当,会很快成为重要的创利单位。另外一些经常被忽略的利润来源是酒店标识的物品,诸如盘子、玻璃杯具、银器、厨房用具、酒店工艺品、床上用品甚至酒店家具。不要对酒店内设置杂货店不屑一顾,建立网络销售,向世界销售印有酒店标识的产品。

通过降低费用也可增加利润。对于豪华酒店来说,在不影响服务水准的前提下,降低费用是极其困难的,可以从后台部分寻找机会,例如废物处理、循环利用、能量守恒、改善工作流程的安排,提高功能。现今新型的更科学的财务系统、网络预定、资产管理系统通常能够减少工人,控制支出。

运用过去旧有的管理方式运作一家五星级豪华酒店,很可能不会获得满意的利润回报,酒店业和运营者应当走出旧框架,寻找积极有效、富有活力的方法,创造高收益、控制成本。应当时刻记住:每一平方英尺、每一名员工都必须成为利润来源。

(资料来源:http://www.cnctc.org/html/hotel/news03_wxjdtglrl.htm。)

问题:在"八项规定"和政府部门厉行节约、压缩公务消费的条件下,高星级酒店应该怎样保持经济效益?

分析提示:首先是说明经济效益对于酒店的重要意义。其次就是分析酒店价格是否合理,个人消费和非机关事业单位消费的潜力,加大更精准的客户联系和服务。再次就是充分利用酒店自身的各项资源,使之发挥最大效益。最后就是如何更有效的节约成本。

4. 提高从业人员素质

酒店向顾客提供的核心产品是服务,更多的情形是需要员工与顾客面对面的交流,从业人员的心态和职业素养对于游客对旅游服务的满意度起着决定性的作用,所以,酒店的管理,还必须担负培养和造就优秀员工队伍的责任,确立提高从业人员素质的目的。世界著名的麦当劳快餐,有超过75%的餐厅经理,50%以上的中高级主管,以及30%以上的加盟经营者,是从计时员工做起的,他们通过有效的培训成为企业的中坚力量。与之相反的情况是,中国的酒店对员工缺乏职业生涯的设计,员工流动率太高,从业人员的素质难以提高,这需要引起高度的重视并加以解决。

5. 保护和传播文化

酒店的服务对象主要是旅游者,无论出于何种目的的旅游,旅游者都会对目的地的文化产生浓厚兴趣。酒店要让旅游者获得物质和精神上的享受,并以精神享受为主,因此,酒店在开发产品和服务是,通过充分利用文化因素,对当地传统文化、特色文化起到了传播和传承的作用。所以,酒店管理,有必要将保护和传播文化作为自己的一个管理目的。

案例分析

贵阳大成精舍酒店是一家孔学主题特色酒店,位于贵阳花溪区十里河滩内,孔学文化氛围浓厚,是中国最具代表性的孔学主题特色酒店!贵阳大成精舍酒店与贵阳孔学堂、研修园、文化商业步行街合而为一,同属贵州特色文化产业资源,是中国目前最具代表性的孔学主题特色酒店!精舍坐落于贵阳花溪十里河滩,古朴、精致、静谧,坐拥湿地公园得天独厚的自然风光!丛林花语间,一处檀木青瓦,是宾客修身养性,为追求人生真谛而禅修悟道的静谧之地!十里河滩青山绿水间,可以让疲于奔忙的宾客,在这里暂时放缓脚步,闲庭散步于林荫小道,聆听鸟语花香,呼吸自然清新的空气,给身心一段宁静健康的休闲时光。大成精舍建筑面积 38940 平方米,绿地率达 40%,停车位 110 个,拥有各类房间标准间、中式套间、教授和博士公寓、学生公寓等各类型房间 205 间,提供中西式绿色养生餐饮,同时拥有禅修室、会议室、茶吧、书吧、康体健身中心等等,石墙、青瓦、仿木架结构的建筑外观,古色古香与现代手法相结合的市内装饰布局,演绎着浓郁的儒家文化,是宾客休学和度假旅游的首选!大成精舍以"传承礼仪、居如人生"为经营方针,志在为所有宾客提供"礼仪周到"的贵宾服务!

(资料来源:http://vifbu547.xiaomi001.com/introduce/。)

问题:酒店如何保护和传播文化?

分析提示:文化元素对于酒店的重要性;文化元素在酒店的体现,包括建筑与装饰,服饰与服务,餐饮与客房产品等。

三、酒店管理的性质

管理的性质,通常是指管理所具有的二重性,是指管理作为合理组织生产力的自然属性和在一定的生产关系下所体现的社会属性。具体讲,管理二重性是由生产力的发展引起和决定的、反映生产力属性的管理,是共同努力、分工协作需要的管理,体现了不同社会制度下管理的共同属性即自然属性;受一定生产管理影响和制约的、反映生产关系的管理,是维护和调整生产生产资料占有阶级的经济利益需要的管理,规定者管理的阶级实质和目的,具有阶级社会各自特殊属性即社会属性。因此,管理既要适应生产力运动的规律,也要适应生产关系运动规律。

酒店管理的基本性质也具有与生产力、社会化大生产相关的自然属性和与生产关系、社会制度相关的社会属性。

(一)酒店管理的自然属性

1. 系统相关性

从需求角度分析,旅游者购买的旅游产品是一种经历,旅游企业之间要按照旅游需求的吃、住、行、游、购、娱六大基本要素形成一个完整的供应链体系,酒店是其中的一个部分,与其他相关企业和部门之间要相互衔接和配套,一荣俱荣,一损俱损。而酒店内部,也是一个有机整体,共同完成对客服务。例如,酒店销售部招徕了一个旅游团,就需要酒店的前厅部、客房部、餐饮部以及综合娱乐部门的通力合作,接待好这一批客人,任何一个环节没有做好工作,都会使客人对整个酒店的服务感到不满,这要求所有的部门和人员都要有强烈的整体和团队意识。

2. 业务量的季节性

除了商务和公务旅游受季节的影响相对较小外,其他类型的旅游都有比较明显的季节性。旅游者除了受收入条件和旅游动机的影响外,还要受闲暇时间的制约,在带薪假期制度还没有充分实现的情况下,节假日往往成为出游的高峰。所以,酒店应具备调控需求变化,应对需求高峰的能力。

3. 对文化因素的重视性

顾客对酒店产品的需求,特别是对中高档酒店产品的需求,对高层次的身心健康和文化精神需求有较高的要求。酒店的管理者,就必须要具备利用各种文化因素开发酒店产品的能力,这样的能力越强,酒店管理带来的效益也就越好,中外酒店皆是如此。许多地方政府发展旅游业,旅游产品开发和酒店经营,打的都是文化牌。对文化因素的利用,体现在环境设计、产品设计、活动项目设计、形象设计等诸多方面。

(二) 酒店管理的社会属性

1. 政府的指导性

由于多数旅游资源都是国家所有,酒店利用这些资源必须要在相关政策规定下执行国家计划。酒店也是在政府相关部门的监督下依照市场的需要自主筹资建立的,旅游者的权益在受到侵害时需要政府部门为其提供保护。所以,政府要指导和引导酒店按照相关政策、规范和标准开展经营活动,确保服务质量以保证顾客的满意,并维护地方旅游形象。例如,酒店必须对旅客进行身份登记,执行消防安保要求,遵守食品卫生法律法规等。由于各国政治体制的不同,所以,酒店管理的政府指导性也就各不相同,社会性特征明显。

2. 管理目标的社会性

酒店作为旅游市场中的经营实体,经济效益目标是最重要的。但是随着社会的发展,经济效益目标已经不能是唯一的目标了。酒店是"经济人",也是"社会人",在获取经济利益的同时也必须承担社会责任。所以,酒店还要将国家利益、社会公众的利益、消费者利益和环境生态效益等纳入自己的管理目标范畴,促进和谐社会的构建。

全球经济一体化和市场经济国家范围的扩大,在管理的社会属性上也有逐步趋同的趋势,但是各国在意识形态、传统文化和道德观念上的差异较大,在一些本质问题上的态度是完全不同的。例如,"黄"和"赌"在许多资本主义国家是合法的,甚至成为一些国家和地区旅游业发展的支柱,但在我国是绝对禁止、坚决打击的。

四、酒店管理的基本职能

管理职能,是指实施科学有效管理应有的基本程序与功能。由于学者对管理职能的界定范围宽窄不同,而且已划分的各管理职能彼此之间并无严格的次序和界限,互相关联交叉

表达,所以对管理职能的划分认识不一。本书把计划、组织、领导、控制作为管理的四项基本职能。

(一) 计划职能

计划作为管理的一项基本职能,是指为未来的组织活动确定目标,并为实现这一目标预先决定为什么做、做什么以及如何去做的这么一个工作过程。管理工作,形象地讲,是"明确要去的彼岸,搭设桥梁,过桥,到达目的地。"这一工作过程中,计划是第一步。无计划的管理,或计划不周的管理,组织的活动会出现盲目性。计划是管理的首要职能。

计划工作一般包括下述相互联系的三个方面内容,即确定目标、预测和决策。

计划工作的开始是确定目标。通过确定目标,明确组织活动所要达到的目的和结果。当然,在计划工作开始前或开始时,这种目标也可能不十分具体、明确。计划的最初工作过程的首要任务是明确目标,其后的预测分析和决策方案的择定都是围绕目标进行的。应该指出的是,许多时候,确定目标,本身也是一个完整的计划工作过程,是计划工作的一个终点。因为,明确的目标不是单凭主观愿望就可以确定的,是要以相应的预测分析工作做基础而择定的。

目标确定以后,就要围绕实现目标的组织活动的未来环境的发展趋势做出评估分析,并以预测分析形成的结果信息作为决策的依据。预测是以分析对象的过去来推测它的未来。

决策的核心意思是指人们从为实现一定目标而制定的两个或两个以上的方案中,选择一个"令人满意"的方案以作为未来行动的指南这么一个活动过程。不少时候,决策之前,只是对计划所要处理的问题本身进行研究,即提出问题,分析问题,尚未有解决问题的确定方案。计划工作没有开展到决策这一环节,就没有合乎理性的实施方案的行动。决策是计划工作的核心。

(二) 组织职能

制订出切实可行的计划之后,就要进入计划的实施这一工作阶段。在每一计划的实施过程中,都要做大量的组织工作。不同的计划有着不同的计划内容和要求,相应的组织工作量和要发挥的组织职能在内容上就多有差别。围绕计划实施的起保证作用的组织职能内容,一般说来,有以下几个方面:

(1)明确必须进行的活动,由组织体内的哪些层次和部门来承担,有些时候还需要借助组织外部的力量,设置新的机构、岗位。

(2)确定各个层次和部门的职责范围,并根据它们履行职责的需要授予应有的权限。

(3)将符合工作要求的人员配备到有关岗位上。

(4)明确各成员单位之间的分工协作关系。

(5)调配组织活动所需的其他资源,实现所要开展的工作和人员、机构在时间和空间上的有效结合。

(6)根据组织外部调整或变革。组织职能的核心作用是要确保形成一个有机的组织结构,使整个组织协调地运转,为完成工作任务提供组织上的保证和依托。

计划的实施要有其他人的合作。"实质上,组织工作是从人类对合作的需要中产生出来的。""合作之所以能有更高的生产率和较低的成本,在多数情况下就是由于采取了某种组织结构。"组织结构和组织工作的其他状况,决定着组织体的工作效率和活力,决定着计划、决策实施活动的成败。

(三) 领导职能

好的计划和组织工作只是为完成计划工作提供了一个可靠的基础,它们并不一定能自动地保证计划目标的实现。组织任务的完成和计划目标的实现,需要组织成员的协作。"虽然组织成员间的协作是最主要的创造性力量,但领导是实现协作的必要条件。"因为在协作中人们由于在知识、经验、工作职责、信息来源、看问题的角度和方法、所处的环境等方面存在着诸多差异,对工作中的问题会有不同的看法和采取不同处理办法,因而产生表现各异的矛盾和冲突。这就需要管理者"指导人们的行为,沟通人们之间的信息,增强相互的理解,统一人们的行为,激励每个成员自觉地实现组织目标共同努力"。所以,我们说,当管理者激励部下,指导他们的活动,解决他们之间的矛盾,引导他们完成好某项任务时,他就是正在进行领导。

现代的管理者,在他们领导行为中比较重视激励因素的运用。在资本主义企业发展历史上,在相当长的时间里,管理者受下述这么一种人性观的支配,即只要给予金钱,职工就会老老实实地工作。持这种管理见解的管理者,他的领导只靠命令就足够了,他的管理过程实际上就是计划—组织—控制。激励因素之所以在管理中受到重视与运用,是因为管理者发现:在组织活动中的人们,不仅仅是"经济人",且同时也是"社会人""自我实现人",他们的行为不只受到"物质的、生物的、社会的要因制约,……而且也是以心理要素为基础的。"

(四) 控制职能

控制就是根据计划所确定的要求来检查计划的实际执行情况,发现偏差或新的情况,分析其中的原因,进而采取相应的调整措施,以确保计划的实现。一般说来,控制属于保证性职能,是要使活动的开展及成效符合原先确定的计划要求。但有时也会导致调整计划内容、具体执行者的变动或其他方面的变革。

信息反馈在控制职能运用中具有十分重要的意义。信息反馈失灵,人们就无法根据"活动结果应当是什么"的计划信息去衡量实际的活动成效,从而也就无法发现偏差,更谈不上纠正偏差。

作为一种为保证活动的产出与计划的一致而产生的管理职能,控制职能包括下列四个运作步骤:确定控制标准,即识别控制所需要的计划要求信息;衡量实际绩效,即收集控制所需要的计划实施信息;进行差异分析,即对计划要求信息与计划实施信息作比较分析;采取纠偏措施或其他调整措施。

五、酒店管理的主要内容

酒店管理是一个复杂的体系,涉及多方面的内容,主要有以下几个方面:

(一) 资产管理

经营管理一家酒店,就是要利用企业所能控制的有形和无形资产在使顾客满意的前提下去谋取利润。那么,管理者既要知道这些资产经营的设施、设备的标准和服务要求,设施设备的采购、安全、维护、更新的要求,以及无形资产的价值及其利用等。

（二）计划管理

酒店的计划管理，就是管理者规划在未来一段时间内做什么，谁去做，如何去做。在酒店管理中，要么是事先、主动地进行计划管理，要么事后、被动地进行问题管理及危机管理。

（三）组织管理

酒店必然是一个团体和组织，一个酒店就是一批人像一个人那样承担责任和行动的法人组织。组织管理就是对酒店之一组织所承担的任务在全体人员之间的分工合作进行管理。酒店的组织管理涉及企业组织机构的设置、岗位设置，以及各机构、岗位的责任、权力、相互关系的规章制度的制定等。

（四）人力资源管理

酒店的人力资源管理工作，包括确定每一个部门和岗位所需要的员工数量，挑选录用员工，将合适的员工分配到合适的岗位上去，培训员工，对员工进行日常管理，其中包括对员工的工资管理、评估考核和奖惩、晋升、辞退等。

（五）督导管理

督导管理也可以叫作指挥与指导管理。指挥就是管理者借助指示、命令等手段对下属的工作任务进行分工安排，以实现计划目标，这具有高度的权威性。指导就是指管理者示范给下属看如何去完成好任务。

（六）沟通管理

沟通，是指信息传递与反馈的双向交流。酒店的管理者要进行有效的指挥与指导，所需要做的最重要的事情之一就是处理信息，并在此基础上单独地或与别人合作地做出决策和制订计划。如果不了解旅游者的深层需要和不了解员工的技术能力与积极性状况，就很难管好企业的日常工作。通过沟通，还可以争取到上级的更多的支持，统计更多的默契合作，下级更多的理解帮助，以及社会更多的同情与欢迎。

（七）控制管理

控制管理，是指管理者事先设立各种工作标准，然后用这些工作标准来指导员工的工作和检查工作结果。如果发下符合工作标准，予以肯定和赞扬，再进一步考虑是否还需要提高标准；如果发现不符合工作标准，先分析原因，看看是标准本身脱离实际而存在问题，还是员工的作业行为有问题。如果是前者，就需要修订标准；如果是后者，就需要分不同情况对员工进行培训、奖惩甚至撤换。

（八）协调管理

在酒店的日常工作中，员工与员工之间，员工与管理者之间，宾客与员工之间，经常会产生意见不一致甚至冲突的现象。协调管理就是指管理者及时发现和分析各种冲突的性质、类型，并选择正确的方法来及时加以解决。

（九）预算与财务管理

预算与财务管理并不仅仅是财务部门要做的工作，因为管理活动只要涉及用人、用物，就涉及用钱,每一个管理者即使没有直接支配钱的权利,至少都拥有支配人和物的权利,都直接与间接地和资金的收支预算及管理有关,都必须参与收支的预算与财务管理。预算就是指每一个管理者对计划工作所产生的收入与支出,以及最终损益的估算,每一项工作都需要有预算,这样就可以做到更好地减少支出,增加利润。财务管理就是通过酒店的财务报表,对实际财务收支状况与预算的收支标准进行比较分析,由负责收支的各级管理者发现存在的问题,找出问题原因和解决办法,来对收支进行有效的控制。

（十）动力管理

动力管理亦即激励管理,是指管理者要创造出使他的下属愿意不断尽他的全力去工作的态度与行为。

（十一）经营管理

酒店的经营管理包括投资与经营形式的选择,对旅游产品、价格、销售渠道、促销方式和广告、公共关系与公共宣传的系统管理,以做到始终使企业有大量顾客,再满足顾客需要的同时,获得长期的满意的利润。

任务二　酒店管理的基础理论

管理理论的产生和发展,直接来源于人类的生产实践。18世纪英国工业革命之后,企业开始大量涌现,一些学者如英国的亚当·斯密等对劳动分工和专业化等问题进行了理论研究,开创了企业管理的先例。20世纪以来,随着资本主义经济的发展,西方管理学家先后提出了古典管理理论、行为科学理论、现代管理理论和其他一些管理理论和方法。酒店管理正是以这样一些科学的管理理论为基础,结合旅游业的实际和特点逐步形成自己的管理特色。学习和掌握这些管理理论和方法是酒店管理者管理成功的基础。

一、古典管理理论

现代管理的起源应归功于某些理论家和实践家的贡献,他们奠定了管理学的理论基础,因此,我们将他们对管理学的贡献归类为古典管理理论。对古典管理理论贡献最大的是泰勒和法约尔,他们的管理理论分别被称为科学管理理论和一般管理理论。科学管理理论着眼于从改进工人的生产效率角度出发;而一般管理理论则从整个组织的角度出发,探究怎样使组织更有效。

（一）科学管理理论

1911年,弗雷德里克·温斯洛·泰勒(Frederick Winslow Taylor)所著的《科学管理原理》出版,这本书对科学管理理论进行了详尽阐述,而所谓的科学管理,即指应用科学方法确定从事某项工作的最佳方法。该书出版前后泰勒所做的研究贡献也成就了他"科学管理之

父"的名望。泰勒是钢铁公司的机械工程师,他认为工人劳动效率极低,出工率只有三分之一,他花了20年时间潜心研究每一项工作可以采取的"最佳方法"。

泰勒定义了管理的四原则,他认为遵循这些原则会给工人和管理者之间带来双赢的结果:工人会获得更多的报酬,而管理者也会获得更多的收益。这四条原则是以下几点:

(1)为每一个工人的工作要素建立一个科学方法,用以代表过去的经验方法。

(2)科学地挑选工人,并对他们进行培训、教育和开发。

(3)与工人之间进行诚心友好的合作,以确保所有的工作都能按照已建立的科学原则去做。

(4)管理者与工人之间在工作和职责划分上几乎是平等的;管理者要把那些自己比工人更胜任的工作都揽过来。

在这四条原则的指导下,泰勒科学管理理论的主要内容有以下几个方面:

(1)标准化原理。标准化原理主要是指作业方法和工具的标准化。通过对作业工程的动作和时间研究,清除不必要的动作,加快速度,制定出规范化的作业规程和方法。另一方面,工具的标准化有利于减轻劳动强度,完成工作定额。

(2)工作定额原理。在标准化的作业规程和方法基础上,对全体员工进行培训,制定出合理的工作定额。合理的工作定额,就是既要保证完成一定的工作量,符合管理者的期望,又要限定在工人能够长期承受的限度之内,不损害其健康。

(3)差别计件工资制。对同一工作设置不同的工资率,对那些用较短时间完成工作且质量较好的工人按较高的工资率计算工资,而对工时长、质量差的工人则按较低的工资率计算工资。

(4)实行职能分工。实施标准作业,应明确区分计划职能与作业职能。计划职能是管理者的工作,专门研究标准作业法和劳动定额,设立专门机构进行研究、计划、调查、控制和对操作者进行训练、指导。而作业职能是按标准作业法实施标准,作业者只需服从计划职能部门的领导与指挥,执行上级命令,明确做什么和怎么做。

(5)例外原则。例外原则,就是企业的高级管理人员,将日常事务拟就规范化的处理程序,然后授权给下属管理人去处理,而自己则主要去处理那些没有规范的例外工作,但保留监督和检查下级管理者工作的权利。

泰勒科学管理的核心是谋求最高的工作效率,主张用科学方法研究和解决问题,以标准化代替经验,强调合作,发挥每个人的最高效率。泰勒科学管理理论至今仍然被视为经典,在酒店被广泛运用。

(二)一般管理理论

1. 法约尔的组织管理理论

亨利·法约尔(Henri Fayol),时任法国一家冶矿公司总经理,1916年发表《工业管理与一般管理》一书,较完整地提出了他的企业组织管理理论。他提出了任何企业都有经营的六种职能活动,即技术活动、商业活动、财务活动、安全活动、会计活动和管理活动。他强调管理实际是企业、政府甚至家庭中都要设计的有关人的一种共同活动。他提出了管理的14条原则:

(1)分工与协作。
(2)权力与责任。
(3)纪律。
(4)统一指挥。
(5)统一领导。
(6)个人利益服从整体利益。
(7)报酬合理。
(8)集权与分权。
(9)等级链。
(10)秩序。
(11)平等。
(12)人员稳定。
(13)首创精神。
(14)合作精神。

2.韦伯的行政组织理论

马克斯·韦伯(Max Weber)是一名德国社会学家,在19世纪早期的论著中,建立了一种职权结构理论。韦伯所描述的理想组织模式被称为科层制,代表了现实世界中可供选择的一种组织重构模式,他的理论已成为今天许多大型组织的设计雏形。韦伯的理想型科层制的组织有以下特征:

(1)劳动分工。工作应当分解成为若干简单、常规性的和明确定义的任务。

(2)职权层级。职务与职位应当依层级来组织,每个夏季应当接受上级的控制和监督。

(3)正式选拔。所有组织成员都要经过培训、教育,或正规考试取得的技术资格进行选拔。

(4)正式规章制度。为了确保一贯性并规范全体雇员的活动,管理者必须倚重正式的组织规则。

(5)非个性化。规则和控制的实施具有统一性,避免掺杂个人感情以及受到个人偏好的影响。

(6)职业导向。管理者是专职人员而不是他所辖单位的所有者,他们领取固定的工资并寻求自身在组织中的职业发展。

二、行为科学理论

古典管理理论把人看成是"经济人",即人们从事活动只是出于经济目的,企业主追求最大利润,工人要获得最高工资,这样在企业主和工人之间经常发生矛盾。古典管理理论在这种对人的基本架设前提下,强调用严格的科学办法来进行管理,提高效率,以解决矛盾。但是古典管理理论的一个共同特点是忽略了人的因素,把工人看成是机器的配件,会说话的工具。行为科学,简单地说就是对企业中职工产生的行为,以及产生这些行为的原因进行分析研究的科学。行为科学研究可以分为人际关系学说和行为科学两个层次。

(一) 人际关系学说

倡导人际关系运动的学者是人力资源学派中的一个重要群体,凭借其追求管理实践中更富有人性的坚定信念,在管理思想史中占有重要的一席。该群体中的成员一致相信雇员满意是十分重要的,也就是说,一个满意度较高的工人一定会成为一个高产出的工人。倡导该运动的代表人物有:梅奥(Elton Mayo)、赫茨伯格(Herzberg)、戴尔·卡耐基(Dale Carnegie)、亚伯拉罕·马斯洛(Abraham Maslow)和道格拉斯·麦格雷戈(Douglas McCregor)。

1. 梅奥的人际关系学说

梅奥以其在美国西方电器公司历时8年的霍桑实验结果为依据,形成了行为科学的早期理论,即人际关系学说。在他的《工业文明的人类问题》和《工业文明的社会问题》等著作中,提出了以下几个人际关系学说的原理:

(1)工人是"社会人",是复杂的社会系统的成员。

(2)企业中除了正式组织之外,还存在着"非正式组织"。

(3)新型的领导能力在于通过对职工满足度的提高而激励职工的"士气"。

小资料

霍桑实验,是以哈佛大学教授梅奥为首的一批学者在美国芝加哥西方电气公司所属的霍桑工厂进行的一系列实验的总称。研究者预先设想,在一定范围内,生产效率会随照明强度的增加而增加,但实验结果表明,不论增加或减少照明强度都可以提高效率。随后,研究者又试验不同的工资报酬、福利条件、工作与休息的时间比率等对生产效率的影响,也没有发现预期的效果。发现在不同福利条件下,工人始终保持了高产量。在此基础上,梅奥等又对厂内2100名职工进行了访谈,让职工自由抒发意见,也造成职工的士气高涨,产量大幅度上升。霍桑实验第一次把工业中的人际关系问题提到首要地位,并且提醒人们在处理管理问题时要注意人的因素,这对管理心理学的形成具有很大的促进作用。梅奥根据霍桑实验,提出了人际关系学说。这一学说为西方管理科学和管理工作指出了新的方向。

2. 卡耐基的成功学说

戴尔·卡耐基常常为管理学界所忽视,但是他的思想和教学方法却对管理实践产生了巨大的影响。在20世纪30年代、40年代和50年代,数以百万计的读者读过他所写的《怎样赢得朋友并影响他人》一书。此外,在此期间,成千上万的经理以及管理爱好者参加了他的管理讲座和研讨班。卡耐基的书和课程的主题都是些什么呢?实质上,他认为成功之路在于:

(1)通过对他人的努力进行诚恳表扬使他人感受到被重视。

(2)建立良好的第一印象。

(3)通过让他人讲话、对其表示同情、不对某个人说"你说错了"等方式,使人们接受你的思维方式。

(4)赞赏他人的优点并给予持不同意见者以机会来维护他们的面子,通过这种方式来改变人们的观念。

小资料

戴尔·卡耐基是著名心理学家,他跟电脑没有关系,卡耐基是20世纪最伟大的成功学大师,美国现代成人教育之父。他一生致力于人性问题的研究,运用心理学和社会学知识,对人类共同的心理特点,进行探索和分析,开创并发展出一套独特的融演讲、推销、为人处世、智能开发于一体的成人教育方式。接受卡耐基的有社会各界人士,其中不乏军政要员,甚至包括几位美国总统。千千万万的人从卡耐基的教育中获益匪浅。卡耐基在实践的基础上撰写而成的著作,是20世纪最畅销的成功励志经典。卡耐基主要代表作有《沟通的艺术》《人性的弱点》《人性的优点》《美好的人生》《快乐的人生》《伟大的人物》和《人性的光辉》。这些书出版之后,立即风靡全球,先后被译成几十种文字,被誉为"人类出版史上的奇迹"。

(二)行为科学

1. 有关人的需要、动机和激励问题

(1)马斯洛的需求层次理论。美国心理学家亚伯拉罕·马斯洛是一位人道主义心理学家,他曾提出了人类需要的五层次理论,它们依次是生理需要、安全需要、社交需要、自尊需要和自我实现的需要。从激励的角度来看,马斯洛认为,需要层次中只有较低层次的需要得到满足之后,下一层次的需要才会被激发;一旦某种需要被充分满足,它就不再对行为产生激励作用。

(2)赫茨伯格的激励-保健因素理论。美国心理学家赫茨伯格通过调查试验,把企业中的有关因素分为激励因素和保健因素。保健因素是属于工作环境或工作关系方面的因素,这些因素不能直接起到激励员工的作用,但能预防员工产生不满。激励因素是属于工作本身或工作内容的因素,能对员工产生满意作用,是人类行为的真正源泉。

2. 企业管理中的"人性"问题

最著名的就是道格拉斯·麦格雷戈关于人性的两种明确的假设——X理论和Y理论。X理论主要表达一种人性的消极观,它假设人都是缺乏上进心的,不喜欢工作,总想回避责任,并且必须在严格的监督下才能有效地开展工作;而Y理论的观点却恰恰相反,它假设人们能够进行自我管理,勇于承担责任,并把工作看作是像休息和娱乐一样自然的事。麦格雷戈相信Y理论的假设最符合工人人性的特质,应该用于指导管理实践。

3. 企业中的非正式组织以及人与人的关系问题

(1)卢因的"团体力学理论"。卢因(Kurt Lewin),美国心理学家,提出的"团体力学理论"主要研究团体活动的内在机制,论述了作为非正式组织的群体的要求、目标、内聚力、规范、结构、领导凡是、参与者、行为分类、规模、对变动的反应等。

(2)布雷德福的"敏感性训练"。通过受训者在团体学习环境中的相互影响,提高受训者对自己的感情和情绪、自己在组织中所扮演的角色、自己同别人的相互影响关系的敏感性,即力求改变个人和团体的行为,达到提高工作效率和满足个人需要的目的。

4. 企业中的领导方式问题

(1) 领导方式连续统一体理论。美国的坦南鲍姆和施米特(Warreu H Schmidt)在他们的"领导方式连续统一体理论"中认为,在企业的领导方式中,从专权式的、以上司为中心的领导方式到极为民主的、以职工为中心的领导方式之间,存在着多种多样的领导方式,是一个连续的统一体。至于到底应选择哪一种领导方式,不能一概而论,要考虑经理、职工、形势、长期战略等方面的因素,才能在这个连续统一体中选择一个当时当地最合适的领导方式。

(2) 管理方格法。美国的布莱克和穆顿在他们《新管理方格》等著作中,就企业中的领导方式问题趋于极端的方式,即或者是科学管理,或者是人群关系;或者以生产为主心,或者以职工为中心;或者采取 X 理论,或者采取 Y 理论。应采取各种不同的综合的领导方式。他们以对生产的关心为横轴,对职工的关心为纵轴,每根轴线分为 9 小格,共分成 81 个小方格,代表各种不同结合的领导方式(见图 2-2)。其中,在主格图代表的各种领导方式中,存在着五种典型模式,即(9,1)代表的"任务式";(1,9)代表的"俱乐部式";(5,5)代表的"中间式";(1,1)代有的"不称职式";(9,9)代表的"团队式"。

布莱克和穆顿认为,(9,9)型领导方式,即把对生产的高度关心同对职工的高度关心结合起来的领导方式是效率最高的。不过,要求各种类型职务的领导者都是(9,9)型,那是困难的。但是他们认为,企业的领导者应客观地分析企业内外的各种情况,分析自己的领导方式处于格图中哪一上位置上,逐步将其转化为(9,9)型,以求得最佳的效率。为此,他们提出了一个"六点方案"管理发展计划,来达成这种训练和转化的目的。

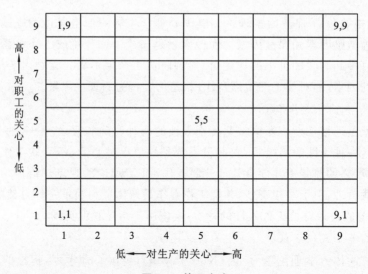

图 2-2 管理方式

三、现代管理理论

（一）管理过程学派

1961年12月，哈罗德孔茨教授发表了一篇论文，他在文中详细地阐述了管理研究的各种学派——职能、强调量化以及人际关系学派，并得出结论认为存在着"管理理论的丛林"。孔茨先是承认每一学派都对管理理论有一定贡献，然后他进一步指出：许多管理学派不过是一种管理工具而已，他认为过程方法最初是由亨利·法约尔提出的，这些活动——计划、组织、领导和控制——被看作是一个连续的循环过程。

虽然孔茨的文章引起了不断的争论，大多数管理学教师和实践者都紧抱住各自的观点不放，但孔茨无疑建立一个里程碑式的标志。如今，大多数管理学教科书都采用过程方法这一事实，也证明了过程方法已越来越成为一种可行的综合性理论框架。

（二）系统管理学派

从20世纪60年代中期开始的10年中，一种认为组织应当按照系统框架来分析的思路获得了很多人的认同。系统学派中的方法是将系统定义为一组相互联系和相互制约的构件，这些构件按一定方式组成了一个统一整体。社会是系统，计算机、汽车、组织、动物群，以及人体都是系统。

系统可以分为两种基本类型：封闭式系统和开放式系统。封闭式系统不受环境影响，也不与环境发生交互作用。相反，开放式系统则认识到系统与环境间的动态相互作用。今天，当我们谈到组织是一个系统时，我们指的是开放式系统，即我们承认组织与环境之间处在持续不断的相互作用之中。

一个组织（以及组织管理）是一个与所处环境互动的同时又相互依赖的系统。在管理学术语中，我们称这种关系主体为组织的利害相关者。利害相关者指的是那些受组织决策影响的群体，包括政府机构、工会、竞争组织、员工、供应商、顾客和代理商、地方社区领导人或是某些公共利益团体。管理者的任务就是组织的生命线，如果企业开发出的新产品不能得到顾客的认同和喜爱，那么将导致失败。如果失之于预测顾客需要而导致收入减少，用于支付工资、税费、购买新设备或是赔偿贷款的财务资源也将会随之减少。系统学派充分认识到了这种关系的存在，管理者必须了解这些关系和可能的约束。

系统学派同时还承认组织不是孤立运行的。组织的生存常常依赖于它与外部环境之间成功的相互作用。这些环境包括经济状况、全球市场、政治活动、技术进步以及社会习惯，对其中任何因素长时期的忽视都会对组织造成不利的影响。

那么系统学派与管理者究竟有多大的关联？关联似乎是显然的，尤其是因为管理者的工作必须协调和综合各种工作活动，以便使相互关联、相互依赖的各部分组成的系统能够达到组织目标。虽然系统学派并未为管理者的工作提供明确的描述，但它的内容却比过程学派更为详细与丰富。此外，系统学派认为管理者的工作应该将组织与其环境相联系，这样可以使组织对那些关键的利害相关者更为敏感并更能做出反应，如顾客、供应商、政府机构以及所在社区等等。

(三) 权变理论学派

如同生活本身一样,管理并非建构在一些简单的原则基础上。保险公司知道每个人发生健康问题的概率是不一样的。一些因素像年龄、性别、酗酒、抽烟等都是影响身体健康的权变因素。类似地,你不能武断地说学生通过远程教育的学习效果就一定比教授当面授课的学习效果要差。大量的研究表明,一些权变因素,如课堂内容、个人学习方法等会对学习效果产生影响。

权变学派有时称为"情境学派",其倡导的方法近年来被用来取代简单的管理原则,并综合许多管理理论。对于管理研究来说,权变方法具有较强的逻辑性。因为组织在规模、目标、任务等方面是各不相同的,所以,倘若真的发现某种普遍通用的原则,反倒会令人吃惊。换句话说,管理软件设计工程师不同于管理的服务员,甚至不同于管理工程技术人员。当然,说"全都取决于"是一回事,说究竟取决于"什么"是另一回事。因此,权变学派的拥护者,包括大多数管理研究者和实践者一直在试图辨别那些起决定作用的变量。

任务三　酒店管理基本原理

一、系统原理

(一) 系统的概念

系统是指各相联系的要素按一定的集合结构所构成的具有特定功能的有机整体。这个定义的内涵有要素、联系、结构、功能、环境。

1. 要素

要素,是指构成系统的基本成分。要素与系统的关系是部分与整体的关系。要素与系统多具有相对的含义。一个系统相对于高于它的一级系统,它是要素,从而就有了子系统的见解;而一个要素相对于低于它的一级要素,它又是系统。讨论要素时要注意指明它是哪一种系统的要素。

2. 联系

联系是要素与要素、要素与系统、系统与环境之间发生相互作用的必然现象,它是系统呈整体性的根源。系统论中比较注重的是耦合联系。由于耦合的作用,系统中任何一个要素的变化都会影响其他要素的变化。系统联系既反映着多因素、多变量的复杂关系,又反映着多次、诸多过程的相互作用的特点,而且随着系统的发展变化,这种关系更加复杂多变。

3. 结构

结构,是指系统诸要素关联结合方式、排列形式和比例关系。它表示着系统的存在方式并规定了各个要素在系统中的地位与作用。在要素确定的情况下,系统的结构往往通过决定各要素之间的联系进而影响到系统整体的性质与功能。系统的不同特性不仅取决于系统的不同组成要素,也取决于不同的结构方式。

4. 功能

功能,是指系统所具有的活动能力与外部环境相互联系、相互作用过程所产生的效能。它体现一个系统与外部环境之间的物质、能量、信息的输入输出关系和生命力。系统的功能与我们上面提到的系统的结构密切相关,还与下面将提及的系统的环境有关。系统的功能主要体现系统有序运动的整体效应。如同要素的胡乱集合不能形成良好的结构一样,运作过程的混乱无序也不能生成一定的功能。

5. 环境

环境,是指系统与边界之处发生联系、存在相互作用的客观事物或其总和。环境是系统产生、存在、变化与发展的必要条件。系统的环境是处于经常变化之中的。环境的变化会通过对系统的输入与系统的对外输出的影响而影响系统的结构、运行及功能。因此,系统必须依赖、适应环境而存在与发展。系统对环境有一定的改造作用。

(二)运用系统原理应树立的基本思想

1. 整体性思想

每个系统都是由若干要素(子系统)构成的有机整体。系统与要素之间存在的辩证统一关系,既表现在系统与要素之间相互依赖、相互作用,也表现在系统整体的功能并非是其诸多组成要素功能简单相加。因此,管理活动中,一是思考问题尽可能全面一些。要多方位、多变量、多因素、多角度地思考问题,既对主要矛盾或其矛盾主要方面进行分析,也不放过对主要矛盾的次要方面或次要矛盾进行分析。二是统筹兼顾地解决问题。当对某个问题进行处理时,要考虑它对其他方面可能引起的相关反应,并预先采取对策;出台的各种措施要配套,不能顾此失彼,也不能"头痛医头、脚痛医脚"。三是要有全局观念。下级管理者要认识到从局部看有利的事情,从整体上看并不一定有利。当自己部门的局部利益与组织的整体利益发生冲突时,要服从大局,依局部利益服从整体利益的原则办事。上级管理者要明确的是:强调组织的整体利益并不可以忽视,或是随便就"牺牲"下级单位或人员的利益,组织整体利益、目标的实现是以下属各部门(环节、层次、个人)的自身功能充分发挥为基础的。

2. 层次性思想

任何较复杂的系统都具有一定的层次结构,其中低一级的要素是它所属的高一级系统的有机组成部分。处于不同层次的要素或子系统在系统中所处的地位和所起的作用是不同的。系统的运动能否有效,效率高低,很大程度上取决于能否分清层次。管理的层次性思想的主要内容有:一是正确处理管理幅度与管理层次的关系,所设置的层次要与管理的需要相适应。二是要把具有不同能力者相应安排在不同层次上,使其各尽所能。三是层次间应各有明确的任务和职责、权利范围,不能越俎代庖。各层有它们自己应做的事,各层做各层的事,这才是有效的管理。四是遵循例外管理的原则。例外管理要建立在分级管理的基础上。

3. 目的性思想

在系统的发展过程中,目的的确定具有重要意义。系统的目的性与整体性是紧密联系在一起的。若干要素的集合同是为了实现一定的目的。没有目的就没有要素的集合。为有效实现组织及其活动目的,一要明确在管理工作中目标具有决定其运行方向、有效性的意义。二是根据组织系统的目的与功能,确立机构与选择人员,明确与建立与活动有关的部门与人员的联系。三是力求全面地、协调地实现一个组织系统或一个组织活动可要达成的、不止一个的目的;在条件不具备、工作运行受阻等情况下,要首先保证使主要目的或中心目的的实现。四是要把组织目的具体化、定量化,制定出组织系统或它的一定活动的总目标及其分目标,实行目标管理,把实现目标作为管理活动的出发点和归宿。

4. 环境适应性思想

任何系统都存在于一定的环境之中,都要和环境有现实的联系,环境对系统的自下而上发生直接的影响。环境对系统的影响可能是有利的、起促进作用的,也可能是不利的、起限制作用的。作为管理者来讲,树立系统管理的环境适应性思想,就应努力做到:一是掌握组织活动的环境信息。掌握环境信息,具体环境信息是重点,潜在环境信息是难点。二是根据掌握的环境变化信息,调节组织的行为。组织系统对环境的反作用可通过对环境的选择与对环境的改造这两种形式来加以实现。作为管理者既要看到组织活动能动地作用于环境的可能,又要注意到它的作用的局限性,才能在一定的组织环境中有好的作为。

系统分析方法在管理中的运用可具体到一个组织系统、一个管理活动这两个侧面。

对一个组织系统进行系统分析的工作步骤是:

(1)了解系统的要素。

(2)分析系统的结构。

(3)研究系统的联系。

(4)弄清系统的历史。

(5)把握系统的功能。

(6)研究系统的发展。

对一个管理活动进行系统分析的工作步骤是:

(1)明确问题。

(2)确立目标。

(3)拟定出若干可行方案作为对比的对象。

(4)综合抉择方案。

5. 系统管理的特点

系统观点和系统分析可以用于各种资源的管理。把组织作为一个系统来安排和经营时,就叫作系统管理。系统管理主要有四个特点:

(1)它是以目标为中心,始终强调组织运行或活动开展的总体绩效。

(2)它是以整个组织为中心,决策时强调整个组织系统的最优化(满意),而不是强调个别所属部门或所合成某一活动的最优化(满意)。

(3)它是以责任为中心,每个管理者都被分配给一定的任务,能衡量其投入与产出。

(4)它是以人为中心,每个工作人员都被安排有挑战性的工作,并根据其工作成绩来付给报酬。

二、人本原理

（一）人本原理的概念

管理的人本原理是指各项管理活动都应以调动人的积极性、主观能动性和创造性为根本的，设法满足人的物质需要与文化素质，精神追求较为全面发展的这么一项管理原理。它首先强调的是：在管理活动的开展过程中要重视人的因素的作用，从人出发，以人为本，通过调动人的积极性、主观能动性和创造性来提高管理效率和效益。人本原理是管理实践与管理理论不断发展的认识结果。

（二）人本原理的实质

坚持人本原理，是现代管理发展的必然趋势和客观要求。管理的主体是人，管理的客体也是人。坚持人本原理，还是树立正确的管理指导思想、实施科学、有效管理的一个前提。

人本原理讲求、解决的核心问题是积极性问题。

员工的积极性从需要、动机的内心萌发的开发，到思想表白和行为表现，是一个动态的发展过程。这个发展过程总的看来，也是有生命周期的，一般要经过启动、上升、稳定和消失这四个阶段。某一具体的积极性的生命周期的状态，既与积极性启动、发展的主观原因（如心理、思想基础）有关，又与积极性启动、发展的客观原因（如目标对员工吸引力大小、实现目标后员工所能获得物质利益多少）有关。积极性生命周期具有双因性。维持员工持续、高昂的工作积极性，则应从分析积极性形成、发展的基础因素入手，设法把短暂的、潜在的积极性调动成为持久的、现实的积极性，避免无的放矢地做隔靴搔痒的表面文章。

对于调动员工的积极性，正确的管理，就是激发性因素，而欠科学、出现失误的管理，就是制约性因素。有些员工积极性激发性因素的出现，是管理得当的结果，有些则不然；有些员工积极性制约性因素的出现，可能并不是管理失当的结果。对于员工的积极性来说，总存在着激发性与制约性这两大类因素。当激发因素起主导作用时，积极性的发挥程度就高，反之，当制约因素占优势时，积极性的调动工作就难做，员工的工作热情、干劲就会受到削弱、抑制。调动员工的积极性，就是努力开发、激活激发因素，用这类因素去抑制、削减制约因素的不利影响，达到充分调动员工积极性的目的。

（三）运用人本原理应明确的认识

讨论人本原理的目的是要把人本原理的思想和相应的管理对策渗透到组织的具体活动中去，让人本管理思想统帅组织工作，使组织员工的积极性得到极大的激发，从而使组织发展获得来自他们现实的、潜在的能力释放的强有力支撑。人本管理的核心思想要求是调动组织的人的积极性，其体现维面是重视人、了解人、服务人、发展人、凝聚人和用好人。遵循人本原理还有必要进一步明确下列认识：

(1)人具有"复杂人"的社会角色。人在同一时间内会有多种的需要和动机，人不单纯是"经济人"，也不可能单纯是"社会人"或"自我实现人"，人是包括可能还不止这三个人性假设在内的、呈现完整意义和有着复杂的需要、动机的人。

(2)作为管理主客体的人之间具有相关性，其目标是可能协调的。设法满足员工多层次的需要，特别是满足员工自我实现的需要，是管理者进行主客体目标协调时应确立的基本思想。

(3)员工是人而不只是资源人力资源开发不应有单纯的功利性观点,组织中人的全面发展和完善是人本原理运用所追求理想境界和终极目标。

(4)人的心理、动机、能力和行为是可以影响、改变、塑造的。这种影响、改变、塑造可来自管理者本身、组织系统和社会环境。组织,还有它的管理者对员工心理、动机、能力和行为的影响、改变、塑造既可通过为员工创造优良的工作、生活条件,使员工从德、能、勤诸方面具备完成其工作任务的能力素养,也要对员工所从事的工作本身及其所需德、能、勤的适应性进行控制。

(5)对于组织外部来讲,要确立满足顾客、社会的需要的工作着眼点。

(6)以人为本的管理实践牵涉到是组织中各个层次、各个部门、各个环节的所有管理者。

(7)人本管理的具体形式既是以人为本管理思想得以贯彻、发展的结果,客观上也有利于人本管理思想因素在组织中的生长。思想教育,企业文化建设,工作轮换、工作扩大化和工作丰富化,目标管理,信息沟通,人力资源评估,共同决策,自治管理小组,心理平衡方法、社会推动等等都是人本管理的具体形式。人本管理形式可多样化。

三、权变原理

(一)权变原理的概念

权变管理理论以系统观点为基础,将组织视为由若干子系统有机组成的开放系统,管理中要根据组织所处的内外环境随机应变,不存在一种一成不变、普遍适用、一劳永逸的最好的管理理论与方法,管理的成效取决于组织与其环境之间的适应性。

(二)权变原理的主要内容

管理的权变原理,是指在组织活动环境和条件不断发展变化的前提下,管理应因人、事、时、地而权宜应变,采取与具体情况相适应的管理对策以达到组织目标的一项管理原理。灵活适应、注意反馈、弹性观点、适度管理是管理的权变原理的几个主要内容。

1. 灵活应变

灵活应变是权变原理的核心内容。权变原理要求每一管理者从认识上明确,管理的环境、对象、目的都可以在发展变化,不能用一成不变地看待它们,用一个不变的框框去简单套用;否则,就可能犯经验主义的弊病。权变,乃权宜应变之意。管理之"变",是结合变化了的情况,对原有的管理意识与行为活动进行再审视,看看有无需要否定、变革之处。

2. 注意反馈

管理上要做到以变应变的一个前提是应对管理环境、管理对象,还有管理者本身的信息的预先收集和及时反馈。满足权变管理所需的信息量的拥有,应重视对信息来源的开发并明确信息反馈的一些基本要求。

3. 弹性观点

管理涉及众多关联的因素,管理进在识别这些因素以及这些因素的相互关系还有其发展变化上,存在着或多或少的局限性,在此认识基础上产生的管理对策不可避免地带有一定程度的不确定性。为了获得较佳的管理效果,就须留有调节的弹性,以便情况发生时,能够采取相应的调整对策或补救措施。遇事多准备几种备用方案、考虑事情周到一些、机动资源的准备等等,这些都是管理上持有弹性的表现。

4. 适度管理

度在哲学上的意义,是指一定事物保持自己的质的稳定性的数量界限。度是质与量的统一。在这种界限内,量的增减不会改变事物的质。但是量变积累的结果,总要超出这种界限,于是发生质变,破坏原来的度而建立新的度,甲事物就转化为乙事物。掌握事物的度,既要注意决定事物质量的数量界限,又不能把事物的度绝对化。把度与管理有机地结合起来,遵循管理活动涉及的有关因素的特点和规律,使管理达到有效或最佳效果的状态,就是我们所讲的适度管理。适度管理,是管理工作科学化、有效性的重要途径,可以防止管理失误的工作方法上的保证。管理上所指的适度,不是单纯适应管理者的度,也不是单纯适应被管理者的度,也不能一味强调适应环境的度。适度管理,是要适合管理者、被管理者和管理环境这三者综合的度。

适度管理应该注意遵循下列一些基本原则:保持适中、追求最佳的原则,主观的度与客观的度相统一的原则,系统的度与要素的度相统一的原则,审时度势、随机制宜的原则,对管理的度全过程控制的原则,辩证适度的原则。

把权变思想作为一个原理在理论上加以确立首先归功于权变理论学派努力。这个学派不仅提出权变管理某些指导性思想,而且提出了在管理中如何应用的具体方法。

四、效益原理

(一) 效益原理的概念

科学技术是第一生产力,这一思想已形成共识,并深入人心。作为"软科学"和"软技术"的管理科学与管理技术,是科学技术的有机组成部分,从这个推论的意义上说,管理当然也是一种生产力。管理还不是一种一般的生产力要素。在生产力的诸要素中,管理居于首要位置。没有管理,就没有现实的生产力。

一项管理活动的开展,都有一定的目的追求。有的管理是为了取得尽可能大的单位时间劳动产出,有的管理则是为了缩小组织成员间心理上的距离,融洽相互之间的感情,有的管理又可能是为创造更多的利润。因此,管理活动所追求的,就与平常人们经常用到的这三个记号有关:效率、效果、效益。效率说明的是投入与产出的关系。效果指人们或组织通过某种行为、力量、手段、方式或因素而产生的结果。效果与效率有联系又有区别,联系的方面是在目标正确的情况下,两者成正比关系,效率的提高,就会出现高,就会出现高效能。区别的方面是效果涉及的是管理的结果,而效率涉及的是活动的方式。仅有效率而没使活动实现预定目标,这样的管理,没有抓住工作的关键所在。效益泛指效果和收益,或者是说某种活动所要产生的有益效果及其所达到的程度。效益实现的基础是效果。效益有经济效益、社会效益等之分。

效益原理所指的效益和下面所讨论的效益主题,是指包括效率、效果和效益这三者在内的广义效益概念。有的管理是要出效率,有的管理则是为产生某种工作效果服务的,更多的管理则可能指向效益水平的提高。

（二）效益的基本评价标准

管理是某一集体活动或某一组织提高成效（绩效）的需要。提出管理的效益原理，下列这些实质内容需要我们加以注意遵循：

(1) 管理的目标是追求高效益。
(2) 组织或其活动的效益首先要通过提高管理水平去达成。
(3) 从事管理工作要不断考虑其有效性问题。
(4) 影响管理效益的因素可从诸多角度进行分析。
(5) 管理对效益的追求应是全方位的。

美国管理学者德鲁克指出："不论职位高低，凡是管理者，就必须力求有效。"管理者唯有对组织真正有所贡献，才算有效。美国学者普莱士在《组织的有效性》一书中从企业组织的角度提出了以下几条评判原则：

(1) 以最小的投入换取最大的有用效果产出。
(2) 企业员工士气高。
(3) 企业经营方针和具体政策的一致性，上下左右的协调性，领导者言行一致性。
(4) 企业迅速适应外界变化的能力。
(5) 企业与社会的关系。

而另一美国学者维赛尔则提出了有效管理的10条标志：

(1) 能使人振奋。
(2) 能使人建立一种自尊心。
(3) 放手让下属去工作。
(4) 重视对下属的正确引导。
(5) 正确评价下属的过失。
(6) 富有创新精神。
(7) 给予好的报酬。
(8) 鼓励工作上的试验。
(9) 善于倾听别人的意见。
(10) 在组织中鼓励人才的出现。

德鲁克在《有效的管理者》一书则提出3个方面评价有效管理的认识：

一是直接的成果。它是指管理者通过直接生产品的销售或者提供服务而获得的效果和效益。直接成果首先要考虑的是目标绩效。

二是价值的实现。这是比对直接的成果追求体现出更高水平或者说是更深层次的管理。组织文化、经营哲学、组织形象塑造、开发并向市场推出民众欢迎的产品、服务特色等等，就是大价值意义上的管理追求。

三是未来的发展。管理上对未来的发展追求，可能暂时放弃比较容易取得的目前效益收获，而着眼于战略性、长远性的、可持续的发展。正如德鲁克所说："一个组织必须今天准备明天的接棒人。……下一代人，应能以这一代辛苦经营成果为起点。因之，下一代的人是站在他们前辈的肩头，再开创新的高峰，以作为再下一代的基础。"着眼于未来发展的管理，"人们就会以依赖的眼光和态度趋之。百年老店（行、院、厂等）之所以经久不衰的秘诀，就在于潜心做好未来的发展之准备的功夫上"。

对于一个优秀的管理者来说,其管理工作方方面面并不一再表现为有效性,在管理工作中有这样那样的失误,对于任何管理者来讲,都是难免的。一个管理者首先应在管理的主要工作上尽可能做到有效。对于管理者来说,无效管理与有效管理是可以相互转化的。以往某些活动的有效管理是一定环境、条件下产物,如果不注意现今管理活动特性的把握,不注意对目前所要正确处理的管理问题制约因素的较完整和深入把握,抱着过去的有效管理做法不放,就可能犯经验主义的错误。无效管理或低效管理也可能变为有效管理,关键在于要注意总结经验教训,要不断地用心学习研究,有效管理是可以学会的。

任务四　酒店管理基本方法

一、一般方法

(一) 管理中的定性与定量分析方法

许多管理活动的开展是为了解决问题的需要。解决问题要从对问题的分析入手。管理分析中应用的诸多方法都可以从定性与定量角度加以归类。这两种或是说这两种结合起来应用的管理分析方法,在实际工作应用得极其普遍,对它们的选择与应用的效果如何又直接影响管理分析的质量。

1. 定性与定量分析方法并存运用的原因

管理中人们对分析对象的认识,是从把握该分析对象的质的依存性开始的。这种质的依存性是管理者认识分析对象内在规律依存性开始。这种质的依存性是管理者认识分析对象内在规律性的起点。然而,任何质的依存性、规律性都表现为一定的量。量的分析是质的分析的延伸,而且在量的分析的基础上,又可以加深对质的认识。所以,要把握管理分析对象在内在规律,就必须在把握该分析对象质的规律性的基础上,深入研究它的量的规定性,即在定性分析的基础上进行定量分析。这两种分析方法的运用不可偏废。

管理中所讲的定性,是指文字描述分析对象的性制裁。定量,是指以数量表示所分析的事物将来可能发展的范围与性能,可能产生几何数值程度的影响。运用数量知识和方法,对管理现象及其发展趋势,以及与之相联系的各种因素,进行计算、测量、推导、预见等,是定量分析方法。基本情况加判断,粗略统计加估计是定性分析方法。管理者的经验判断虽在两种方法中都有应用,但在前者不居主导地位,其分析结论主要是借助于现代数量知识和方法而得出。后者则不同,它更多地依赖分析者的经验和直觉,以经验判断为主。

2. 定量分析方法的特点与局限性

定量分析方法的主要特点有以下几点:

(1)抽象化。管理者在对分析对象进行数值推测时,可暂时把其具体性质和内容避开,运用经过抽象、概约了的数理概念、定理、公式、模型来描述和推导该分析对象的数量关系。

(2)相对严密性和精确性。因为定量分析方法是利用推理的形式来表示量的关系,由已知的量或"假定"的数量来求出未知的量的关系,也因为借助数量方法进行量的分析,不仅能阐明分析对象之间较简单的联系,而且能够用它来阐明分析对象较为复杂的辩证联系。

(3)普遍性。管理中大多数现象及其演变形式,都具有一定的数量关系,或通过一定的数量形式来表达,因此,定量分析方法原则上可应用于管理的大多数领域。

强调定量分析方法的作用,绝不是否定定性分析重要性。进行定量分析,可使管理工作进一步科学化,却不能完全替代性分析方法的作用。同时,还应该看到定量分析有它运用上的局限性。

(1)影响任何一个管理活动的因素都是复杂的,但在运用定量分析方法时,为了求解和理解上的方便,不可能对分析对象所涉及的每一情况及其变化情况全都详细描述,通常是缩减许多客观存在的变量数目。

(2)管理实践中多是运用线性模型或变通的线性模型来求解,实际上影响管理活动的各个变量之间的关系大多是非线性的。这样定量分析得出的结果也只能是近似的。

(3)进行定量分析,有时不可避免地要做一些假设,用这些为分析而建立的虚拟的假设前提所做的分析所反映的管理活动现象的精确度不能不受到一定的局限。

(二)行政方法

1. 行政方法的含义与必要性

行政方法是指管理主体依托行政系统和层次,运用职位权力,通过命令、指示、决议、规章制度等手段,直接组织、指挥和调节下属工作的管理方法。管理是要以一定的权威和服从作保证的。行政方法对于任何一种管理活动来说,都是必要的。而在其位,才能谋其政,行政方法的实质是通过履行职位的权力进行管理。

2. 行政方法的特点

(1)权威性。行政方法是依靠管理机关和管理者个人的权威起作用,管理者不能仅仅凭借职位权力,还要努力提高个人的品质和才能增强管理权威。

(2)强制性。上级颁布的指示、制度、条例、规定标准、办法等对下级具有不同程度的强制性,强制性保证上级的意图得到下级的贯彻执行。

(3)垂直性。行政方法是凭借组织中的上级的权威和下级的服从来实施管理,决定了这种方法只能在垂直隶属的管理关系上发挥作用。自上而下下达指示、命令、通知,自下而上请示、报告。

(4)具体性。行政方法比较具体,上级管理者可根据管理所处理的问题、管理的对象和管理的实际环境等具体情况,灵活地选择行政方法的具体形式已达成一定的管理目的和要求。

3. 行政方法的正确运用

增强行政方法运用上的科学性和合理性,应注意满足以下几点要求:

(1)尊重客观规律,减少和避免主观唯心主义的出现。

(2)充分发扬民主,坚持从群众中来到群众中去的工作作风,减少和避免因官僚问题导致的管理失误。

(3)不可单纯运用行政方法从事管理,依据管理对象的性制裁和特点,把行政方法与其他方法结合起来使用。

(4)努力提高业务素质,提高运用这种"人治"管理方法的管理技巧水平。

(三)经济方法

1. 经济方法的实质

经济方法是指根据客观经济规律的要求,运用经济手段来调节有关方面的经济利益关系,以达成管理目标实现的方法。经济手段主要有价值、税收、信贷、利润、工资、奖金、罚款等。经济方法的核心部分是经济利益问题。用经济利益作为内在动力与外在压力,推动被管理者去做什么、怎么做,最大限度地调动他们的积极性、主动性、创造性和责任感,这就是管理的经济方法的实质。

2. 经济方法的特点

(1)利益性。对经济利益的追求是人们进行各种社会实践的主要推动力,这是经济方法最根本的特性。

(2)间接性。经济方法是通过经济利益进而影响组织和个人的行为,而不是直接干预和控制组织和个人的行为。

(3)灵活性。经济方法的灵活性主要表现在以下两个方面:一是针对不同的管理对象采取不同的管理手段;二是对于同一管理对象,区别不同情况,可择取不同的经济手段进行经济关系的调控。

3. 正确运用经济方法应注意的问题

运用经济手段,要努力把握客观实际,综合运用各种经济手段,并注意与其他管理方法结合使用,科学确定经济方法应用的范围和力度。

(四)法律方法

1. 法律方法的特点

法律方法是国家及其所属的各级机构、各个管理系统以法律规范以及具有法律规范性质的条例、规则等,通过司法、仲裁工作,规范和监督社会组织及其成员的行为,以促进社会发展的管理方法。

2. 法律方法的作用

运用法律方法能对组织和个人的行为起着指导、约束、调整的作用。法律方法是管理活动的必需方法。作为管理者,要善于懂法、用法,就必须了解法律方法的主要作用。

(1)使管理工作纳入规范化、制度化的轨道。管理法制化,组织和个人的活动行为有法可依,有章可循,这样就可促使管理系统"自组织"地进行运转,既有利于管理上投入的节约,又可提高管理效率。运用法律方法可保证组织系统必要的管理秩序。

(2)调节社会关系。法律规范是具有普遍约束力的一般性行为规范,所以,法律方法最宜于用来调节具有共性的、一般意义上的社会关系。

(3)影响人们思想。法律方法的运用,不仅可产生规范行为的作用,而且具有影响思想的作用。

(五) 教育方法

1. 教育方法的特性

教育方法是通过在对被管理者的思想和行为了解和分析的基础上进行启发觉悟、说服教育,让其明白道理,提高认识,调动工作热情,自觉地按管理者的愿望和要求行动起来这么一种主要是解决思想认识问题的管理方法。

教育方法的特性主要表现在以下几个方面:

(1)启发性。这种方法主要通过宣传、诱导、启发等方式来提高人们的思想觉悟和认识,促使人们自觉地与一定的管理要求保持思想认识上的思想认识上的趋同、一致,引导生成、出现管理者所企盼的行为。它的效果不是靠权力强制、物质刺激取得的。

(2)长期性。多数思想认识问题不是一朝一夕就能解决的,思想观念的确立更是需要一个较长的教育工作过程,这两个方面的工作也不会是一劳永逸的。教育要做深入细致的工作,还要经常化。

(3)灵活性。使用该方法没有统一的模式。教育方法形式多样,可不拘一格,不守常规,因己、因人、因事、因地、因时而灵活选择,形式的选择、运用讲求的是目的的达成,要力求做到教育内容上合法性、合理性与教育形式上的合情性、艺术性的高度结合。

2. 教育方法的主要形式

教育方法的主要形式有大众传播、组织传授、"灌输"、诱导、讨论、对话、说理、批评与自我批评、谈心、家访、工作竞赛、典型示范、感化教育、形象教育、对象教育、预防教育、养成教育等。

二、管理艺术

管理艺术,是指管理者在管理工作中根据自己的知识、经验、智慧和直觉临机应变、恰当有效地处理问题的技巧与能力。它不是单纯地取决于管理者对所从事工作的热爱,而是管理者的素质、能力在方法技巧上的体现,是他们的学识、智慧、才干、胆略、经验的综合反映。管理艺术有以下主要特点:

(一) 随机性

这是管理艺术的最重要的特征。管理工作的头绪多、事情杂、范围广,情境条件有诸多不同。因人、因事、因时、因地而异,凭经验直觉地发现问题、梳理问题和解决问题,就是我们所讲的随机性的含义。管理艺术的随机性充分体现了管理者处理问题尤其是非常规管理问题所具有的圆通、应变能力。有效的管理艺术,是有机地将原则性与随机性统一起来,在原则的基础上随机,在随机灵活处理问题时不丧失和背离原则。

(二) 经验性

经验性不是相对于知识性而言的,而是相对理论性而言的。管理经验的丰富与否跟他所从事的工作的时间长短有关,也与管理者能否善于总结、提炼、吸取经验有关,留心者得道也。管理经验不是管理艺术,管理艺术是由管理经验提炼、升华而成的;管理者生活和工作经历越丰富,可用于一定管理实践借鉴的经验就越多,管理有方、管理"奇迹"出现的频率就越高。那些具有某些方面高超、绝妙的管理艺术的管理者,都有着丰富的工作生活经历、经验。

(三) 主观能动性

管理艺术的管理者以他个人的素质为基础创造性地解决问题的结果,与此同时也形成了他个人的管理风格。管理者的管理艺术运用要达成好的效果,这要求他:一是必须建立在对人的思想活动规律、情感活动规律与行为活动规律深刻了解的基础上,无从"知",就难以行,更谈不上入管理艺术之道;二是不因循守旧,不墨守成规,力求思维灵捷,思维面广,风格独特,富有想象力和创造性。

(四) 情感性

管理作为一种社会实践,同样要有注入感情的因素。人际关系学说之所以能弥补古典管理理论的不足,其中有一个重要的结论,即提出了新型领导能力的见解。这种领导能力要求能够区分事实与感情,能够在经济的逻辑与非逻辑的感情之间取得平衡。管理要依法、依理,还要依情。体现管理艺术的管理作为中,都是管理者丰富的感情的投入。管理者以情动人,产生强大的感染人、吸引人的魅力,而被管理者从中引起感情的共鸣。艺术性地进行管理,往往能使被管理者由衷地接受、服从与配合。

管理是科学还是艺术,还一直是人们争论的话题。管理工作,如同医学、作曲、工程设计、会计工作,甚至棒球运动等实践活动,是一门艺术。管理是"技巧",即依据实际情况而行事。运用条理有序的管理学知识,管理人员会把管理工作完成得更好。而也正是这种知识构成了科学。因此,管理实践是一门艺术,而指导这种实践活动的有条理的知识,可以被称为一门科学。在这一点上,科学和艺术不是相互排斥而是相互补充的。

就像生理学和生物学等学科的发展,艺术也应当发展。不错,指导管理的科学理论相当粗糙,不够精确。这是因为管理人员要处理的许多变量是极其复杂的。可是现有的管理知识肯定能够改进管理工作。医生如果不掌握科学,几乎跟巫医一样。高级管理人员如果不具备管理科学知识也只能是碰运气,凭直觉,或按照老经验行事。

本章首先分析介绍了管理的各种定义,并在综合了各种定义的基础上采用了美国管理学家斯蒂芬·P.罗宾斯对管理所做的定义,同时结合酒店的特点总结了酒店管理目的的特点。其次是分析了酒店管理同其他组织的管理一样具有的计划、组织、领导和控制这四个基本职能。然后是对管理的系统原理、人本原理、效益原理和权变原理的阐述。最后是对管理方法的介绍。

知识训练

一、主要概念

管理　管理二重性　系统原理　人本原理　效益原理

二、选择题

1. 被称为"科学管理之父"是（　　）。
   A. 法约尔　　　　B. 泰勒　　　　C. 梅奥　　　　D. 孔茨

2. 管理的二重性指的是（　　）。
   A. 管理的自然属性　　　　　　B. 管理的社会属性
   C. 管理的科学性　　　　　　　D. 管理的广泛性

3. 管理的权变原理的主要内容有（　　）等几项。
   A. 灵活适应　　B. 注意反馈　　C. 弹性观点　　D. 适度管理

4. 管理的基本职能有（　　）。
   A. 计划　　　　B. 组织　　　　C. 领导　　　　D. 控制

5. 某酒店承接一个大型宴会,人手不足,于是总经理组织各部门负责人开会,要求大家组织各自部门的员工参与服务,同时对参与服务的人员给予相应的补贴,以保证本次宴会的顺利完成。这里体现的管理方法是（　　）。
   A. 经济方法　　B. 行政方法　　C. 法律方法　　D. 教育方法

三、判断题

1. 人本原理讲求.解决的核心问题是经济利益问题。　　　　　　　　　（　　）
2. 权变原理就是指管理者的权利要经常变化,不能一成不变。　　　　（　　）
3. 效益原理所指的效益,是指包括效率、效果和效益这三者在内的广义效益概念。（　　）

四、简答题

1. 简述酒店管理的自然属性和社会属性是什么?
2. 运用人本原理应树立哪些正确的认识?

能力训练

一、案例分析

海风从事酒店管理工作多年,总结出一名合格的酒店经理要做到以下几点:

1. 检查员工在岗情况

酒店属密集型劳动力服务企业,人力成本高达百分之三十。正因如此,酒店的人员编制必须是定岗定人,通俗说法就是"一个萝卜一个坑",不安排多余的闲人。所以,普通员工上班下班打卡,部门经理点到,总经理 Morning Briefing,目的都是为了保证人人在岗,岗不离人。

2. 检查发号施令是否相悖

俗话说:军令如山。在酒店管理中,经理的指令直接影响着员工的工作方向和效果。但如果发出的指令在贯彻执行中受阻,我们要从两个方面进行反思:一是指令是否明确,二是指令是否和先前的有冲突。因为朝令夕改,优柔寡断,含糊不清,模棱两可,都会造成员工无所适从,这是做经理的一大忌。

3. 不能越俎代庖

刚上任的经理都有一种通病,认为自己的责任心最强,不放心别人,事必躬亲,其实是角色错位,结果往往事倍功半。所以,要调动属下的积极性,就必须坚决授权属下,留给每一个员工发挥的舞台空间。

4. 讲信誉,不食言

从金融行业的解释,承诺就是债务。必须出言谨慎,而且言必信,行必果。否则,我们就会成为言而无信之人,就会成为故事中可怜地喊救命的放羊娃。

5. 用贤纳才

虽然我们几千年来一直提倡用贤纳才,但最终因沉甸甸的文化积累,造成条条"法"难大于"情"。"有情领导,无情管理",这不仅是当今每一位经理要修炼的项目,也标志着中国加入WTO与国际接轨之后企业管理观念的关键性转变。杰克·韦尔奇说过:"信赖他人在企业中具有庞大无比的力量,除非员工被公平地对待,否则员工不可能尽其全力,为企业卖力。"

6. 倾听下属的意见

倾听,对经理来说就是放下架子,采集基层工作的详细信息资料,这样既能做到尊重下属,又能达到集思广益,避免盲目决策的目的。当今的市场经济,信息已成为企业生产功能和决策方面的主要的,但又非物质的因素,只有勤采集、善利用,才能使企业有效地适应这种信息流,并取得积极的社会经济效果。

7. 不要怨天尤人

工作中出现差错是十分正常的事,作为经理不能只想着逃避责任,更不能归咎属下。只有这样的经理才能让下属安心跟随,有安全感。另外,"己不所欲,勿施于人"自己不喜欢的千万不要强加于别人,因为不好的东西谁都不喜欢。如果硬要这么做,就是强人所难,久而久之,身边的跟随者都会被吓跑。好的经理一般都十分爱护自己的下属,关键时刻还会待人受过,达到一种更高的境界。

8. 不断激励下属

说到激励,商品社会就离不开"钱"字。没钱是万万不能的,但金钱不是万能的。从马斯洛的需求层次理论分析,人类本性上最深的企图之一是期望被赞美、钦佩和尊重。因此,除了金钱以外,激励的方法还包括改善工作的环境,提高生活的质量,参与高层的决策,等等。保持健康的身心,及时发现下属的才能,赞赏他们的长处,利用物质和精神的双重激励,使你的员工队伍保持旺盛的工作状态。

9. 要有不满足的精神

酒店的经营管理也同样需要一种永不满足的精神,在绵绵不断的琐事中疏理出清晰的思路,总结出条条规律,这不仅需要极大的耐心和韧性,还需要比员工多考虑一下,多付出一点儿,多学习一点儿。因为市场是残酷的,唯一能持久的竞争优势就是胜过竞争对手的学习能力。只有学习,才会有创新,才能不断进步。

(资料来源:http://www.canyin168.com/glyy/qtgl/qtgz/201207/44119.html。)

问题:
1. 请为海风的做一个合格酒店经理的上述方面寻找管理理论依据。
2. 请在上述方面中选择三个,将其细化为可执行的具体方法。

二、实践训练

收集一家酒店的员工手册或其他管理规章制度,分析其中体现或违背管理基础理论和管理原理的内容。

项目三
酒店计划管理

项目目标

职业知识目标：
1. 掌握酒店计划管理的概念。
2. 熟悉酒店计划的类型和特点以及酒店主要计划指标类型。
3. 掌握酒店长期计划、年度综合计划的编制过程。

职业能力目标：
1. 运用"旅游知觉"的相关认知活动,规范技能活动。
2. 了解旅游服务人员应具备的分析与决策能力。

职业素质目标：
了解一份好的酒店计划应包含的内容并能够制订简单的酒店计划。

项目核心

酒店计划；酒店计划类型；酒店计划指标体系；酒店计划制订

项目导入： 赵经理是 A 酒店的大堂经理。最近,该酒店的管理部门在前台安装了一套全新的酒店管理软件——一个简化工作、提高效率的系统。但令人惊讶的是,提高前台工作效率、准确率从而实现提升顾客满意度的期望并未实现。实际上,前台工作效率开始下降,准确率降低,客人投诉不断。

赵经理认为管理软件没有任何不妥,因为有其他酒店使用这种软件的报告支持了他的这一想法。赵经理怀疑,问题可能出在新的工作程序上。而他的直接下属——三个基层主管人(每人负责一个班组)对工作效率下降的原因各有看法,分别认为是前台工作人员对该软件不熟悉、缺乏适当的员工激励体制和士气低落。显然,对这一问题各人有各的想法,下属中存在着严重的分歧。

酒店管理概论

这天早晨,赵经理接到酒店总经理的一个电话,他刚刚得到近6个月的客户满意度数据,打电话表示说他非常关注顾客满意度下降的问题,并且想知道赵经理在新的软件系统投入使用期间,前台工作人员的工作计划是什么。这个问题让赵经理顿时傻眼,因为他完全忽略了在新软件投入使用时,要为前台工作人员制订新的工作计划(包括新软件的培训等)。

A酒店在新的管理软件投入后的使用效果不尽如人意的一大原因,就是没有做好相应的工作计划。制订好酒店的各种计划是酒店管理者首要的和最重要的工作。计划可以全面、合理地安排好其他一切工作。应该说,没有计划就谈不上管理。

任务一 了解酒店计划管理概况

一、酒店计划的定义

酒店计划是酒店通过周密、科学的调查研究,确定未来某一时期的发展目标,并规定实现目标的途径和方法的管理活动。简单地说,就是指酒店管理者事先规划做什么、如何做和谁去做。

计划管理对酒店的经营业务活动具有指导、规范和控制的作用,科学的计划管理是保证酒店实现科学管理的必要条件。

(一)计划管理是酒店管理的首要职能

对酒店的管理是通过执行管理职能实现的。在酒店各管理职能中,决策和计划是管理的首要职能。决策和计划为其他管理职能发挥作用提供了目标和纲领。

(二)计划管理是现代酒店管理的客观要求

计划使管理者全面地思考实现目标所需要做的或可能遇到的事情是什么,它能帮助管理人员预测未来,在一定程度上减少未来的不确定因素。即使出现一些不能预见的事情,也能做到妥善处理。

1. 计划将帮助管理者选择更加有效的经营管理方案

在计划制订过程中能发现、利用更多降低成本、防止浪费、提高利润的机会,避免盲目、杂乱无序的经营管理行为。

2. 计划有利于控制

计划提供了评价下属工作状况和酒店经营实绩的标准。不实行计划管理,实际就是危机管理。

酒店的业务部门众多,分工越来越细,每个部门、每项工作都有自身的决策目标,客观上要求有一个总目标为各具体部门指明共同努力的方向,要求有一个代表统一意志的纲领来组织、指导、协调各部门的行动,这个目标和纲领就是酒店计划。

二、酒店计划的类型

酒店的计划按照不同的标准可分为不同的类型。如按计划期长短分,可分为计划期为长期计划、中期计划、短期计划。如按计划内容分,可分为酒店综合计划,各部门的分类计划(包括总服务台计划、客房部计划、餐饮部计划、商场部计划、人事培训部计划、工程部计划、采购部计划、财务部计划、质量部计划等)和主管的作业计划(包括宴会厅作业计划、酒吧作业计划、客房清扫计划、团队接待计划等)。

(一)酒店不同层次管理人员的计划及其类型、特点

酒店计划实际上是由酒店各层管理人员制订和实施的。在此,我们从酒店不同管理层所制订与实施的不同计划,对不同管理层计划的类型及其特点进行分析。

在酒店里,每一个管理者都必须制订计划。他们将多少时间花费在制订计划上,取决于他们不同的管理责任。

高层计划是战略性的,直接涉及酒店资产经营的全面、长期的使命,即目标、任务和政策。因此,高层管理人员要比中层和低层管理人员花费更多的时间制订计划。他们可能需要花费四分之三时间用于计划。在这一层计划里存在大量的不确定因素。

中层管理者以酒店的总目标和政策为指导,制订本部门的业务行动计划,一般需要花费少于50%的时间。中层管理者制订的计划主要是与内部事务相关,而不是与外部环境相关,计划的不确定性由于酒店有管理信息系统和市场销售研究而大大减少了。这类计划在性质上也是长期的和创造性的,中层管理者至少要制订为期一个月的部门工作计划。

低层管理者可能要花费10%的时间去制订计划,他们的计划期更短,内容更专门化和具体化。这一层的计划是在客源、任务既定情况下的作业计划,包括员工工作时间安排和员工分工与工作要求等。低层管理者至少要制订为期一周的工作计划。

(二)酒店长期计划、年度综合计划与接待业务计划

在酒店实际计划管理过程中,最常使用和制订的计划为长期计划、年度综合计划和接待业务计划。这些计划组成酒店的计划体系。

1. 长期计划

长期计划,是酒店在较长时间如三年内,在发展方向、规模、设备、人员、经济、技术等方面建设发展的长远性纲领性计划。酒店长期计划是一种战略性计划,它规划酒店的发展方向和所应达到的目标。酒店制订长期计划是一个决策过程。酒店通过对旅游市场的调查研究,在掌握了可靠的数据和对国内外酒店的发展水平有了正确估计的情况下,把酒店在这段时间内的经营决策具体化为长期计划。长期计划的核心是酒店的发展目标,由于这些目标不是在短时间内能达到的,并且存在着许多不可预见的影响因素,因而在制订长期计划时,既要使规划指标明确,规划具体,同时各项指标要留有充分的余地。

在制订长期计划的基础上再制订酒店年度综合计划。

2. 年度综合计划

酒店年度综合计划是具体规定计划期全年度和年度内各时期酒店各个方面的工作目标和任务的计划。年度综合计划是酒店在计划期内行动的纲领和依据,是酒店中最重要的计划。从时间上说,年度综合计划要统驭全年度。从内容上说,年度综合计划要包括全酒店及各部门各种业务的目标、任务、经营方式等。年度综合计划可分为两个部分:第一部分是酒店综合部分,包括酒店的目标和任务,确定酒店所有计划指标和附加指标,并对指标分解作总括的说明,这一部分由于它的综合性,称为酒店经营业务总计划;第二部分是部门分类计划,包括各业务和职能部门为达到酒店目标,各自所应执行的目标和任务。

3. 酒店接待业务计划

酒店年度综合计划规定了酒店在计划年度内的目标和任务。这些目标和任务是在年度内由各部门分阶段逐步完成的。为了保证年度综合计划的完成,作为年度综合计划的补充,一般星级酒店还需制订接待业务计划,接待业务计划分为两类:

(1) 月计划。月计划是以月为单位时间范围,依该月的时序而制订的接待业务计划。这个计划根据年度综合计划和各月预报预订客源的实际情况,具体规定每个月的计划指标和各部门的日常接待业务,它是年度综合计划在各个月的具体化。各部门都要制订相应的接待业务计划。先应由前台部门制订出前台的接待业务计划,围绕前台的接待业务计划,再由后台各部门制订各自相应的计划,如物资采购供应计划、劳动工资计划、财务收支计划、工程设备维修计划、工程后勤供应计划等。

知识衔接

由于酒店接待有各种类型的淡旺季,每个月的业务量、业务内容、客源、经济状况都会有所不同,所以,各个月计划也是不完全相同的。对月计划要求逐月制订,要求月计划能详细具体。

(2) 重要任务接待计划。重要任务接待计划是指酒店针对某一项重要的接待任务而专门制订的接待计划。重要任务是指来宾的特殊身份,或来宾接待规格要求高,或是来宾团体规模较大等。这一计划主要是根据接待对象的重要性和特点,对接待的标准和具体内容作出规定。这一计划的特点是时效短,重点突出。

知识衔接

重要任务接待计划要确定对象、规格、接待目标、拟定接待内容和规格标准。分配各部门的具体任务,确定接待的各个重要细节。该计划还要安排时间表,如接到正式通知时间、准备时间、接待开始时间、接待结束时间。对各种任务和具体事项要落实到部门,有的则要落实到人。

三、酒店计划指标体系

酒店计划指标有反映目标的数量和质量方面的各种类型。这些指标主要有以下几种类型。

(一) 客房出租率

客房出租率,反映住宿设施的使用情况。计算公式为

$$客房出租率 = \frac{报告期内每天租出的客房数之和}{报告期内实有客房数 \times 报告期天数} \times 100\%$$

(二) 客房平均房价

客房平均房价,反映客源的质量情况。计算公式为

$$客房平均房价 = \frac{报告期内客房营业收入之和}{报告期内出租客房数之和}$$

(三) 人均停留天数

人均停留天数,反映客源的质量情况。计算公式为

$$人均停留天数 = \frac{报告期内客人住宿天数之和}{报告期内住客人数之和}$$

(四) 全员劳动生产率

全员劳动生产率,是指酒店平均每一职工(包括其他人员)在单位时间内(日、月、季、年)实现的营业收入。计算公式为

$$全员劳动生产率 = \frac{报告期内酒店营业收入之和}{报告期内酒店平均职工人数}$$

(五) 人均实现利税

人均实现利税,是指酒店平均每一职工实现的利润和上缴国家的税金(包括营业税、城建税等)总额。计算公式为

$$人均实现利税 = \frac{报告期内酒店利润 + 税金总额}{报告期内酒店平均职工人数}$$

(六) 人均创汇额

人均创汇额,是指酒店平均每一职工在报告期内实现的外汇收入。计算公式为

$$人均创汇额 = \frac{报告期内酒店平均外汇收入}{报告期内酒店平均职工人数}$$

(七) 利润率

利润率,是指报告期内酒店实现的利润总额占营业收入总额的比重。计算公式为

$$利润率 = \frac{报告期内酒店利润总额}{报告期内酒店营业收入总额} \times 100\%$$

(八) 营业收入构成

营业收入构成,是指酒店营业收入中各部门(如客房、餐饮、商品及其他部门)收入所占的比重。

(九) 设备完好率

设备完好率,是指报告期酒店完好的设备之和除以报告期酒店拥有的全部设备之和。计算公式为

$$设备完好率 = \frac{报告期完好设备之和}{报告期全部设备之和} \times 100\%$$

(十) 客人满意率

客人满意率,是指报告期客人满意程度。计算公式为

$$客人满意率 = \frac{报告期被调查客人满意人数之和}{报告期被调查人数之和} \times 100\%$$

(十一) 客人投诉率

客人投诉率,反映报告期酒店住宿客人的投诉情况。计算公式为

$$客人投诉率 = \frac{报告期投诉客人人数之和}{报告期住宿客人人数之和} \times 100\%$$

酒店各层管理者都要制订自己的计划,每层计划都有自己的目标,各层计划需要互相连接构成一个酒店经营管理的整体。这主要是通过各层计划目标的连接和行动方案的协调来实现的。一般说来,上层目标是下层目标制订的依据,下层目标是实现上层目标的基础,这也就是各层目标的分解与连接。

酒店企业各层目标的分解与连接示例:

层次1　公司目标
(1)使今年的营业收入比去年增加8%。
(2)使营业收入利润率由去年的19%提高到今年的20%。

层次2　酒店目标
(1)使今年的客房销售额增加2%。
(2)使今年的宴会销售额增加9%。
(3)将员工工资费用由目前占营业收入的20%降低到15%。

层次3　部门目标
(1)销售部:制订一项公司销售计划,招徕公司长住客、会议客、宴会客,给予折扣或回扣优惠。
(2)销售部和前厅部:制订一项推销高价房的计划。
(3)人事部:重新定岗、定编、定员,辞退多余员工,合理使用临时工来代替固定工。

层次4　员工目标
(1)前厅部:掌握向顾客推销高价房的技术。
(2)培训全体员工掌握相近岗位技术和指导临时工学技术,以便在忙闲不均时可互相帮助,并能指导临时工工作。

第一层的公司目标是年度的具体的公司经营管理目标。下层目标是更加具体化的目标。下层管理者在确立自己的目标时,需要有整个公司目标和上层目标作为依据。每一层管理者(包括员工)的责任是通过实现自己的目标来完成整个公司的目标。

上层特别是最高管理层,要检查各层目标之间的相容性,以使各种计划目标互相协调,

形成一个齐力奋进的有机整体。

任务二　酒店计划的制订

一、酒店计划制订的内容

酒店长期计划、年度综合计划、接待业务计划的内容和要求各不相同,编制的方法和过程也各不相同。

（一）酒店长期计划的编制

长期计划的规划期较长,计划目标一般较为长远。在编制长期计划时,一般采用远粗近细逐年滚动的办法。

1. 确定长远规划

在确定长远规划前重要的是要对酒店内外的环境进行周密的分析。在对内外环境分析的基础上,探索→勾画→确定长远规划。在确定长远规划的情况下,编制长期计划初步方案。

2. 拟定初步方案

长期计划的方案确定以前,应先列出长期计划的各项目标和指标。然后对这些规划目标和指标要进行仔细、科学的分析,列出实施的阶段和步骤,对目标指标要确定数量和递增比例。根据其内在联系,把规划目标、指标系统化而成为计划方案。

初步方案一般由店务会议反复讨论决定。必要时酒店还应邀请有关专家和各方人士进行讨论论证,或作为规划前期的调查工作,以保证方案的正确性、科学性和可行性。

3. 方案决策

有了几个方案以后,要选择一个较为合理而实际的方案。这个方案所需要的条件与酒店面临的各种内外因素较为接近,执行该方案把握性较大。同时,方案必须具有开创性和改革精神。

方案确定以后要对方案精确化,即调整不合理部分、完善一些部分,对重点内容进行充实和强化。方案还需要注意留有充分余地,以应付内外环境中可能出现的不可测因素。

长期计划方案确定以后,要按程序交由酒店职代会讨论,同时要交上级主管单位或董事会审议。

4. 滚动式编制长期计划

长期计划为酒店的发展制定了纲领。但在执行过程中,往往因受内外环境制约条件和各种因素的影响,而使计划和实际产生差距。因此,要对长期计划不断进行调整和充实。也就是说,在编制长期计划时,要采用滚动式编制方法。滚动式编制计划是指在规定时间内对

长期计划进行检查调整,并把计划顺序向前推进一段时间。如每年制订一次长期计划,就按顺序把长期计划向前推进一年。这样做的目的一方面是使长期计划能比较切合实际,另一方面能使长期计划在规划期内真正起到指导作用。

(二)年度综合计划的编制

年度综合计划是酒店的主要计划。年度综合计划既有酒店的综合部分,又有各部门计划,因而酒店在制订年度综合计划时采用集中—分散—集中的方法来制订。制订这一计划的基本步骤为以下几点:

1. 提出计划设想

酒店在审视和分析了酒店上期计划的执行情况后,应由酒店高层管理者提出初步的经营决策,提出酒店主要计划指标的试算指标和指标体系。由酒店拟订一个初步的计划设想,并把计划设想发放到各部门,由各部门进行研究讨论。

2. 召集酒店店务会议拟订计划

酒店通常在年底召集以拟订年度综合计划为中心内容的店务会议。会议的主要任务是确定计划指标、分解指标到各部门。会议由各部门主要负责人参加,各部门负责人应准备本部门报告期的详细材料和计划期的各种有关资料和信息。

会议上由酒店总经理提出计划设想,并作详细的解释,应特别说明一些主要计划指标的依据。参加店务会议的成员根据总经理的说明和自己所掌握的材料,对酒店计划设想中的各项目标进行评议,通过这一过程,把酒店各项主要计划指标确定下来,构成酒店计划框架。

计划指标确定以后,要将指标分解到各部门。分解指标时,先由各部门根据本部门的情况提出本部门应完成的计划指标和承担的责任。各部门在提出承担责任时,要有详细的部门计划指标和依据,部门人、财、物的定额。

3. 计划集中

在各部门充分酝酿并制订出部门计划草案的基础上,酒店汇总并审核部门计划,通常应把所有部门的计划集中进行审核。在审核过程中,对各项指标、达到指标的手段和途径、完成指标的困难等方面都要仔细核实。如果各部门计划和酒店计划会议的决定相一致,就审核通过。如果与计划会议决定出入较大,则要查明原因,进行修正。同时对酒店计划的综合部分作相应修正,以求和各部门计划的重新平衡。修正后的计划应该重新提交店务会议讨论。

4. 编制计划草案

酒店编制计划草案采用集中的方式。经过上述各种工作后,酒店基本上具备了编制年度综合计划的各种条件。具体编制部门在总经理的指导下,根据已掌握的材料开始编制年度综合计划草案。计划草案一般包括以下三个方面的内容:

第一,年度综合计划的综合部分。这一部分以确定的形式提出酒店目标,提出酒店各项主要计划指标,解释指标,提出达到该指标的有利因素,说明不利因素和应该做出的努力,并提出计划指标如何分配到部门,说明酒店对部门完成这些计划指标所能提供的帮助。

第二,综合酒店部门计划。酒店按顺序集中并列出各部门计划。在这一部分,各部门计划要对本计划的制订及计划指标体系做出说明,对达到目标的基本措施要一一列举,对本部门计划和其他部门的相互关系要做出解释。酒店要对各部门计划指标之间的关系、各部门之间的相互协作和制约做出说明。

第三,安排酒店计划的业务进度。酒店计划要把各计划指标分解和分配到各个不同的业务月,安排好酒店业务的时序进度。根据酒店各个月业务的实际情况,对每月的业务和完成指标数做出合理的安排。

到此,酒店年度综合计划基本上拟订完成。计划拟订后,要交酒店职代会和全体职工讨论,根据讨论的意见对计划做出修正,最后形成正式文件。

(三) 接待业务计划的编制

接待业务计划的编制通常采用自上而下的方法进行。编制计划的基本程序有以下几点:

1. 确定目标和任务

先由酒店统一确定每月的经营业务任务,提出该月要达到的目标。酒店提出任务和目标的依据是酒店年度综合计划的业务进度安排和酒店当时面临的市场状况。酒店要把这些目标和任务分解、归口到各部门,由各部门确认这些目标和任务。

2. 部门编制接待业务计划

部门根据酒店提出的目标和任务具体编制本部门的接待业务计划。编制计划过程中要注意:

第一,对各种数量指标要详细具体地落实。

第二,落实完成指标应采取的措施和方法。

第三,大型的重要任务要编入计划。

第四,对部门一些比较重大的事宜,如大搞卫生、设备计划维修、服务方式改进、部分经营决策、服装的季节更换、时令菜食等等,都要列入计划。

3. 计划审核

部门计划编制完成以后,要及时报酒店审核。酒店在汇集各部门计划后,逐一进行审核,审核的主要内容有:

第一,各部门计划是否按照年度综合计划规定的指标和业务进度安排制订,计划是否体现了酒店下达的目标和任务。

第二,审核各计划之间的衔接和平衡。各部门计划是否协调一致,计划衔接要注意指标衔接和业务进程之间的衔接。酒店对各部门计划审核调整后,由总经理签署交部门执行。

4. 重要接待任务计划的编制

其基本过程和月计划相似。由于重要接待任务计划的重点突出,独立性强,需紧紧围绕该计划的中心,全面安排各部门的业务。该计划制订时,要注意各个细节,要有明确表述。

知识衔接

为酒店新开张的一个餐厅做公关计划:

目的——创立名气、博得认同、争取在餐饮专业杂志上刊登评论和照片、完成预定的销售量。

市场分析——主要客源定位、竞争对手。
产品服务——实物产品、服务氛围、设备设施。
使用媒介——提供文字和图片,邀请媒介工作者参观餐厅并采访工作人员。
特别活动——派车停泊在大学校园招募员工。
　　　　——组织明星参加趣味体育竞赛并在电视中播出。
　　　　——参加当地烹饪比赛。
　　　　——在各种活动中的形象宣传,如吉祥物。
经费预算——市场调查、媒介使用、特别活动。
意外问题——气候变化、人员变动、场地异动。
效果预测——知名度、报道率、销售量。

二、酒店计划制订的要求

根据国际酒店业管理的经验,要制订好一项酒店计划,要注意下列几个方面的要求:

第一,计划必须写下来。这会使管理者在制订计划时考虑更周全,也可以容易在全体人员中沟通,并可作为工作检查的标准。

第二,计划要被理解和接受。因为计划是大家的行动目标与方案。

第三,计划目标要有可行性,这样才有激励作用;也要有挑战性,即只有通过努力才能实现,才具有指导意义。

第四,目标要规定实现的时间。否则不会产生紧迫的责任感。另外,目标规定的实现时间必须和员工的工作时间与对目标感兴趣的时间一致。例如,钟点工和季节工只对重点时间内和季节时期内的目标感兴趣。一般员工只对一到三个月的目标感兴趣。

第五,目标要具有可衡量性。否则,将难以检查它是否被实现。我们要善于将不易衡量的目标改成能被衡量的目标。如原先的质量目标是"改进与宾客的关系"这样就太模糊了,我们可以将它改为"改进与宾客的关系,使宾客投诉下降20%,使宾客赞扬上升10%,并在未来6个月里使回头客增加8%"。

本章主要介绍酒店管理的首要职能,通过掌握酒店计划的定义、计划的类型以及制订计划的步骤和要求,使学生了解一份好的酒店计划应包含的内容并能够制订简单的酒店计划。

知识训练

一、选择题

1. 制订酒店总体目标,决定酒店性质和发展方向的根本性决策是( )。
   A. 战术决策　　　B. 管理决策　　　C. 战略决策　　　D. 业务计划

2. 为了增强实现计划目标的责任感,必须明确( )。
   A. 完成时间　　　B. 可行性　　　　C. 挑战性　　　　D. 评估控制人

二、判断题

1. 目标规定的实现时间必须和员工的工作时间与对目标感兴趣的时间一致。( )

2. 中层管理者的计划是在客源、任务既定情况下的作业计划,包括员工工作时间安排和员工分工与工作要求。( )

3. 酒店的计划按照不同的标准可分为不同的类型。如按计划内容分,可分为计划期为3年的长期计划,1年的中期计划,1~6个月的短期计划。( )

三、简答题

1. 简述酒店计划在酒店管理中的作用和意义。
2. 简述酒店计划的类型。

能力训练

一、案例分析

某酒店销售部制订一项宴会销售计划:

第一,确立目标:使12月份的地方宴会收入比去年同期提高12%。

第二,列出一系列措施:①从电话簿上寻找公司、企业和机构的地址,完成时间是6月1日至15日,由销售部经理负责;②设立奖励员工推销宴会计划,8月1日前完成,由宴会部经理负责。

第三,列出收支和预算:每天销售12桌,每桌600元,12月以30天计算,营业收入总计216000元;奖励推销费用、媒介使用费等共计17075元,净收入为198925元。

第四,确定评估控制人——总经理。

根据以上案例,运用所学知识分析:

制订一份好的酒店销售计划应包含哪些内容?有哪些注意事项?

二、实训操练

了解当地某家酒店的实际情况,为其某一业务部门制订一份计划(销售、推广、宣传、公关等均可)。

项目四
酒店组织管理

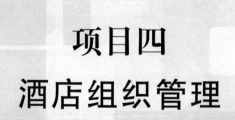

项目目标

职业知识目标：
1. 掌握酒店组织的基本含义。
2. 熟悉酒店组织结构设置的原则和基本类型。
3. 了解酒店组织管理的方法和内容及各种规章制度。
4. 掌握酒店组织内的督导和沟通的方法。

职业能力目标：
1. 熟悉现代酒店组织结构框架的主要形式。
2. 了解现代酒店组织设计的影响因素与原则。

了解职业素质目标：
运用本项目丰富的教学案例和情境结合的实训操练，培养能够适应现代酒店业需要的专业技能与职业素养。

项目核心

酒店组织结构的内涵；酒店组织结构设置的原则；酒店组织结构的基本类型；酒店的部门组成；酒店组织内的督导和沟通。

项目导入： 吴某是某四星级国有酒店的老总，在其任职的 6 年期间，酒店由原来的年创利近 500 万元"发展"至年亏损近 100 万元！后因群众举报，当地检察机关对吴某立案侦查，发现吴某竟将该酒店当作自己的私有财产，并设有自己的小金库。其权力在酒店中至高无上，什么事情都是由他说了算，员工更是敢怒不敢言。据了解，吴某当初刚刚走马上任时还是为酒店的发展尽心尽力的，其能力也得到了酒店各级管理人员及普通员工的认可。在其上任之初的第一年，酒店即有了较大的发展,生意红火,并通过了国家星级酒店评定,挂牌四星级,年创利达500万元。据吴某交代,他发现该酒店由于是国有酒店,过去的体制不健全,他越来越觉得在该酒店中权力可以凌驾于任何人之上且不会被发觉,私欲的膨胀逐渐把吴某推向了罪恶的深渊。他在酒店建立了自己的小金库,肆意挥霍公款用于赌博和物质生活享受,先后去澳门和美国,以考察为由进行豪赌,导致国家财产大量流失。由于吴某疏于对酒店的日常管理,使得酒店人心涣散,经营状况每况愈下,从最初年创利达500万元到负债经营,实在令人痛心!吴某也因贪污挪用公款被判刑。

(资料来源:http://wenku.baidu.com/view/f188240fff00bed5b9f31d6d.html?from=search。)

在酒店决策已定的情况下,酒店管理者首先要进行的是酒店组织。只有通过组织,酒店的各种生产要素才能组合成接待能力,酒店的管理指挥系统和业务作业系统才能正常运行。组织职能的有效性不仅是酒店服务质量的基本保证,也是酒店取得良好效益的保证。

任务一 酒店组织结构设置

一、酒店组织结构的内涵

酒店组织,是指酒店企业为了达到经营目标,把必须要做的各项业务活动进行分类分层,形成职位结构,赋予其恰当而明确的责任和权限,规定相互之间协作的关系,形成正式的人际结构。

我们可以从以下组织结构的内在要素来了解酒店组织结构的内涵。

(一) 组织的内在关系和分工职责

酒店组织内部会根据组织目标的需要进行不同的分工、职责安排和权力分配,其目的是保证组织职能最大限度的发挥,这使组织内部诸要素产生相互作用的基础,酒店组织的内在关系就是在这种条件下产生的,并且反映了各职能部门之间的关系。

(二) 部门间的任务分派和活动方式

在内部关系清晰的条件下,不同的分工必然产生任务的分派,这是酒店组织结构精细化的反映。

(三) 不同部门间的协调

要使酒店目标能顺利实现,各部门之间必须相互协作,团结成为一个整体,在此条件下,组织的协作应运而生。它可以将不同部门间的差异性和利益冲突减少到最低程度。

(四) 权力的分配和等级关系

由于岗位责任的大小不同,权力的分配也会有差异,这是为保证组织良性运转而产生的。权力是一种象征,表明了成员在组织中调配资源能力的大小,这是组织授予的。但在具体工作中还有另一种权力,即某一成员由于具有特殊的人格魅力,而获得其他成员的尊重所产生的影响力。酒店组织的等级关系特指按照等级原则将组织的职、权、责进行的垂直划分,基本着眼点在于上下级的关系。

案例分析

A酒店是中外合资的一家四星级大酒店,有1200个床位和800个餐位,某国财团控股51%,设置机构与国内的星级酒店有很大的差别。在开业后不久,中方代表、员工对酒店的组织结构意见很大,主要有三点:一是酒店应该设工会组织;二是酒店营销部的人员太多,达65人;三是质量监督部权力太大,有许多职能与酒店其他部门重叠。

(资料来源:http://wenku.baidu.com/view/f188240fff00bed5b9f31d6d.html?from=search.)

问题:从酒店组织结构的内涵评析本案例。

分析提示:本案例中,从酒店组织结构的内涵来说,酒店的组织结构设置确实存在很大问题。酒店的分工、职责安排并不明确,各部门权力分配和等级关系的划分模糊,资源分配不均,造成各职能部门相互之间的关系恶劣,不能相互团结协作,严重影响酒店日常运营。

二、酒店组织结构设置的原则

酒店组织管理的内容包括形成酒店组织框架,建设酒店组织实体,执行组织职能,以合理地组合各生产要素,保证组织的正常运行。

酒店组织结构是指酒店各部分的划分,各部分在组织系统中的位置、集聚状态及相互联系的形式。采用何种组织结构一要依据组织原则,二要依据酒店的实际情况。

(一) 酒店组织结构设置的步骤

酒店组织设计,可以本着"市场—战略—结构"的顺序,按下列步骤进行:

1. 围绕酒店的战略目标与市场定位

进行业务流程的总体设计是酒店组织设计的出发点与归宿点,要力求使酒店整个业务流程达到最优化,它是检验酒店组织设计成功与否的根本标准。

2. 按照优化后的业务流程设计服务岗位

服务岗位设计要遵循"因事设岗"的原则,并根据服务岗位数量和专业化分工情况确定管理岗位和部门机构,形成酒店组织图。

3.对各岗位定责、定员、定编

在对每个岗位进行工作目标与工作任务分析的基础上,规定每个岗位的工作标准、职责、内容、作业程序,并以"职务说明书"等形式把这些内容固定下来,然后按岗位工作的需要进行相应的人员编制,确定岗位所需人员的素质要求,因岗择人。

4.制定相应的管理制度

管理制度是对管理工作中的基本事项、要素关系、运作规程及其相应的联系方式进行的原则性规定。如果说前面三个步骤已制造了组织结构中单独的"标准件"的话,那么,各项管理制度则是作为一个整体的酒店企业所不可缺少的"连接件"。

5.规定各种岗位人员的职务工资和奖励级差

根据各岗位在业务流程中的重要程度、对人员素质与能力的要求、任务量轻重、劳动强度大小、技术繁简程度、工作难易程度、环境条件差异、管理水平高低、风险程度大小等指标,设定各岗位人员的报酬差别。

(二)酒店组织结构设置的原则

酒店组织由于所处的环境、采用的技术、制定的战略、发展的规模不同,所需的职务和部门及其相互关系也不同。但酒店在组织设计时,都需遵守一些共同的原则。

1.精简有效原则

精简有效是指酒店企业要精简机构、提高效率。精简与效率是手段与目的的关系,只有精兵简政,才能提高效率。

这里讲的精简有效,包括以下含义:一是酒店企业人员要有较高的素质,并配备合理的人才结构;二是人员与职责相称,把人员安排到最合适的岗位上;三是要因事设人而不是因人设事;四是酒店企业组织结构合理,有利于形成群体合力。

2.统一指挥原则

统一指挥是组织理论的一项重要原则。早期的管理学者已明确提出用这一原则处理上下级之间的关系。现代酒店企业虽然由于经营组织结构的多样化而使指挥系统分工复杂化、具体化,但是,统一指挥仍然不失为酒店企业组织设计与管理的重要原则。贯彻统一指挥原则,有以下几点要求:

(1)统一指挥使上下级之间组成一条等级链,它反映了上下级的权利、责任。从最上层到最基层,这个等级链是连续的,不能中断。

(2)任何下级只能有一个直接领导,因为多头领导会产生混乱和不一致。

(3)上级领导不可越级进行指挥,下级不可越级接受更高一级领导的指令。

(4)酒店企业内部的职能管理系统和参谋系统,同样也要执行统一指挥原则。他们对上有权提出意见和建议,对执行系统则起到指导、监督和控制的作用,但无权直接指挥执行系统的工作。

3.管理幅度适度原则

管理幅度,是指一个管理者能够直接、有效地管理下级的人数。管理幅度与组织层次呈反比例关系,由于一个管理者的精力和知识是有限的,所以,管理幅度也不是无限的。影响

管理幅度的因素主要有以下几点：

(1)能力因素。下级管理能力较强,管理素质较好,上级管理者的管理幅度可以大些,反之,管理幅度就小些。

(2)工作形式因素。如果下级工作内容比较复杂、作业空间大,则管理幅度宜小些。反之,下级工作的程序与标准化程度较高,则管理幅度也可以相应增加。

(3)信息沟通因素。如果酒店组织内部信息沟通方式较好,信息传递迅速准确,则管理宽度可放开。

(4)环境因素。酒店外部环境的变化比较快,并要求管理人员必须迅速做出反应以适应环境的变化,势必造成管理者需用较多精力研究环境。在这种情况下,管理幅度就应小一些。

4. 责权对等原则

现代组织理论认为,管理等级链上的每一个环节、每一个岗位,都应该毫无例外地贯彻权责对等原则。权力与责任是组织理论中两个基本概念。权力是人们在一定职务上拥有的权利,主要是人、财、物等方面的决策权和执行权;责任就是承担任务的义务。例如,高层管理者在拥有较大决策权的同时,也要承担相应的责任和义务。

因此,在酒店组织中,为了保证"事事有人做","事事都能正确地做好",则不仅要明确各部门各人员的任务和责任,还要规定相应地取得和利用人、物、财等工作条件相匹配的权力。

5. 分工协调原则

凡是社会化的大生产,都需要进行分工与协调,把企业的任务和目标层层分解落实到各个部门和员工。一般说来,酒店企业规模越大,专业化要求越高,分工也就越细。专业分工细分的结果,造成专业之间的依赖性增强,协调任务需得到加强。

酒店的协调包括纵向协调和横向协调。贯彻权责对等原则,提供上下级直接沟通对话等,有利于搞好酒店的纵向协调。而要改善酒店的横向协调,则可以采取这样一些措施:职能业务规范化,明确横向流程,通过工作体系进行协调;设立系统管理机构进行横向管理和协调等。

案例分析

小张是某五星级商务酒店的餐厅服务生。某日,该酒店接待了一个非常重要的大型国际会议。小张的领班孙某在晚餐之前进行详细的接待计划安排,原来从事用餐服务的小张被领班安排和小王合作在餐厅入口处担任领座员。(考虑到在高峰时,客流量较大,领班孙某特别安排两位领座员。)餐饮总监也在现场作指导。可是就在就餐高峰期之间,餐饮总监发现某包厢准备还不到位,于是临时让小张去该包厢做好卫生及相关准备的扫尾工作,小张见是餐饮总监的命令,不敢怠慢,可当小张准备完包厢回到餐厅入口处时,客流量已经很大了,小王一人无法应付,导致有少许客人不满,领班对小张擅自离开岗位给予了严厉的批评,并称事后将追究相应责任。而小张简直是一肚子的冤枉,明明自己是被餐饮总监临时调用的,并不是擅自离岗,对领班的批评真是觉得很委屈。

（资料来源：http://wenku.baidu.com/view/f188240fff00bed5b9f31d6d.html?from=search。）

问题：在这次事件中,餐饮总监和领班谁对谁错?小张是否应该执行餐饮总监的临时调用?为什么?

分析提示：首先,要看这个事件中是否体现了统一指挥的原则,因为小张就面临了来自领班和餐饮总监的不同指挥信息。其次,再看出现这种情况该怎样协调,即小张和餐饮总监分别该怎么做?

三、酒店组织结构的基本类型

(一) 酒店的部门组成

酒店部门的划分主要根据业务内容及业务运行的需要,同时要达到高效、精简的目的。

1. 酒店的所属关系

酒店的所属关系就是酒店资本的所属关系,即酒店与投资主体的关系。酒店的投资主体拥有酒店资产的所有权,拥有对酒店的决策权,拥有对最高管理者的任免权,并以所有者的身份监督并约束经营者的经营管理行为。投资主体既是酒店的支持和后盾,又是一种制约力量。正确处理和投资主体的关系是酒店创造良好经营环境的一个重要方面。在我国的现行体制中,还有大量的国有酒店,这些酒店在酒店与投资主体间还多了一层行政所属关系,即我们平时所说的上级关系。这种关系对酒店的组织管理会形成一定影响。

2. 酒店内部的部门组成

酒店是由若干个部门组成的。酒店根据业务内容的不同来划分部门。一般酒店的常规做法是把所有部门分为前台部门和后台部门。前台部门是指处于一线直接为宾客提供面对面服务的部门,主要有销售部、公关部、前厅部、餐饮部、娱乐部、康乐部、商品部等。后台部门是指处于二线不直接和宾客接触或很少和宾客接触,间接向宾客提供服务或仅向酒店提供服务的部门,主要有人事部、财务部、工程部、保安部、采供部、办公室等。有的酒店有公寓楼和其他附属设施,还会有物业部、车队等。部门的设置不是绝对的,可以根据酒店的实际情况合理设置,部门设置应该以酒店的经营理念和经营决策为主导,以组织原则为准则。

3. 其他机构设置

根据我国的国情、法律、政治经济体制,酒店还要设置其他机构：

一是党组织的领导机构。它要对酒店的经营决策、正常运行、实现组织目标起监督保证作用。

二是工会、共青团、妇女组织机构。工会是职工代表大会的常设机构,通过职工代表大会的形式使职工行使民主管理的权利,并维护广大职工的利益;青、妇组织是酒店的群众组织。根据各组织章程,它们一方面要从各组织成员的特点出发,引导他们在酒店中发挥积极作用,另一方面要保护该组织成员的权益。

(二) 酒店组织结构的基本类型

在对酒店部门做出划分后,还要确定各部门在组织中的位置,并把各部门组合起来,形

成合理的集聚状态。在我国,酒店组织结构多种多样。现代企业最常见的组织结构有以下几种:

1. 直线制组织结构

直线制组织结构就是按直线垂直领导的组织形式。它的特点是各部门按垂直系统排列,酒店的命令和信息是从酒店的最高层到最低层垂直传输。直线制组织结构或无职能部门,或设一个职能部门兼管多种管理职能。直线制组织结构适用于规模小、业务较单纯的酒店。

2. 直线职能制组织结构

就单家酒店而言,大多数酒店都采用直线职能制的组织结构。直线职能制组织结构的特点是把酒店所有部门分为两大类:

一类是业务部门(也称直线部门)。业务部门按直线层级的形式进行组织,实行垂直指挥。如酒店的前厅部、客房部、餐饮部、娱乐部、工程部等均属于业务部门。

另一类是职能部门。职能部门按分工和专业化的原则执行某一类管理职能,如酒店的办公室、人事部、财务部、保安部等均属职能部门。职能部门和各业务部门实行横向联系,以自身的职能管理为各部门服务。

酒店的业务由业务部门负责,其管理者在自己的职责范围内有对业务的决策权和指挥权。职能部门只能对业务部门提供建议和相关管理职能的业务指导,不能指挥和命令业务部门。

3. 事业部制组织结构

事业部制组织结构是工业企业发展到有多个主产品时的一种组织形式。事业部制组织结构的特点:为了生产不同的主产品,在总公司领导下以产品为中心设立几个事业部,每个事业部生产特定的产品。根据总公司的决策,事业部分散经营,各事业部在经营管理上拥有自主权和独立性,实行独立核算。在我国,酒店实行事业部制主要有以下几种情况:

第一,有的酒店以主体酒店为核心,同时设立与主体酒店有资本联系的若干个企业,从而组成集团公司。集团公司往往采用事业部制。

第二,有的酒店通过资本运作管理了若干家酒店,从而形成连锁,这种形式的酒店往往采用事业部制。

第三,有的酒店除了主体酒店外还附属有旅行社、大型餐馆、快餐公司、洗衣公司、清洁公司等企业,这类酒店也多采用事业部制。

第四,有的酒店有独立的公寓楼、写字楼等,这类酒店也多实行事业部制。酒店实行事业部制组织结构,通常的形式是主体酒店是一个核算单位,酒店下属各单位是各自独立的核算单位,主体酒店及下属各单位均在酒店组织系统之中。

酒店的组织结构类型比较多,采取何种组织结构要根据酒店经营的需要,从自身的实际出发。

任务二　掌握酒店组织管理内容

酒店组织管理是"先框架、后实体，规章制度为管理"。确定酒店组织结构的框架后，就要建设组织的实体，即确定酒店组织管理的具体内容。

一、对组织结构的具体化和细化

酒店组织管理对实体的建设先要按照分工的原则对业务进行专业化划分，同时又要使专业化的组织活动和业务活动保持高度的协调一致性。酒店业务内容差别较大又自成体系，各业务是在一定的区域空间进行，因此，酒店业务的分工通常把业务和区域合在一起进行。

（一）制作酒店组织结构示意图

酒店组织结构示意图（见图4-1）是全面反映酒店业务内容、部门组成、业务区域划分、组织结构、权责关系、岗位分工、人员安排的综合图解。酒店组织结构示意图的要素有以下几点：

第一，在明确业务分工的情况下进行一个层次的部门设置。

第二，按直线制的形式对部门下属业务单元和班组进行设置。

第三，对酒店组织作层次的划分，包括酒店的基本层次和各部门的层次。各部门的层次可能是不同的。

第四，对职位的规定。对组织图的每一个层次、每一个结点都可以进行职位的规定。

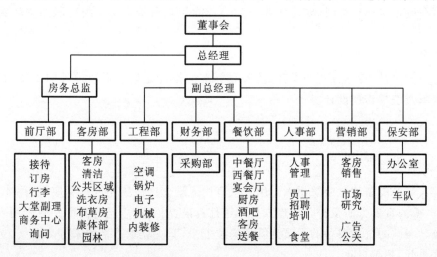

图4-1　酒店组织结构示意图

（二）业务分工及界面划分

业务分工，就是把酒店所有的业务按性质不同进行分解，并把分解后的业务划归各部门。酒店业务从大处着眼是泾渭分明、范围明确,但从小处着手就纵横交错、互相牵扯。为了分清职责,在业务分工后,还要对涉及两个部门的业务进行界面划分:

(1)酒店业务不论大小都要落实到某一个部门。

(2)一些涉及几个部门的业务,要对各部门在同一业务中的职责进行明确的界定。如预订业务涉及销售部和前厅,预订业务在两个部门间的界面就需划分。

(3)进行业务分工和界面划分后,要以制度的形式予以规定。

(三)建立岗位责任制

工作最终要人去完成。什么人、去完成什么工作、达到什么标准,由岗位责任制来规定:

(1)岗位责任制分管理岗位责任制(也称管理职务说明书)和作业岗位责任制。

(2)业务在分工和界面划分时是对部门而言的,各项业务最终要落实到各个岗位,责任到人。

(3)建立岗位责任制要确定酒店的所有岗位。岗位设置由各部门提出具体方案,报由酒店决定。

(4)每个岗位要确定工作内容、工作任务、作业范围、岗位人数。

(四)业务的组织联系

酒店业务的综合性决定了业务的联系性,前面对业务做了分工,这里要把业务联系起来,使之成为一个整体。酒店业务的组织联系主要有以下内容:

1.酒店的业务设计

在业务设计时,把各岗位业务通过纵向和横向的联系,形成一个个业务过程,再把一个个业务过程通过纵向和横向的联系,联成整个酒店的业务系统。

2.连接点衔接

酒店在制定服务规程时,要使各业务和规程能相互衔接。这是组织联系中较易出现纰漏的方面。

3.业务信息系统设计

信息流的设计、传输方式的设计、内容和标准的设计是信息系统设计的主要内容,如酒店各种表单及表单传递设计。

二、管理人员配备

(一)用人理念

管理人员的配备就是组织用人。用人就有用人理念。酒店用人理念应是"德才兼备,以德为重"。德的重要方面是符合管理人员的道德标准,要与酒店同心同德。酒店用人必须选择那些经过考验的德才兼备的人员到管理岗位上来,坚决克服裙带关系等坏风气,选人用人必须克服自我,超越自我。

(二)确定用人标准

酒店选拔管理人员既要考虑具有共性的标准,又要考虑个体的特性,要把这两者最佳地结合起来。从这点出发,酒店用人的标准包括以下三个方面:

(1)基本素质,包括基本品质、道德意识、学历阅历、个性气质、思想观念等。
(2)管理能力,包括管理理论、管理思想、管理知识、管理方法及心理成熟程度和应变能力。
(3)业务知识和业务能力,包括本专业知识得深度和广度、酒店各方面的业务知识、与酒店相关的各种业务知识。

以上三个方面组成了酒店对管理者的用人标准。我国的现状是,酒店管理者中符合这三项标准的人才远跟不上我国酒店发展的需要。解决的办法是因地制宜地培养管理人员。应选拔符合前两部分标准的人员作为培养对象,通过一定的方式对他们进行专业培训,包括酒店管理人员素质训练、行为意识和职业道德教育、酒店管理培训、酒店业务培训、跟班管理培训,使他们成为合格的酒店管理者。

(三)管理人员配备程序

管理人员配备应有一套规范的程序,力戒按个人意志任命管理人员。管理人员配备的程序如下:

(1)由该岗位的直接上司提出候选人名单,候选人可以有几个。如果是对外或对内公开招聘,则由招聘领导机构提出名单。
(2)由人事部门和酒店相应层次的管理层对候选人进行考察考核。
(3)根据管辖层次,由相应的管理层通过集体决策的方式确定该管理岗位的管理人员。

(四)使用和授权

配备酒店管理人员是为了使用,要使用就要对他们授权。使用和授权是组织管理的重要内容。

1.管理人员进入角色

组织是一种权责角色结构,组织配备了管理人员,就要让他们进入角色,处于最佳角色状态。组织管理要使各级管理人员对自己所在职位的性质和内容、对自己所处的管理角色有深刻而全面的了解,进而把管理工作做得有声有色。管理人员的角色状态越好,管理活动就越有成效。

2.授权

权力是有效管理的必要条件。根据权力和职责相一致的原则,当管理人员确定后,由正式组织以制度明文规定的形式授予管理人员相应的权力。

3.用人不疑和制约机制

"用人不疑,疑人不用"是组织的基本理念。用人不疑,首先,组织心态要正常,用客观和信任的态度去对待每个管理人员。其次,组织要给每位管理人员创造一个有序、适宜的工作环境。给他们一个活动和发展的空间。最后,用人不疑必须要与制约机制相配套。授权必须要限权,权力不能超越范围。越权就会带来组织的混乱甚至损毁。组织应通过行政的、制度的、信息的形式形成对权力的制约机制。

4.爱护培养,能上能下

用人就是对人才的使用,任何物质有使用就会有维护保养,对管理人员更要爱护和培养。组织一方面应通过制度对人才进行多方关爱,另一方面要形成关心人才、爱护人才的企

业文化。为使管理人员发挥更大的效能,就要对管理人员不断地进行培养。酒店要制订人才培养计划,有计划、有步骤地培养和造就管理人员。对管理人员要建立能上能下的机制,一方面是为了保证管理的质量和人员的质量;另一方面也是对管理人员的一种激励机制。

5.严格考核

对管理人员既要关心爱护,也要严格要求、认真考核,即"爱之深,律之严"。对管理人员的考核有工作成果(业绩,包括两个效益)考核、管理能力管理水平考核、业务能力及业务水平考核、个人素质考核。对管理人员的考核有日考评、月考评、半年考核、年度考核。

三、任务的分配

组织管理中任务的分配,简单地说就是把组织目标的具体任务分解落实到各部门。任务分配和业务分工有着密切的联系,组织管理是把这两者联系在一起做整体性安排。

(一)确定组织目标

酒店是以决策后制订计划的形式确定酒店目标的。酒店计划的主干是计划指标,它是酒店目标的核心。酒店计划还要确定各部门各阶段的目标和业务活动,由此组成酒店的计划目标体系。

(二)分解指标和分配任务

酒店的计划指标和目标是由各部门在进行实际业务过程中完成的。酒店组织管理就要进行如下指标分解工作:

(1)在综合平衡的基础上酒店把计划指标进行分解,分解后把具体指标落实到各部门。

(2)根据分解的计划指标、酒店的业务决策、业务设计,把与指标配套的各部门业务任务分配到各部门。

(3)各部门根据指标和业务任务制订本部门的部门计划。

(4)在对计划任务进行分配后,还要对临时任务作分配。计划任务是常规性的、定期的(如年、季、月),临时任务是随机的、不定时的。临时任务在酒店是大量的。酒店接到临时任务一是要做好部门和时间上的计划和分配工作,二是做好协调工作。

(三)目标考核

有了任务的分配,必定有对目标和任务的考核。考核是按部门和阶段进行的。阶段的确定可以以月、季、半年、全年为周期。考核按各部门不同的考核项目进行。

案例分析

A酒店过去是一家市政府所属的高级招待所,经过更新改造以后,升为四星级酒店。但酒店的组织机构基本上沿袭了招待所的模式。为了加强销售工作,酒店增设了公关销售部。但是由于过去销售工作由客房、餐厅和各业务部门分别去做,所以这一格局并未打破。这样便出现了酒店所有部门都有销售指标,各个部门一同出去跑推销的局面。有时为了争取同一个客户,各部门轮番争抢,出现内部竞争。这种状况弄得有些客户莫名其妙。他们认为如此混乱的管理不可能造就良好的服务,因此,打消了与 A 酒店合作的念头。在销售部,每个人的工作都由销售额目标决定,只要你能完成定额,无论你拉什么客户都行。结果造成这位销售人员前两天刚来,而另一位销售人员又登门推销,而且每个销售人员报的价格并不完全相同,弄得客户不知所措。另外,由于经常出现内部竞争,致使销售部与其他部门之间,销售部内部员工之间,经常因为争抢客户而发生矛盾,影响了酒店内部的协调和合作。

(资料来源:http://wenku.baidu.com/view/f188240fff00bed5b9f31d6d.html?from=search。)

问题:A 酒店在组织机构设置上存在什么问题?

分析提示:在本案例中,对于酒店结构的细化和具体化设置并不明确,岗位责任制度混乱。

四、编制定员

编制定员是核定并配备各岗位、各班组、各部门及全酒店管理人员和服务员的数量。编制定员工作从业务上来说是属于人力资源部门的,从管理职能上来说属于组织管理职能范围。

(一)编制定员核定

酒店管理人员的编制定员上面已有说明。服务员编制定员的核定主要包括以下工作:

(1)以班组为基础进行人员核定。

(2)定量分析。一是核定单位时间岗位工作量,核定一定空间范围的工作量(如客房楼层范围、餐饮餐厅范围等);二是核定各岗位员工的日工作量。

(3)分析相关因素,如排班、轮休、替班、补班等,根据这些因素确定定员。

酒店各工种各岗位业务性质和作业方法不一样,编制定员的方法也不一样。不管哪个岗位,编制定员的核定都要经过工作和作业的分析、量的分析、人员分析、定岗定编,最终确定编制定员。

(二)用工类型

用工类型,是指酒店所有员工因与酒店的关系性质不同而形成几种不同类型。酒店用工类型的不同决定了员工与酒店的所属关系、契约关系、经济关系、劳动关系的不同。社会主义市场经济的发展必然会导致多种劳动关系的存在,也会导致多种用工类型的存在。酒店业务的弹性较大,又有淡季和旺季,酒店的用工人数也有弹性,很适合采用多种用工类型。酒店用工类型主要有正式工、合同工、聘用工、临时合同工、临时工等。

五、劳动组织形式

(一)劳动组织的含义

把各岗位单个的劳动组合成一个业务运行的整体,使每个岗位的劳动不仅有连贯性,而且有节奏性和协调性。劳动组织是通过一定的形式和方法使人和设施合理结合,组成岗位劳动，使岗位劳动联系成业务流程，再使流程相互联系和协调以和谐地完成宾客接待的过程。

（二）业务流程和协作

酒店的业务流程是把前后有联系的相关岗位按一定的程序连贯起来完成一个过程。酒店业务流程的特点是对业务做时空上的组织。

（三）排班

排班就是排定班次，是根据各岗位及由岗位组成的班组的业务规律，规定它们的工作时间和时间段，规定它们的作业内容。在同一时间或同一空间从事同一性质和内容工作的一群人组成了班组。班组是酒店劳动的基层组织，排班就是对班组的排班。排班有两种形式：一是按作业时间区分，排成早、中、晚等时间班；二是按业务内容排成业务班，如客房的卫生班和值台班，前厅的总台班和总机班等。时间班和业务班不是截然分开的，它们是交错在一起的。业务班要以时间为单位分出班次，时间班总是从事一定的业务，两者是综合的。

1. 按作业时间排班

按作业时间排班是排班的主要形式。它是以日为单位，确定日工作时间和时间段，按时间段进行排班。例如，总台的日工作时间是 24 个小时，每 8 个小时为一个时间段，一天有 3 个时间段，总台实行 4 班 3 运转。客房楼面日工作时间是 16 个小时，7:30—15:30 为一个时间段称早班，15:00—23:00 为一个时间段称晚班，楼面工作实行两班制。排班除了班次确定，还有人员的调配。比如，总台的早、中班各有 4 人，而夜班只需 1~2 人，这就有人员的轮班和倒班。所以，排班是把时间因素和人员因素综合起来考虑的一项工作。

2. 按业务内容排班

按业务内容排班，通常是以业务区域为单位进行。先对业务内容进行分工和归类，再核定各类业务量，根据业务量再配备相适应的班组。例如，前厅是一个业务区域，根据业务内容不同，前厅就有总台班、行李班、总机班、商务中心班等班组和班次。

排班不但对工作效率和服务质量有影响，对员工的工作状态也有影响，有很强的技术性和技巧性。排班先要做好规划，以确定各班次的工作量、工时定额、日工作量，为核定班次人数提供依据。然后各部门按业务特点排定业务班次。业务班次的业务界面要明确。业务班次安排妥当后再排时间班次。排时间班次要明确各时间段及工作班组，明确各时间班次的工作任务、工作内容、工作量、工作重点。

酒店业务内容较多，各业务内容又不相同，酒店各部门的排班也有多种多样。排班只能从实际出发，因事因时而定。排班主要是基层管理者的职责，小区域部门由部门经理排班。排班最后的核定和认可由部门经理负责。

案例分析 这是谁的责任？

佳节刚过，南方某宾馆的迎宾楼，失去了往日的喧嚣，寂静的大厅，半天也看不到一位来宾的身影。

客房管理员 A 紧锁着眉头，考虑着节后的工作安排。突然她喜上眉梢，拿着电话筒与管理员 B 通话:"目前客源较少,何不趁此机会安排员工休息。"管理员 B 说:"刚休息了 7 天,再连着休息,会不会太接近,而以后的 20 几天没休息日,员工会不会太辛苦?"管理员 A 说:"没关系,反正现在客源少,闲着也是闲着。"俩人商定后,就着手安排各楼层员工轮休。不到中旬,轮休的员工陆续到岗,紧接着客源渐多,会议一个接着一个,整个迎宾楼又恢复了昔日的热闹,员工们为南来北往的宾客提供着优质的服务。

经过十几天夜以继日的紧张工作之后,管理员 A 正为自己的"英明决策"感到沾沾自喜时,这天下午服务员小陈突然胃痛,晚上交接班时,小李的母亲心绞痛住院,小黄的腿在装开水时不慎烫伤。面对接二连三突然出现的问题,管理员 A 似乎有点乱了方寸。怎么办?管理员 A 以这个月的休息日已全部休息完毕为由,家中有事,生病的员工,要休息就请假,而请一天的病事假,所扣的工资、奖金是一笔可观的数目。面对这样的决定,小黄请了病假,小陈、小李只好克服各自的困难,仍然坚持上班。

第二天中午,管理员 B 接到客人的口头投诉:被投诉的是三楼的小李及四楼的小陈,原因均是:面无笑容,对客不热情。管理员 B 在与管理员 A 交接班时,转达了客人对小李、小陈的投诉,管理员 A 听后,陷入沉思……

问题:投诉事件的发生究竟是谁的责任?

分析提示:一个酒店的员工能不能向客人提供优质服务,这在很大程度上取决于他们的工作环境和个人的身体、精神及情绪等方面的情况。只有当酒店在经营管理中突出"人本"思想,关心重视员工,使员工心情舒畅,员工才会更加敬业爱岗,视客人为上帝,尽心竭力服务好,让客人满意。

任务三 制定酒店组织管理规章制度

如果说规范化是科学管理的基本特征,那么科学的规章制度是规范化的主体和保证。酒店组织要实行现代化的科学管理,就要强调以制度为主体的规范化管理。由于酒店业务的特殊性,一方面实行现代化管理要求制定比较多的制度,并要求严格执行;另一方面以人为中心和使宾客满意的服务宗旨往往又要求有时突破制度以取得更好的效果。

制度管理是酒店组织管理的一个重要方面。制度管理包括两个方面的内容:一是酒店组织利用制度对酒店进行规范化管理,二是酒店组织对制度建设和实施进行管理。

一、规章制度在酒店组织管理中的作用

(一)对酒店制度的认识

对酒店制度的认识是酒店管理理念的一个方面。只有正确认识酒店制度,才能制定出

科学的酒店制度,才能有效地执行制度。要正确认识制度,既要克服不重视制度的经验主义倾向,又要克服制度万能的教条主义倾向。

酒店制度是以文字条例形式规定员工在酒店里的行为的规范和准则。对制度既要认识其本质和主体,又要从时代背景来认识它的时代意义。我们将从以下6个方面来全面认识酒店制度的内涵。

(1)制度的目标性。酒店实行制度管理是为了实现酒店目标,制度必须为目标服务。酒店目标表现为两个效益,是各子系统目标的综合表现。制度要为两个效益服务,要服从总目标的需要。

(2)制度的规范性。制度的直接目的是规范员工的行为进而规范组织行为,制度具有规范性。制度规范性有两个方面的含义:一是制度对象要起到规范作用,制度要全面完整并具有可操作性,切实可行;二是制度本身的科学性,制度是根据酒店的每项业务、每个职能的运行规律,用文字的形式来反映规律的,制度的制定要有客观依据和法律依据,要能广泛吸收国内外的先进范例和经验,要能体现时代精神。

(3)制度的同一性。制度的同一性是指制度是反映了酒店投资方、管理方、员工方等各方面的共同要求和目标。组织的成员都希望组织有个有章可循的运行秩序,有井然有序的工作环境。这就要靠制度来保证,于是就产生了对制度的共同要求。从这个角度认识,制度不应该被认为是由上级制定、下级执行的行为束缚,而应该成为根据各部门共同要求而达成的有关共同行为规范的协议。制度要成为酒店各部门的自觉要求和习惯行为,而不要成为负担。

(4)制度的强制性和公平性。制度是由正式组织明文规定的,具有强制的力量。组织依靠这个力量规范每个成员的行为。组织成员违反制度就会受到组织的处罚。同样,组织具有公平性,组织成员在制度面前人人平等,谁都没有凌驾于制度之上的权力。在酒店,人人都应该遵守制度。

(5)制度的灵活性。制度有其严肃性,但在酒店,在一定条件下制度应具有一定限度的灵活性。酒店业务的随机性、宾客需求的随机性,酒店以人为本、宾客满意的宗旨,均要求酒店制度在保证规范的大前提下,可在具体操作上做灵活处理。这个灵活要有个基本前提:是满足宾客要求的,不损害酒店、其他宾客、员工利益的,不会给酒店带来混乱的,不违反基本制度的。

(6)制度的发展性。酒店制度是酒店管理意识的反映。酒店的发展和管理的变化要求制度也随之变化。酒店制度变化的原则是让制度真正发挥积极的作用。因此,制度变化主要表现在3个方面:新制度的适时诞生、现行制度的修改、过时的旧制度的淘汰。

(二)酒店制度的意义和作用

制度对酒店有着重要的意义,主要表现在以下几个方面:

第一,制度是正式组织的标志。酒店组织的确立不但要取得法定的地位,还需要有制度支撑其运行。

第二,为酒店组织统一意志。酒店组织为了达到目标就要有统一意志。酒店组织的统一意志由制度予以保证。

第三,制度是规范的保证。可以说酒店运行所产生的一切行为都是员工行为的结果。

酒店要规范,员工的行为就要规范。制度正是要告诉员工什么是规范,怎样做到规范。

第四,制度是自我约束的依据。酒店员工应实行自我约束。约束什么,约束到什么程度,要以制度为准则。所以,酒店员工的自我约束实际上是员工以制度为准则自我规范在酒店的行为。因此,自我约束可以说是制度制约的转化形式。

酒店组织管理的职责是要使员工深刻理解制度的含义,认识到制度对酒店管理的意义,利用制度管理和组织行为学促进酒店管理的现代化。

二、酒店组织管理中主要的规章制度

(一) 基本制度

酒店的基本制度通常有五大制度,它们分别是以下几项:

1. 酒店管理方案

酒店管理方案也叫酒店管理方针、酒店管理大纲。管理方案是依据酒店管理的基本原理和本酒店的特点,从原则上和酒店管理的一般上提出酒店及各部门管理的理念、思想、原则、内容、方法。管理方案的着眼点在于酒店管理的整体性和指导性。管理方案是酒店实际管理工作的总方针,是酒店管理的纲领性文件。

酒店管理方案从形式上讲可以多种多样,每个酒店形成管理方案的结构、内容、条文也可能不同,但管理方案的基本内容有两大部分:一部分是酒店整体管理方案,另一部分是各部门的管理方案。

酒店整体管理方案应体现酒店整体管理的思想和方法。首先要提出酒店的目标、宗旨,为此而确立的经营理念,对本酒店管理做基本定位,确定本酒店管理的水准及目标。然后把整体管理的思想和方法在各个领域展开,主要从酒店的横向展开,包括组织管理、服务质量管理、市场营销管理、公共关系管理、人事管理、设备管理、物资管理、财务管理、安全管理、业务管理等。对各个领域的管理都要提出管理的理念、指导思想、基本思路、管理内容、方法、特色。

酒店部门管理方案是提出各部门管理的思想、宗旨、理念、方法。酒店各部门业务和工作内容都不同,管理的具体内容、目标和方法也不一样。酒店在总方针的指导下,针对各部门的实际情况,提出部门管理方案。部门管理的思想和方法是酒店整体管理思想和方法在各领域的具体化和细化。

酒店管理方案是酒店实施管理的依据,是管理活动的指南。为保证管理方案的实施,酒店要对照管理的实际定期检查管理方案贯彻落实的情况。

2. 员工手册

员工手册是酒店的又一个基本制度。员工手册提出了企业精神,规定了全酒店员工拥有的权利和义务,是全体员工都应该遵守的行为规范的条文化文件。员工手册对酒店来说是必备文件,酒店员工应人手一份,新员工到岗也应先学习员工手册。它与每个员工戚戚相关,是酒店最带有普遍意义、运用最广泛的制度。员工手册的基本内容因各酒店指导思想的不同而有所不同。但主要内容大致包括序言、宗旨、企业精神、员工地位、总则、组织管理、劳动管理(包括用工类别、聘用条件、劳动制度、劳动合同、体格检查、试用期、工作时间、超时工

资、人员培训、工作调动、调职与晋升、合同解除等)、员工福利(包括各种假期、医疗福利、劳动保险、工作餐等)、酒店规则(包括礼节礼貌、考勤、行为规范、员工投诉、使用电话、宾客投诉、离职手续等)、奖励和纪律处分、安全守则、修订和解释。员工手册虽然内容较多,但在条文上既要严密准确,又要简明扼要、便于操作。员工应经常学习,熟记员工手册,以利执行。

知识衔接

> 酒店将所有的服务设施和项目写成培训手册。员工对全店这些设施的服务作用、服务对象、所在位置、性能、特点、开放时间、专门要求等都必须背出记住,并进行考核。过关后方能上岗。这就是酒店的整体概念培训。当客人来到酒店,客人在酒店里向任何一位员工打听任何一项服务项目,都能得到及时满意的回答。

3. 经济责任制

酒店的经济责任制是以目标管理为基础,把酒店各部门各部分的目标责任和经济利益联系在一起的责任制度。经济责任制的要点有以下几项:

(1)酒店实行经济责任制的目的是组织目标。酒店把组织目标以指标形式进行分解,把分解指标分配给各部门作为部门的目标,同时也是部门的经济责任。

(2)经济责任制的核心是责、权、利的一致。承担了责任的单位,就应有相应的权利和义务。酒店要使这些权利到位,并在计划中确保各部门完成指标所需资源到位。酒店要创造良好的环境条件以利于完成指标。

(3)实行按绩分配,使收益与效益相一致。分配经济责任后,收益就应以完成业绩的情况为依据,把收益分配和效益业绩联系在一起。酒店要具体制定业绩完成水平和分配数额之间的对应关系。

(4)考核。确定考核时间、考核项目、考核方法、考核口径。

(5)经济责任制的指标体系。经济责任制的指标不是几项,而是以效益指标为中心的一个指标体系。其中包括数量指标和质量指标。

实行经济责任制要注意三点:

第一,经济责任制和目标管理、计划管理结合而形成一种管理模式。经济责任制是一种制度,它以目标管理和计划管理为基础。

第二,指标的测算和考核要明确口径,避免重复计算,特别是费用部分。分摊费用的测算要有一套科学的方法。

第三,经济责任制每年都要修订一次,修订的依据是下一年度的年度计划和上一年度经济责任制实施中的问题。

4. 岗位责任制

岗位责任制是以岗位为单位,具体规定每个岗位及该岗位的职责权限的责任制度。岗位责任制要使每个员工明白自己所在岗位的性质、地位、工作内容、工作方法。岗位责任制的主要内容有:岗位的名称和性质、该岗位的直接上级、该岗位的直接下级、岗位职责和工作内容、工作范围、工作量、工作质量标准、岗位权限。有的酒店对某些岗位还规定了人员的上岗标准。岗位责任制应有一套考核的办法。

5.服务规程

基本制度之一的服务规程也是一项重要的制度,它不仅规定了员工的作业行为规范,而且规定了作业规范。服务规程在服务质量一章里有详细说明,这里不再详述。

二、部门制度

知识衔接

> 用人单位的规章制度作为企业内部的"家规",如果运用得当,将对企业的管理水平、工作效率的提高起极大的促进作用。目前不少用人单位的规章制度,无论从制定程序上和内容上看,都存在很多问题。用人单位在制定规章制度时应"以理服人",考核标准应客观、公正。用人单位制定规章制度后,应到劳动行政部门备案,由劳动行政部门审查后提出修改意见。企业在制定规章制度后,还应向全体职工公示,才能正式施行。

部门制度是指酒店各部门根据部门业务的特点和运行规律为规范部门行为而制定的制度。如果说基本制度和专业制度是适用于全酒店的一般性制度的话,那么部门制度就是有特殊性的、只适用于部门运用的制度。部门制度的制定一方面要依据酒店的基本制度,另一方面要紧扣部门的业务特点。下面所列的部门制度仅仅是每一个部门都应有的制度的清单,同一名称的制度在不同部门会有不同的内容。

(一)业务运行责任制

这类制度是为保证业务运转而制定的。这类制度主要有:业务情况和业务活动记录统计制度、业务流程制度、排班替班交接班制度、服务质量考评制度、卫生制度、表单填写制度、信息传输制度、例外事件处理制度等。

(二)设备设施管理制度

每个部门都有设备设施,而且所配置的设备设施各不相同,对设备设施的管理要求也不一样。各部门在设备部门的统一指导下制定本部门的设备设施管理制度。该类制度主要包括两个方面:一是设备运行使用管理和操作制度;二是设备的财产管理制度。

(三)服务质量管理制度

每个部门服务质量的内容不尽相同,服务质量管理制度也有较大差异。该类制度主要有服务质量的标准、服务质量基础制度、服务质量保证制度、全面质量管理制度。

(四)部门纪律

部门纪律是根据部门业务特点而确定的部门员工应共同遵守的规则。如客房部的进房纪律,餐饮部的传菜作业记录等。部门纪律的主体是部门员工行为规范。

(五)物品管理制度

部门所有物品的性质和种类有很大的差别,相关制度也有很大差异。一般该类制度带

有共性的有物品分级管理制度、物品使用领用制度、物品保管责任制度、物品质量制度、物品成本核算制度、物品库存盘点制度、重要物品专人保管制度等。

（六）劳动考核制度

劳动考核制度就是对岗位、班组、部门的劳动工作状况进行考核的制度。该类制度主要有考核制度、任务分配和工作安排制度、作业检查制度、劳动考核和工作原始记录制度、奖金分配制度、部门违规处理制度等。

（七）财务制度

部门财务制度是与酒店财务制度相配套的制度，主要有各部门收银及现金管理制度、信用消费制度、支付制度、资金审批制度、流动资金部门管理制度等。

三、酒店工作制度

酒店工作制度是为涉及全酒店的一些行政工作所制定的制度，有些酒店也把这些制度并入行政制度中。酒店工作制度主要有以下几项：

（一）会议制度

酒店的会议不能多，但不能没有。为会议制定的制度称为会议制度，主要有早会、店务会议、办公会议、年会、职工代表大会、部门业务会议、班前会等。

（二）酒店考评总结制度

酒店考评总结制度是酒店按时对经营情况做考评总结的制度，主要有年考评总结、半年考评总结、月考评总结、重要接待任务后的考评总结的制度。

（三）决策和计划工作制度

决策和计划是一个科学的、严肃的过程，对决策计划过程的规范化就是决策计划工作制度，主要内容有该制度决策者、决策权限、决策程序、决策结果表述、决策实施责任等。

（四）质量监督制度

质量监督制度是对酒店服务质量进行检查监督的管理制度。该类制度要规定监督执行机构和执行者、监督体系、监督内容、监督范围、监督方法、监督结果处理等。

任务四　酒店组织的督导与沟通

一、酒店组织内的督导方法

在组织机构和制度建立以后，就应该选择好的监督和指导方式对组织行为进行有效的管理。然而,世界上没有一种适合于一切情境的最好的督导方式,选择哪种督导方式要根据具体情况来定。

(一)独断型督导方式

独断型督导方式的特点是管理者不听取下属的意见,直接给予他们指示并要求他们遵照执行。这种督导适用于下列情况:

(1)对新的、没有经过培训而不知道如何去做好工作的人。
(2)员工不接受其他类型的督导方式。
(3)每天有大量的工作需要做,或对管理者来说只有有限的时间来做出决定。
(4)管理者的权力受到员工的挑战。
(5)管理者新到一个以前管理很差的部门。

(二)等级法规型督导方式

等级法规型督导方式的特点是管理者通过要求下属遵循已制定的规定、政策和程序来进行管理,对例外问题由管理者听取报告后决定。这种督导方式适用于下列情况:

(1)员工操作的是一台有危险或精密的仪器。
(2)员工重复做一些常规性的工作,如客房清扫、西餐服务等。
(3)员工必须保持一定的工作标准和遵循一定的工作程序。

(三)放手型督导方式

放手型督导方式的特点是管理者尽可能多地给予下属决定工作目标和解决工作问题的权力。下属在有需要时可以随时向管理者请示。这种督导方式适用于下列情况:

(1)员工具有高度的作业技术、经验和受过较高的教育。
(2)员工为自己所从事的工作感到骄傲,并想努力干好。
(3)对可信赖的和有经验的员工的工作指导。

(四)民主型督导方式

民主型督导方式的特点是管理者尽可能让员工参与有关决策,虽然最后由管理者做出决定,这通常被认为是最有效的一种督导方式。这种督导方式适用于下列情况:

(1)管理者想要员工分享决策和分担任务。
(2)为员工提供一种个人成长和工作满意的感受机会。
(3)想要了解员工的观点、建议和投诉。
(4)员工具有较高的技术和丰富的经验。
(5)管理者想要培养员工具有团队式的互助合作精神。

二、酒店组织内的沟通方法

在现代酒店里,管理者通常站在一个能观察到部门工作全景的制高点上,可以注视服务工作的全程,随时准备解决各种问题,特别是员工冲突和宾客冲突。

事实上,酒店各部门之间、员工之间、宾客与酒店之间,由于利益上的矛盾或认识上的不一致等所造成的彼此抵触、争执或攻击现象是正常的,关键是管理者要及时、有效地进行处理。

(一) 对员工冲突的协调方法

要协调员工冲突就要始终为每一位员工提供公平合理的待遇,依据他们的能力,所有人都有机会被录用、晋升或培训。管理者能及时纠正错误的唯一方法是知道你的建议和投诉。没有任何一个管理者可以借口太忙而不去倾听员工的建议和投诉。如果你有建议或投诉,首先告诉你的主管,主管将友好地倾听你的意见;如果你的问题没有从你的主管那里得到解决,你可以去找部门经理,他将了解所有的事实和努力用一种公平合理的方法来解决你的问题。如果你仍然不满意,他将安排你去见总监或总经理。

总之,所有员工的建议和投诉都应该被充分加以考虑。对于上层管理者来说,积极听取与处理员工投诉,既可以解决员工问题,又可以改进酒店工作,还可以了解和控制下层管理者。

知识衔接

在日常的酒店管理过程中,除按照制度对员工加强管理外,还需要经常性地了解员工的思想动态,关心他们的思想、生活。员工的情绪发生变化,就需要从侧面了解他的一些情况(比如家庭、个人情感、个人思想等),在管理过程中给予人性化管理。特别是基层管理人员、领班级和主管级,员工在工作中一出差错就批评,不是管理的最佳方法。

(二) 心理关系地位与协调方法

心理关系地位是指人们如何看待自己和其他人。在涉及一件事的正确与错误上或者员工与主管谁对谁错的关系上看,心理关系地位可分为以下几种类型:

1."我对,你也对"

当我们在惩戒一名员工时,尽量要使员工建立这样一种感情"我是对的,你也是对的",即大家都感到彼此被接受和理解了。这就要求管理者尊重员工的人格,仅批评其错误行为。

2."我不对,你对"

对惩戒的员工来说这是一种失败者的地位。具有这种情感的员工感到自己地位低下,自我感觉不好,具有防御心理,因为他们害怕再被拒绝或失败。这样的员工需要获得更多的关注和认可。他们经常是努力工作的员工,因为他们需要被承认。管理者应该努力使它们认识到自己的价值。

3."我不对,你也不对"

这对于管理者来说是最难处理的,因为这是一种非常消极的状态,具有这种心态的人感到在工作中没有一件事情是顺心的,管理者需要耐心和理解力,逐步克服不信任感。

4."我对,你不对"

当一个能胜任的员工被过分督导时就会认为上司是一个差的管理者。管理者应注意与这类员工建立一种亲密的和尊重的关系。

案例分析

人事部经理经常把招聘来的最佳人选提供给客房部,这两个部门和两个经理之间关系很融洽。前厅部经理却抱怨:"人事部提供的人选总是不尽如人意。"但是人事部经理矢口否认有偏心,他解释道:"客房部经理知道部门间如何配合,而前厅部经理却办不到,他似乎总想凌驾于人,只想别人给他方便。"当然他们都是为了工作,可处理问题的方式却不同。

问题:如果你是这家酒店的管理者,你该怎么办?

分析提示:在任何一个组织中,同级管理人员之间的矛盾与竞争都是存在的。每个部门都要努力完成各自的目标,又需要得到其他部门的支持与合作。组织内部的沟通,不仅需要在质量目标、职责权限等组织结构的方面的沟通,而且也需要人际关系的沟通。作为组织的领导者,应给员工创造一种良好的企业文化氛围,培养员工之间良好的人际关系。

(三)对宾客冲突的协调方法

在酒店中发生宾客的投诉事件是常有的事,关键是管理者能够运用合适的方法及时、合理地解决问题。

1. 快速处理法

这种方法适用于不激烈的小问题的处理。如一位客人在结账时,认为自己没有在客房里打过长途电话,但是在自动结账单上有长途电话的费用,他有意见,就向大堂经理投诉,而没有在大堂里大声喧哗。这类问题的处理方法有以下几个步骤:

第一,向顾客道歉,这是对人不对事的,目的是使顾客感到安慰。

第二,倾听顾客的意见,用适当的手势和表情来表达你对客人所讲内容的兴趣,发现解决问题的线索。

第三,采取行动,告诉客人你将如何处理问题,何时可以得到答复。然后需要说明的是,不能在没有了解清楚事实和对照酒店政策之前就盲目承认酒店的错误。如上例,客房内的长途电话是自动计费的,大堂经理就应该启发顾客,他不在客房时,是否有其他人在客房里打过电话。事实上这位客人后来想起来,他的外甥可能在他不在酒店房间时给他外地的女朋友打过电话。

第四,感谢顾客,将问题的处理结果告知顾客,感谢顾客提出问题和建议,同时检查一下你是否能做其他事来帮助顾客,使他在酒店逗留得更愉快。

2. 绅士处理法

这种方法适用于公共区喧哗的激烈问题处理。这种方法与快速处理法的不同之处就在于:先要陪伴客人到宁静、舒适或与外界隔离的地方去,如宾客关系办公室,以避免顾客投诉的激烈情绪与批评在公共场合的传播;还可以提供一杯软饮料,如茶、咖啡或可乐;与顾客一起坐在沙发上,营造一种适于会客交谈的氛围,彼此不要有写字桌的隔离,使顾客有一种受尊重的感觉,以建立易于沟通的基础。

知识衔接

餐厅投诉处理的注意事项有如下几点：

(1)千万不要和客人辩论。

(2)就算不满意其投诉,也要说声对不起。因为客人光临餐厅是想享受一顿可口的美餐,却因遇到一些令人烦恼的问题才引起投诉,那么道歉也是必需的。

(3)可以及时向主管汇报,这样会有机会纠正你的错误,也会令客人体会到他是受重视的,下次还会再来用餐。

(4)投诉者非恶意,目的是让餐厅改进服务,投诉者的意见有道理的话,那就更加需要及时正确处理,通过一些必要的措施来弥补餐厅工作的失误。

本章主要介绍酒店组织管理的相关内容,通过了解酒店组织结构设立的原则,进一步明确酒店组织管理的内容和方法,同时熟悉酒店组织内的相关制度、有效的督导方式和协调处理冲突的途径。

知识训练

一、选择题

1.(　　)是一种适用于酒店公司的组织结构形式,其特点是突出分权管理。

　A.事业部制　　　　B.直线职能制　　　C.混合分部制　　　D.职能制

2.酒店组织中管理者可分为如下几个层次(　　)。

　A.高层管理者　　　B.中层管理者　　　C.低层管理者

　D.主管　　　　　　E.操作工

3.酒店的基本制度包括(　　)。

　A.经理负责制　　　B.职工民主管理制　C.员工手册

　D.经济责任制　　　E.工作制度

4.根据组织管理的原则,最高层管理者直接有效指挥控制的下属数量为(　　)。

　A.3人　　　　　　B.6人　　　　　　C.8人　　　　　　D.12人

二、判断题

1.绅士处理方法适用于不激烈的小问题的处理。(　　)

2.如果可能的话,将非正式组织的天然领导人任命为正式组织的领导人更有利于协调

组织关系。（　　）

3.指导员工做一些重复常规性的工作应运用独断型的督导方式。（　　）

三、简答题

1.什么是命令和指挥统一原则？在酒店管理中如何体现这一原则？

2.请说明运用快速处理法解决宾客投诉的程序。

3.简述组织制度的特点。

【能力训练】

一、案例分析

李新是酒店的保安员。一天，李新在大堂值夜班。午夜后，一位中年宾客艰难地来到大堂。李新忙上前去扶住了他。据宾客说，他腹痛如绞、浑身疲软，快撑不住了，急着要叫辆出租车去医院。见此状，李新立即通过对讲机请总机急召120急救。不一会儿120急救车到了，随车医生坚持要求有人陪同病人一起去医院。在李新的帮助下，经检查宾客得了急性阑尾炎，必须马上手术。李新帮助宾客办完手续后把宾客交给了医院，急忙回酒店上班。李新因此离岗1小时40分钟。第二天，保安部经理了解了该事情全过程后，同时向人事部递交了两份材料：一份是保安部按制度对李新擅自离岗所开的处罚单；另一份是保安部提请人事部对李新忘我助人的精神予以嘉奖的报告。

问题：

（1）李新的行为是否适当？

（2）保安部经理的行为是否适当？

二、实训操练

了解和收集当地一家酒店组织结构以及相关制度。

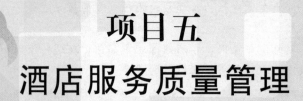

项目五
酒店服务质量管理

项目目标

职业知识目标：
1. 熟悉酒店服务质量及其构成，酒店服务质量的特点。
2. 掌握酒店服务质量管理方法，重点掌握 PDCA 工作法。
3. 了解酒店服务规程和质量标准的制定、酒店服务质量管理体系。
4. 熟悉酒店服务质量保证体系，掌握顾客满意度调查方法并能加以运用。

职业能力目标：
掌握酒店质量管理的基本方法，能对酒店出现的质量问题进行有效分析和总结。

职业素质目标：
通过本项目的学习与实训操练，提高学生服务质量意识，并具备适应现代酒店发展需要的服务质量管理技能和职业素养。

项目核心

酒店服务质量；酒店服务标准；酒店质量标准；质量管理方法；PDCA 工作法；ABC 分析法；因果分析法；服务质量管理体系；服务质量保证体系；顾客满意度

项目导入

行李员也能提高餐厅的服务质量

一位在某家五星级商务酒店入住数日的客人，在电梯里碰到进店时送他进房间的行李员小田。小田问他这几天对酒店的服务是否满意，客人直率地表示，酒店各部门的服务比较好，只是对中餐厅的某道菜不太满意。

当晚这位客人再来中餐厅时,中餐厅陈经理专门准备了这道菜请客人免费品尝。原来,客人说者无心,听者有意,当客人离开后,行李员小田马上用电话将此事告知了中餐厅陈经理,陈经理表示一定要让客人满意。当客人明白了事情的原委后真诚地说:"这件小事充分体现出贵酒店员工的素质及对客人负责的程度。"几天后,这位客人的秘书打来预订电话,将下半年该公司即将召开的三天研讨会及100多间客房的生意均放在了该酒店。

本案例中体现了酒店质量管理的哪些基本原理和意识?对你有何启示?

(资料来源:苏枫,《酒店管理概论(第2版)》,重庆大学出版社,2015年版。)

本案例中,顾客随口对行李员说的话很快能反映到餐厅,并且餐厅又马上做了同样的菜请顾客免费品尝,这都得益于该酒店员工的服务质量意识。

具有服务性企业性质的酒店,其管理人员要在企业全体员工中树立全员营销的企业文化,要让每一位员工都认识到自己对提高酒店服务质量的重要性,了解酒店对顾客的每一项承诺,在认真做好本岗位的同时还要主动维护整个酒店的荣誉。

任务一 酒店服务质量概述

酒店向客人提供的产品是各种有形设施和无形服务的总和,但是其最本质和最核心的是服务,服务质量是酒店经营管理的生命线。如何加强酒店服务质量管理,创建服务精品,营造竞争优势,使酒店在这个快速变动、激烈竞争的市场中处于领先地位,是酒店管理者的共同目标和基本要求。

一、酒店服务质量概念

(一)服务的含义

国际标准ISO8402:1994对服务的定义是:为满足顾客的需要,供方和顾客之间接触的活动以及供方内部活动所产生的结果。这个定义包含了以下五个方面的含义:

(1)服务是产品的一种,是活动或过程的结果。

(2)服务不仅包括服务者(供方)与被服务者(顾客)接触时的活动所产生的结果,也包括服务组织内部的活动所产生的结果。

(3)在供方与顾客的接触中,供方可以是人员,如服务员等;也可以是某种设备或设施,如自动售货机、取款机、电梯等。

(4)服务是以顾客为核心展开的,没有顾客也就谈不上服务。

(5)服务一般是无形产品,但在提供服务的过程中,有形产品也常常成为服务的组成部分,如餐馆的菜肴、饮料等。甚至有时这些有形产品对服务的优劣是决定性的。

(二)酒店服务质量

酒店是为广大消费者提供的以住宿为主的服务性企业。从消费者的角度来看,酒店提供的产品和服务不仅要满足其基本的物质和生理的需求,还要满足他们精神和心理的需求。从酒店的角度看,酒店为顾客提供的产品有"硬件"服务和"软件"服务之分,"硬件"服务是指以实物形态出现的服务,而"软件"服务则是由酒店服务员的服务劳动提供的、不包括任何实物形态的无形服务,包括礼貌礼节、服务态度、服务技能、服务效率等。

通过以上分析,我们对酒店服务质量的定义可以从狭义和广义两个角度来界定。狭义的定义是指酒店服务员服务劳动的使用价值,这里的服务劳动不包含任何实物形态的服务劳动。广义的定义则是一个完整的服务质量概念,它是指酒店综合自身所有资源和要素,为住店客人提供的服务在使用价值上满足顾客物质和精神需要的程度,它既包含酒店的设施设备、实物产品等实物形态服务的使用价值,也包括非实物形态服务的使用价值。本书所指的酒店服务质量是广义的概念。

酒店服务质量的好坏取决于顾客所享受到的服务与他预先的期望值之间的比较,当顾客获得的服务感受达到或超越了他的期望值时,顾客就会感到满意或者惊喜;当顾客获得的服务感受低于他的期望时,就会产生不满。

二、酒店服务质量的内容

酒店服务质量被称为酒店的生命线,对酒店的生存和发展具有重要意义,从短期看,促销、公共关系等手段的运用可能会引起酒店销售收入的提高和利润的增长,但从长远来看,决定酒店生存与发展的根本因素只能是酒店服务质量。酒店服务质量直接关系到酒店的声誉、客源和经济效益。提高酒店服务质量既是酒店经营管理的主要任务,也是促进酒店发展的主要途径。因此,酒店服务质量管理成为酒店管理的核心部分。

(一)设施设备质量

酒店的设备设施是酒店服务活动赖以存在的基础,是酒店劳务服务的依托,同时也是酒店服务质量高低的决定性因素。

1. 设备设施的配套齐全程度

设备设施的配套齐全程度,是指能满足宾客食宿基本需求及其他衍生需求所需配套的各种功能性设备设施的完备程度,如不同规格的客房,不同风格的餐厅,以及健身、娱乐、购物等设备设施。酒店的设备设施总体上要达到国家星级酒店评定标准。但酒店也可以根据自身的市场定位和特色,对设备设施进行适当取舍,如经济型酒店以提供简洁舒适的客房设施为主,不提供或少提供餐饮、会议等其他设施,也受到了顾客的欢迎。所以,设备设施的提供,并不是越全、越好就是高质量,必须要以市场定位为前提。

2. 设备设施的完好程度

设备设施的完好程度,是指设备设施的可靠性、安全性和舒适性。酒店的各种设备设施在既定的时间和条件下应处于良好的状态,保证客人应得到的舒适服务和安全。在前面关于服务的概念中,指出在供方与顾客的接触中,供方可以是人员(如服务员等),也可以是某种设备或设施(如电梯、电视、洗浴设备等)。酒店不但要向目标客人提供符合其需要的设施设备,而且还必须保证这些设备设施处于完好的状态,否则就不能为客人提供满意的服务,所以,酒店应对设备设施建立严格的维修保养制度,以保证其正常运转并发挥其功能。

(二)实物产品质量

实物产品质量是酒店服务的物质技术质量,是满足宾客物质消费需要的直接表现,具有客观的衡量标准,它主要包括以下几项标准:

1. 饮食产品质量

饮食产品是酒店唯一的通过生产过程改变了实物形态的供客人直接享用的实物产品,包括饮食产品的色、香、味、形、器等要素,烹饪水平、原料质量和管理水平决定了其质量的好坏。我国的饮食特色和文化在世界上都是著名的,中国人在海外创业的人当中有许多是开中餐馆的,但是却没有像麦当劳、肯德基那样知名的企业,其中的重要原因之一就是中餐没有严格的标准化生产过程,往往凭经验。所以,酒店要提高饮食产品的质量,就要严格组织菜肴食品的生产过程,提高生产过程的标准化程度。

2. 服务用品质量

服务用品是指供服务人员使用的各种用品和间接供客人消费的各种辅助用品,如餐具等。它是酒店提供优质服务、保证客人需要的重要条件。服务用品的质量必须符合酒店的等级、规格,做到品种齐全、情节规范、数量充足、使用方便、安全卫生。

3. 客用品质量

客用品是指酒店直接供客人消费的各种生活用品,包括一次性消费品和多次性消费品。客用品的提供首先要与酒店的星级、档次相适应,其本身的质量要保证客人的使用方便和安全,同时还要注意减少资源浪费和环境污染。

4. 出售商品质量

为方便客人生活和对购物的需求,许多酒店设有商品部。酒店向客人出售的各种高级消费品、纪念品、地方特色产品质量好坏,价格是否合理,包装是否便于携带和保护,都是酒店服务质量的重要组成部分。

(三)劳务质量

劳务质量是酒店员工对客人提供服务的行为方式和结果的具体表现,是酒店服务质量的最本质内容。劳务质量是无形的服务质量,服务质量的高低虽然有一定的客观标准,但缺乏评价的统一尺度,在很大程度上依赖于客人的主观感受。因此,劳务质量主要包括以下几方面内容:

1. 服务态度

服务态度是指酒店服务人员在对客服务中体现出来的主观意向和心理状态。酒店员工对客服务态度的好坏直接影响到顾客的心情。员工无论在什么情况下都应保持良好的服务态度,即使面对挑剔的客人,也要表现为热心、虚心、耐心、主动的服务态度,员工要始终记住客人是我们服务的对象,不要与客人争论是非对错,而要以服务行动来赢得顾客的理解与赞同。员工更不应该把自己在生活中遇到的不快带到工作中去。

案例分析　给您七折已经很优惠了

收银员结账处，一位客人正在拿卡结账。因与酒店有一定的关系，他的房费按七折付款。可能总账金额超出预算，这位客人拿着账单自言自语道："噢，这么贵呀！"收银员生硬地冒出一句："给您七折已经很优惠了！"客人听后像受了侮辱似的发怒道："你这是什么话，我又不是付不起。房费七折是你们老总给我的待遇。去，把你们总经理叫来，我不稀罕这个七折优惠。"后来，酒店一位经理专程来赔礼道歉。

（资料来源：http://wenku.baidu.com/view/739edd24a2161479171128d3.html。）

问题：客人为何会发怒？遇到此情况收银员应如何处理？

分析提示：服务员的态度、语气和用词往往是客人关注的焦点，此收银员没有"宾客至上"的服务意识，因此引发了客人的强烈不满。

酒店对各方面的折扣行为，作为具体的经办人员切忌把对客人的折扣优惠放在嘴上，即使想表达酒店给予的优惠，也应婉转表达。而当客人对账目有疑问时，更不应以折扣优惠来反驳或讥讽。

此例中收银员正确的做法，应对账单上的各项费用逐一进行解释，让客人在了解自己消费的基础上，自行体会酒店老总所给的优惠。

2. 服务技能

服务技能是酒店服务人员在不同场合、不同时间为不同宾客提供服务时，根据具体情况灵活恰当地运用操作方法和作业技能，以取得最佳服务效果的技巧和能力。酒店员工所掌握服务技能的整体水平是酒店服务质量高低的重要体现，酒店员工不仅要具备基本的操作技能和丰富的专业技术知识，能够应对酒店日常的工作事务，还应有灵活应对和处理各种无章可循的突发事件的技巧和能力。当然，熟悉基本的服务技能是灵活处理各种服务问题的基础，只有熟悉业务，掌握服务规程和操作程序，不断提高接待技巧，具备灵活应变能力，才能把自己的聪明才智和酒店服务工作结合起来，才能提供高质量的酒店服务。

3. 服务效率

服务效率是在尽可能短的时间内为顾客提供最需要的服务，服务效率是提高顾客满意度的重要因素，因此也是酒店服务质量的重要保证。酒店服务中的每一个环节和细节，都要使顾客享受到酒店高效率的服务，使顾客获得心理上的愉悦与满足感。许多酒店都提出了快捷、方便、准确的服务，就是追求服务效率的具体体现。酒店的服务效率可分为以下三种：

一是用工时定额表示的固定服务效率，如清洁一间客房用 30 分钟。

二是用时限来表示的限制性服务效率，如办理入住接待手续时间不超过 3 分钟。

三是由时间概念但没有准确时限规定的、依靠客人感觉来衡量的服务效率，如设备保修后维修完成时间。

针对这三种不同的服务效率，酒店应用相应的服务规程和指标加以控制，通过提高服务效率,减少客人等候时间,避免客人产生不安和烦躁心理。

4. 服务项目

服务项目的设置与酒店服务指令有着密切的关系,体现了管理者的管理才能与管理艺术。服务项目的设置以酒店的目标市场定位和自身的条件为基础,保证客人的合理需求得以满足,酒店的有限资源得到合理配置。服务项目的设置要在顾客的需求与定位和条件之间找到合适的平衡点,不同等级和规格的酒店向客人提供的服务项目是不同的,等级越高,提供的服务项目就越多;同时,服务项目还要根据市场和需求的变化,适度进行更新和增加。

5. 礼貌礼节

酒店服务首先是人与人之间的一种接触,而这就要求服务人员在与顾客的接触中表现出尊敬、友好、欢迎、谦虚等态度。酒店从业人员的礼貌礼节不仅体现了对顾客的态度,而且也反映了酒店的管理水平和员工素质,直接关系到顾客的满意和酒店的服务质量。礼貌礼节表现在酒店所有人员的仪容仪表、语言谈吐、服务方式等方面,礼貌礼节是酒店优质服务的基本点。希尔顿的创始人每天都对他的员工说的第一句话就是:"今天你微笑了吗?"世界零售业的巨头沃尔玛服务顾客的秘诀之一就是"三米微笑原则"。

案例分析　微笑面对醉酒客人

小唐年纪尚轻,生得一副娇容,在总台服务多年,性情温和,练就了"永远微笑"的真本领。"微笑服务"本来就是每个员工的必须遵守的准则,可要真正做到,并非一件易事。

那是个阳光明媚的春天,晚上餐厅里来了8位客人,他们中的一位高升为经理,便请客吃饭。由于请者兴奋,贺者高兴,因而在席间互相敬酒,你来我往,将小包厢闹得沸沸扬扬,好不热闹。时间已过了3个小时,这8位客人似乎尚未尽兴,又要服务员再拿两瓶白酒过来,服务员笑着提醒:"你们已经喝了6瓶,是不是……"那位经理有点激动,他结巴着说:"怕……怕我付不起账啊……"服务员依然笑着答道:"先生,请别误会,我的意思是注意身体!"经理斜着眼,出言不敬:"嘻嘻,漂亮的姑娘说出话来也漂亮……好,依着你,今晚就……就不回去了,住在这里,我请客。"结了账,8位客人摇摇晃晃,走出包厢。

服务员抢先来到总台,对小唐说:"这几位客人有点发酒疯,请注意。"小唐答应,依然低头记账,静待客人。没多久,小唐猛听得台面被拍得砰砰响,又传来粗声大吼:"怎么没人哪?!"小唐抬头,只见那经理满脸通红,眼睛眯成一条缝,她连忙笑着问:"先生你好,是要住房吗?"那位经理抬起眼皮,喷着酒气,语不成句:"嗨嗨,这么漂亮的小妞啊,对,我们今晚不……不回家了,就在这里度……度良宵。"小唐仍然笑着说:"请几位填单办手续。"谁知,那位经理更加激动了,又吼道:"填什么单子?你这么漂亮的手不能帮我写……写啊!你……你写……"小唐不怒不恼,只是露出真诚的微笑。此时,另一位客人见状,连忙打圆场,对那位经理说:"你不能这样对人家,你看这位小姑娘一直笑眯眯的,态度这么好,你也真是!"经理猛醒,他似乎感到了失态,略微迟疑后,突然对小唐说:"对不起,我喝多了。"小唐嫣然一笑:

"没关系。"

（资料来源：邢夫敏，《现代酒店管理与服务案例》，北京大学出版社，2012年版。）

问题：该案例表现了酒店员工什么样的基本素质？

分析提示：该案例充分表现了酒店员工微笑服务、处乱不惊的基本素质。首先，"微笑服务"是对客服务的基本要求，体现了员工的礼貌礼节。只要不违背基本原则，任凭客人的刁难或失礼，餐饮部和前厅部的服务员都能做到笑脸以待。她们用微笑服务，显示了酒店的优良服务品质。其次，服务人员应具有较强的心理素质。不一定每个到酒店的客人都是理智的客人，工作中总会遇到像案例中失态的客人，面对这样的客人时，处变不惊方能彰显服务本色。

（四）环境氛围质量

酒店产品是一种高气氛产品，环境氛围对客人的感受和满意度都会产生重要影响，所以酒店讲求服务质量，就必须创造一个使客人感到舒适、放松的环境氛围。环境氛围质量是指酒店的服务环境和服务气氛给客人带来的感觉上的美感和心理上的满足感，包括自然环境氛围和人文环境氛围。自然环境是指酒店的建筑、装饰、内外自然风景、空间构图及色彩的运用和搭配而形成的环境氛围，自然环境应宁静、典雅、舒适、温馨，并富有美感和艺术性，给人感官上的享受和心理上的满足。人文环境则以体现酒店的文化建设和文化氛围，使客人领略到不同的地域和特色的文化，这种文化不仅体现在文化环境的营造上，而且还体现在从业人的服务方式和精神风貌上，让客人获得宾至如归的感受。

三、酒店服务质量的特点

酒店服务所需要的人与人、面对面，随时随地提供服务的特点以及酒店服务质量特殊的构成内容使其质量内涵与其他企业有着极大的差异。为了更好地实施对酒店服务质量的管理，管理者必须正确认识与掌握服务质量的特点。

（一）酒店服务质量构成的综合性

酒店服务质量的构成内容既包括有形的设施设备质量、服务环境质量、实物产品质量，又包括无形的劳务服务质量等多种因素，且每一因素又有许多具体内容构成，贯穿于酒店服务的全过程。其中，设施设备、实物产品是酒店服务质量的基础，服务环境、劳务服务是表现形式，而宾客满意程度则是所有服务质量优劣的最终体现。它既涵盖了衣、食、住、行等人们日常生活的基本内容，也包括办公、通信、娱乐、休闲等更高层面的活动，因此，人们常用"一个独立的小社会"来形容酒店服务质量的构成所具有的极强的综合性。

酒店服务质量构成的综合性的特点要求酒店管理者树立系统的观念，把酒店服务质量管理作为一项系统工程来抓，多方收集酒店服务质量信息，分析影响质量的各种因素，特别是可控因素，既要抓好有形产品的质量，又要抓好无形服务的质量，不仅做好自己的本职工作，还要顾及酒店其他部门或其他服务环节，更好地督导员工严格遵守各种服务或操作规程，从而提高酒店的整体服务质量。正如人们平时所说的"木桶理论"，一只由长短不一的木条拼装而成的木桶，它的盛水量，取决于最短的那根木条的长度。由此，酒店服务质量应该有自己的强项和特色,但不能有明显的弱项和不足,否则就会影响服务质量的整体水平。

(二) 酒店服务质量评价的主观性

尽管酒店自身的服务质量水平基本上是一个客观的存在,但由于酒店服务质量的评价是由宾客享受服务后根据其物质和心理满足程度进行的,因而带有很强的个人主观性。宾客的满足程度越高,他对服务质量的评价也就越高,反之亦然。酒店管理者不能无视客人对酒店服务质量的评价,否则,将会失去客源,失去生存的基础。酒店也没有理由要求客人必须对酒店服务质量做出与客观实际相一致的评价,实际上是无法办到的,更不应指责客人对酒店服务质量的评价存在偏见,尽管有时确是一种偏见。相反,这就要求酒店在服务过程中通过细心观察,了解并掌握宾客的物质需要和心理需求,不断改善对客服务,为客人提供有针对性的个性化服务,并注重服务中的每一个细节,重视每次服务的效果,用符合客人需要的服务本身来提高宾客的满意程度,从而提高并保持酒店服务质量。正如一些酒店管理者所说,"我们无法改变客人,那么就根据客人需求改变自己"。

(三) 酒店服务质量显现的短暂性

酒店服务质量是由一次次内容不同的具体服务组成的,而每一次具体服务的使用价值均只有短暂的显现时间,即使用价值的一次性,如微笑问好、介绍菜点等。这类具体服务不能储存,一结束,就失去了其使用价值,留下的也只是宾客的感受而非实物。因此,酒店服务质量的显现是短暂的,不像实物产品那样可以返工、返修或退换,如要进行服务后调整,也只能是另一次的具体服务。也就是说,即使宾客对某一服务感到非常满意,评价较高,并不能保证下一次服务也能获得好评。因此,酒店管理者应督导员工做好每一次服务工作,争取使每一次服务都能让宾客感到非常满意,从而提高酒店整体服务质量。

(四) 酒店服务质量内容的关联性

客人对酒店服务质量的印象,是通过他进入酒店直至他离开酒店的全过程而形成的。在此过程中,客人得到的是各部门员工提供一次次具体的服务活动,但这些具体的服务活动不是孤立的,而是有着密切的关联,因为在连锁式的服务过程中,只要有一个环节的服务质量有问题,就会破坏客人对酒店的整体印象,进而影响其对整个酒店服务质量的评价。因此,在酒店服务质量管理中有一流行公式:$100-1=0$,即100次服务中只要有1次服务不能令宾客满意,宾客就会全盘否定以前的99次优质服务,还会影响酒店的声誉。这就要求酒店各部门、各服务过程、各服务环节之间协作配合,并做好充分的服务准备,确保每项服务的优质、高效,确保酒店服务全过程和全方位的"零缺点"。

(五) 酒店服务质量对员工素质的依赖性

酒店产品生产、销售、消费同时性的特点决定了酒店服务质量与酒店服务人员表现的直接关联性。酒店服务质量是在有形产品的基础上通过员工的劳务服务创造并表现出来的。这种创造和表现能满足宾客需要的程度取决于服务人员的素质高低和管理者的管理水平高低。所以,酒店服务质量对员工素质有较强的依赖性。

因为酒店服务质量的优劣在很大程度上取决于员工对客服务时的即兴表现,而这种表现又很容易受到员工个人素质和情绪的影响,具有很大的不稳定性。所以,酒店管理者应合理配备、培训、激励员工,努力提高他们的素质,发挥他们的服务主动性、积极性和创造性,同时提高自身素质及管理能力,从而创造出满意的员工,而满意的员工是满意的客人的基础,是不断地提高酒店服务质量的前提。

(六)酒店服务质量的情感性

酒店服务质量还取决于宾客与酒店之间的关系,关系融洽,宾客就比较容易谅解酒店的难处和过错,而关系不和谐,则很容易致使客人的小题大做或借题发挥。因此,酒店与宾客间关系的融洽程度直接影响着客人对酒店服务质量的评价,这就是酒店服务质量的情感性特点。

事实上,酒店服务质量问题总是会出现在酒店的任何时间和空间。所不同的是存在的问题数量和层次,这是一个无可回避的客观现实。作为酒店管理者所应做的是积极地采取妥当的措施,将出现的服务质量问题的后果对客人的影响降至最小,避免矛盾的扩大化,其中最为有效的办法,就是通过一些真诚为客人考虑的服务赢得客人,在日常工作中与客人建立起良好和谐的关系,使客人最终能够谅解酒店的一些无意的失误。

知识演练

数学中 100－1＝99,在酒店服务中,100－1＝?
答:100－1＝0,酒店服务质量体现在一些琐碎的事情和环节上,如果某一环节上出现问题,即使其他环节上做得都非常好,客人也会对酒店产生不好的印象。

任务二　酒店服务质量管理

一、制定酒店服务规程和质量标准

酒店服务质量的管理,首先要进行服务规程和质量标准的建设。酒店服务需要顾客与服务人员的共同参与才能完成,而在这个过程中,不同的服务人员可能就有不同的操作方式和方法。显然,如果没有统一的服务规程和标准,就会出现随意性的服务,这就不能保证服务质量的稳定性,对服务质量的管理也没有统一的尺度。

(一)酒店服务规程

酒店服务规程,是指服务人员在为顾客提供服务时应遵照的操作规范和操作程序。明确具体的服务规程,是服务质量的基本保证。正如工厂生产产品,每一道工序都有严格操作规范,才能保证成品质量一样,酒店的各项服务也必须要有严格的服务操作规程,否则就会出现服务质量问题。比如,客人在结账离店时如果没有及时收回房卡和钥匙,那么其他客人

再次使用就会带来麻烦,使其他客人产生不满。酒店在制定各项服务规程时应考虑以下几个因素:

1. 酒店的规模与档次

酒店的规模越大,客房及其他相应设施就越多,就越需要有详细的服务操作规程,才能保证各项服务和各部门之间的工作有条不紊地开展;酒店的档次越高,服务要求就越多,服务的细节就越多,就越需要有严格的操作规程。

2. 酒店的设备设施状况

酒店的设备设施状况对服务规程的制定也具有一定的影响。例如,客房的床的大小与活动性不同,就会采取不同的铺床操作,如果客房的床比较轻便,活动性好,服务员就可能采取在床头一侧开始铺床;如果客房的床比较沉重,活动不便,服务员就直接在床尾一侧铺床。又如,餐厅服务中如果餐厅比较宽敞,服务员就可以围绕餐桌按顺时针方向分别为每位客人进行服务;如果餐厅比较拥挤,就不能进行这样逐一服务。

3. 酒店的管理手段与水平

管理手段对服务规程的影响是显而易见的,一家手工操作管理的酒店与全部实现了计算机系统化管理的酒店在处理客人预订、入住登记、结账离店等许多服务环节的操作规程都是不同的。而管理水平的不同对酒店服务规程的影响主要表现在两方面:一是管理水平越高,指定的服务规程就越全面和详细;二是服务规程必须与自身的管理水平相适应,在人员素质、设备实施、管理手段、管理制度等条件都不具备的条件下,盲目照搬照抄别人的服务规程是毫无意义的,甚至是有害的。

案例示范　××酒店中餐部服务规范之——宴会的摆台

宴会的摆台工作项目程序与标准说明书

部门:中餐部——楼面部　　班组:宴会组　　　　　编号:

工作项目名称	宴会的摆台	
工作项目承担	服务员	
工作项目程序	标准	总分 26
1. 准备桌椅	①按预订要求,摆放相应的宴会台面,并配齐宴会椅,椅子在餐台四面均匀合并摆放,椅背与餐台之间相距10厘米;	1
	②根据餐厅布局和大小安排,保持临桌之间的1.5米距离以方便客人离座走动和服务员穿行服务;	1
	③主桌大小应根据就餐人数来确定,并区别于其他餐台;	1
	④检查餐台、餐椅,保证无破损、不松动,且清洁无污渍;	1
	⑤准备充足的台布、转盘架与转盘;	1
	⑥准备充足的餐具及杯具等	1

续表

2.铺台布	①检查台布质量,确保台布清洁无破损、无任何污迹;	1
	②铺上白色底面台布,双手持台布一边,立于餐桌一侧,将台布抖开,平铺在桌面上,要求台布正面向上、平整无皱褶、四角等量下垂、中缝与主位或主台方向平行;	1
	③接着铺装饰台布,要求平整无皱褶、图案对称、中缝与主位或主台方向保持平行	1
3.摆放转盘	①将转盘架摆放于餐台正中位置;	1
	②以转盘架为中心,将转盘轻放在转盘上,并试转3圈,若发现转动不灵必须及时撤换	1
4.摆放餐具	①按预订人数,均匀地摆放金垫碟,金垫碟与桌沿之间相距2厘米;	1
	②将餐盘摆放在金垫碟上;	1
	③小汤勺放在小汤碗里面,勺把向左,与酱油碟平行摆在金垫碟前方,间距为1厘米,汤碗在左,酱油碟在右;金筷架在金垫碟的右侧,与小汤碗、油碟在一条线上,与酱油碟间距1厘米,金勺在左,筷子在右,分别摆放在筷子架上,金勺与筷子相平行,筷子与桌沿距离为2厘米;牙签放在金勺与筷子中间,方向与金勺和筷子平行	5
5.摆放杯具	①根据客人预订的酒水,摆放相应种类和数量的酒杯;	1
	②将酒杯摆放在餐盘与酱油碟的前方,按高脚水杯、红酒杯、白酒杯的顺序从左向右依次摆放,间距1厘米;	1
	③烟灰缸分别摆在主人和副主人的左前方,火柴摆放在烟灰缸的左上沿,方向与转盘垂直,店徽向上且磷面向内	1
6.叠口布花	按《叠口布花技术标准说明书》中的程序与标准进行叠口布花	
7.摆放菜单	①将装帧精美的复夹式菜单坚立摆放在转盘上,复夹要求打开呈90度角,面向主人位;	1
	②若客人要求,还必须在杯具正前方摆放客人姓名卡片;	1
	③在转盘中心摆放鲜花	1
8.检查宴会摆台	①检查宴会餐台、椅子、台布、转盘、餐具、杯具及菜单等是否项目齐全;	1
	②检查宴会摆台各个项目是否按标准摆放,发现问题及时解决	1

(资料来源:http://wenku.baidu.com/view/18ea5dd2f18583d0486459a5.html?from=search。)

(二)酒店服务质量标准

酒店服务质量虽然有前面所述的特点,但并不是没有标准可循,相反,质量标准在酒店发展中十分重要。我国酒店业经历了 30 多年的发展,取得的成绩是巨大的,其中,我国制定的星级酒店评定标准,在促进酒店业健康发展上的作用十分明显,当然在质量标准的示范性和权威性上也是公认的。不同等级的酒店均有自身的具体质量标准,本书不在此赘述,只阐述一下酒店服务质量的通用标准。一般而言,酒店服务质量通用标准的具体内容有以下几个方面:

1. 可靠性

可靠性是指酒店服务质量的稳定性和一致性,即酒店在任何时候、任何部门对任何客人都应提供优质服务,不能因人、因事、因地而异。

2. 及时做出反应

酒店每位从业人员应对客人的需求非常敏感,对宾客提出的要求应及时做出反应,随时、随地为客人提供针对性的服务。

3. 胜任自己的工作

酒店的每位员工都应接受专业培训,熟悉并掌握本职工作所需的业务知识和业务能力,能胜任自己的工作,为不同客人提供超常服务。

4. 可联系性

酒店从业人员应具有责任感,对客人提出的服务要求,随时应予以满足,当客人提出的问题无法解答时,也应耐心解释,不推诿和应付。

5. 注重礼貌

酒店所有从业人员都应以谦虚、恭敬的态度和行为为客人提供服务,随时、随地解决客人的问题。

6. 善于沟通

一方面,服务人员应及时掌握酒店的产品信息,以便为客人介绍或推销;另一方面,酒店各部门之间、各业务环节之间、各岗位之间应及时沟通客人的需求信息,以便为客人提供个性化服务。

7. 可信性

酒店服务人员态度、言行等应恰到好处,从而给客人以信任感,让客人在酒店消费期间有愉悦感和满足感。

8. 确保安全

酒店所提供的所有服务都应让客人感到安全,包括客人的财务安全、人身安全和心理安全。

9. 理解客人需要

酒店服务人员应在日常工作中注意观察、仔细揣摩客人的消费心理,真正了解客人的需要,从而满足客人的需求,提高客人的满意程度。

10. 有形性

酒店提供的各种服务应让客人能够感受到,而且确实能给客人带来享受感。

质量标准只是基础要求,因此,每位员工都应在标准的基础上追求卓越,将简单的工作做出色。

案例分析 干洗还是湿洗?

江苏省某市一家酒店住着某台湾公司的一批长住客。那天一位台湾客人的一件名贵西装弄脏了,需要清洗,当看见服务员小江进房送开水时,便招呼她说:"小姐,我要洗这件西装,请帮我填一张洗衣单。"小江想客人也许是累了,就爽快地答应了,随即按她所领会的客人的意思帮客人在洗衣单"湿洗"一栏中填上,然后将西装和单子送进洗衣房。接手的洗衣工恰恰是刚进洗衣房工作不久的新员工,她毫不犹豫地按单上的要求对这件名贵西装进行了湿洗,不料在口袋盖背面造成了一点破损。

台湾客人收到西装发现有破损,十分恼火,责备小江说:"这件西装价值4万日元,理应干洗,为何湿洗?"小江连忙解释说:"先生真对不起,不过,我是照您的吩咐填写湿洗的,没想到会……"客人更加气愤,打断她的话说:"我明明告诉你要干洗,怎么硬说我要湿洗呢?"小江感到很委屈,不由分辩说:"先生,实在抱歉,可我确实……"客人气愤之极,抢过话头,大声嚷道:"这真不讲理,我要向你上司投诉!"

客房部曹经理接到台湾客人投诉——要求赔偿西装价格的一半2万日元。他吃了一惊,立刻找小江了解事情原委,但究竟是交代干洗还是湿洗,双方各执一词,无法查证。曹经理十分为难,他感到问题的严重性,便向主持酒店工作的蒋副总经理做了汇报。蒋副总也感到事情十分棘手,召集酒店领导做了反复研究。考虑到这家台湾公司在酒店有一批长住客,尽管客人索取的赔款大大超出了酒店规定的赔偿标准,但为了彻底平息这场风波,稳住这批长住客,最后他们还是接受了客人的要求,赔偿2万日元,并留下了这套西装。

(资料来源:http://wenku.baidu.com/view/128b2ec2aaea998fcd220e32.html?from=search。)

问题:本案例中主要责任在谁?为什么?

分析提示:本案例中起因于客房服务员代写洗衣单,造成责任纠缠不清,尽管客人的确也有责任,但主要责任仍在宾馆方面。

第一,客房服务员不应接受替客人代写洗衣单的要求,而应婉转地加以拒绝。在为客人服务的过程中严格执行酒店的规章制度和服务程序,这是对客人真正的负责。

第二,即使代客人填写了洗衣单,也应该请客人过目后予以确认,并亲自签名,以作依据。

第三,洗衣房的责任是在洗衣单上没有客人签名的情况下贸然将西服下水湿洗,如果洗衣工对名贵西服要湿洗的不正常情况能敏锐发现问题,重新向客人了解核实,则可避免差错,弥补损失,这就要求洗衣工工作作风细致周到,熟悉洗衣业务。

酒店应从中吸取教训,加强服务程序和员工培训。

二、酒店服务质量管理方法

(一) 制定适合与适度的质量标准

进行服务质量管理,要有相应的质量标准。虽然酒店服务的功能质量受顾客主观感受的影响较大,但这并非就等于不需要标准。酒店服务质量标准的建立是酒店质量管理的基础工作,通过标准使酒店的管理者及时发现问题和偏差,并采取措施来提升质量,促进酒店管理的科学化、系统化和效率化,从而提升旅游企业自身素质。标准化的服务质量有利于树立标杆,有利于酒店的规模化扩张,增强实力。同时标准化会让产品和服务的差异性减少,促进酒店的创新。

制定质量标准要注意适合性与适度性。适合性,就是指质量要适合于各类目标客源的要求。例如,商务酒店的服务就要考虑客人对宽大的客房、宴会厅、网络信息、商务文秘等方面的需求。适度性,是指质量要根据目标客源的等级要求即付费标准,以合理的成本为顾客提供满意的服务。例如,旅游酒店的目标客源是普通商务客,只需提供商务工作室就可以了,如果目标客源是高级商务客,就要提供商务行政楼层。

(二)服务质量保证卡

旅游企业推出服务质量保证卡,一是使顾客放心满意;二是通过满意的顾客口碑宣传,吸引大量的回头客;三是利用顾客的质量监督促进旅游企业的全面质量管理。

服务质量保证卡一般包括服务态度保证、服务标准的保证、产品标准的保证、质量保证的使用区域、对质量不满意部分的纠正与赔偿保证、质量热线电话。

(三)PDCA 工作法

PDCA,是指开展质量管理工作的四个阶段:P,即计划(Plan);D,即执行计划(Do);C,即检查计划(Check);A,即采取措施(Action)。PDCA 循环是质量体系活动所应遵循的科学工作程序,周而复始,循环不已。PDCA 循环是由美国著名质量管理专家戴明博士发明,所以又被称为"戴明环"。这四个阶段具体又可分为以下几个步骤:

第一步,列出目前存在的质量问题。

第二步,找出质量问题中的主要问题。

第三步,分析产生主要质量问题的主要原因。

第四步,制定解决质量问题的计划和措施。

第五步,实施计划和执行措施。

第六步,对照制定的措施和目标检查执行情况,及时调整,纠正偏差。

第七步,对达到目标的措施加以规范化和制度化,固化成果。

第八步,对未解决的问题和新出现的主要问题转入下一个工作循环。

在第二个步骤中,通常又采用 ABC 分析法来找出重点问题,在第三个步骤中,通常采取因果分析法。

1. ABC 分析法

ABC 分析法,也称"排列图法"或"ABC 管理法",是意大利经济学家巴雷特分析社会人员和社会财富的占有关系时所采用的方法。美国质量管理学家朱兰把这一方法运用于质量管理并取得明显的效果。ABC 分析法是发现影响酒店服务质量主要因素的一种有效工具。

ABC 分析法以"关键的是少数,次要的是多数"这一原理为基本思想,通过对影响酒店质量诸方面因素的分析,以质量问题的个数和质量问题发生的频率为两个相关的标志进行定量分析。这种方法是先计算出每个质量问题在全部质量问题中所占的比重,然后按照一定的标准把质量问题分成 A、B、C 三类,以便找出对酒店服务质量影响较大的一至两个关键的质量问题,并把它们纳入酒店当前的质量控制与管理中去,从而实现有效的质量管理,使质量管理既保证解决重点质量问题,又照顾到一般质量问题。

ABC 分析法酒店服务质量问题的程度可分为以下三个步骤进行:

(1)收集酒店服务质量信息。通过质量调查表、客人投诉表、宾客意见书和各部门的检查记录方式收集酒店服务质量问题的信息。

(2)分类、统计。制作服务质量问题统计表。对收集到的质量问题进行分类、统计和排列,制作统计表,在表上计算出比率和累计比率。对酒店服务质量问题的分类一般有服务态度、服务技巧、语言水平、菜肴质量、酒店设备实施等。对一些出现次数较少的质量问题可以归为一类。

①A 类质量问题是关键性的问题,累计频率百分数范围在 0%~70%。
②B 类质量问题是一般性的问题,累计频率百分数范围在 70%~90%。
③C 类质量问题是次要的问题,累计频率百分数范围在 90%~100%。

上述分类标准不是绝对的,以上三类问题划分的范围可以根据实际情况进行一定幅度的升降,如表 5-1 所示。

表 5-1 某月份顾客投诉统计分析

项 目	频数/次	累计频数/次	频率/(%)	累计频率/(%)	问题分类
设施设备	7	7	39	39	A
服务与管理质量	7	14	39	78	A
异常事件	2	16	11	89	B
服务态度	1	17	5.5	94.5	C
政策	1	18	5.5	100	C

(3)进行分析,找出主要质量问题。根据分类统计分析可知,在酒店质量问题中:A 类服务质量问题是酒店存在的主要质量问题,这类质量问题占酒店质量问题总数的 60%~70%。

A 类质量问题的个数虽然很少,但分量最大,是关键的少数问题。如果这个质量问题得以解决,则酒店的服务质量将有较大幅度的提高。因此,酒店管理人员对 A 类质量问题必须给予充分的重视,立即着手解决,并把这类质量问题作为当前质量控制与管理的对象。

B 类质量问题属于一般的质量问题,这类质量问题占酒店质量问题总数 15%~25%,这类质量问题尽管没有列入当前质量控制与管理对象,但管理人员也应给予足够的重视,以防止其产生上升的趋势。

C 类质量问题是次要的质量问题,这类质量问题只占酒店质量问题总数的 5%~15%。这类质量问题所包括问题的个数很多,可能包括很多具体问题,但问题往往带有较大的偶然性,管理人员不必为此花费太多精力。

2.因果分析法

ABC 分析法可以找出酒店所存在的主要质量问题,但并不能知道问题产生的具体原因。因果分析图(又称鱼刺图、树枝图)是分析质量问题产生原因的一种简单有效的方法。在酒店经营过程中,影响服务质量的因素错综复杂,并且是多方面的。因果分析图对影响质量的各种因素之间的关系进行整理分析,并把原因与结果之间的关系用箭头线标出,如图 5-1 所示。

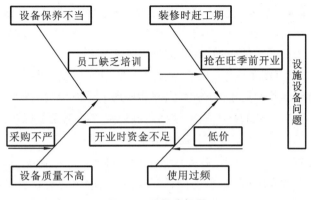

图 5-1 因果分析图

通过因果分析图寻找质量问题的产生原因共分为三个步骤:

(1)定向分析质量问题,即通过排列图等方法找出 A 类问题。

(2)找 A 类质量问题产生的原因。探讨一个质量问题产生的原因时,酒店要注意集思广益,充分听取各方面的意见,要由大到小、由粗到细、寻根究源,直到提出具体措施为止。例如,设施设备这一问题,其产生的原因可能是多方面的,有装修时赶工期,也有设备使用不当、设备质量不高和设备使用过频等原因。这些原因是可以采取具体的预防措施来解决的,如设备损坏可以更新、技术水平低可以对员工进行培训等。

(3)对找出的原因进行整理,按结果与原因之间的关系画出因果分析图。对寻找出的原因做进一步分析,对影响酒店服务质量的大原因可以从人员、方法、设备、原料、环境等角度加以考虑。

3. 对策表

对策表,即措施计划表。当用排列图分析出酒店主要质量问题又经因果分析图找出主要质量问题的主要原因后,就要针对主要原因制定对策,制订改进措施和计划。将这些措施和计划汇集成表,就是对策表。对策表是改进酒店服务质量的一种有效控制方法,如表 5-2 所示。

表 5-2 改变设施设备质量状况对策表

序号	问题	对策	改进措施预计进度		
1	设施设备	采购新设备,加强使用保养培训,淡季对部分客房重新装修			
2	服务与管理质量	培训,改善福利制度,加强监督考核和奖励			
3	异常事件	加强安全教育			
4	服务态度	培训,改善福利制度			
5	政策	及时与顾客沟通信息			

(四) 顾客期望的管理

服务质量的优劣,是与顾客的期望分不开的。当顾客对服务质量的感受超过了他的预期,顾客就会感到满意,对服务质量的评价就比较高;当顾客对服务质量的感受低于他的预期时,顾客就会感到不满,对服务质量的评价就比较低。而酒店也不能被动接受顾客对自己的预期,应该主动地调控顾客的预期,有效地管理顾客期望。

在竞争日益激烈的市场条件下,只有掌握顾客期望的形成机制、变化动态,采取及时措施满足顾客期望,调整服务的竞争战略,直到酒店服务的系统设计,加强品牌管理,才能达到有效的质量管理。其中,积极的顾客期望管理是酒店建立长期竞争优势的有效策略。

1. 保证服务承诺能够反映酒店服务的现实水平

承诺是酒店对顾客在服务水平、服务质量上的一种允诺。这种诺言必须基于现实,既不能脱离现实,给予顾客过高的期望,也不能落后于现实,这无疑会丧失一部分客户。酒店的经营管理者给顾客和客户提供承诺时,要做到:①通过市场调查掌握主要客源的具体需要和特殊需求;②根据顾客现实需求补充、完善服务项目和服务设施;③杜绝做出不切实际、与实际相差甚远的承诺,以免造成顾客的失望;④关注市场信息的变化,随时追随市场行情和走向。

2. 保证承诺的服务具有现实的可靠性,即承诺得到兑现

任何承诺的价值在于服务的不折不扣,研究表明,承诺一旦离开服务的可靠性支撑是难以经受实践的考验的,其结果往往是适得其反。可靠性是酒店服务质量的重要标准,只有提供可靠而且稳定的服务,才可以稳定客源,赢得顾客良好的口碑,获得更多的盈利机会,从而提升自身的市场竞争力;同时还可以有效控制与减少服务失误造成的不必要的支出,提高员工士气,稳定员工队伍。

坚持服务的可靠性需要采取的措施有以下几点:

(1) 酒店的管理者要重视服务质量的设计、监督、检查等管理工作。只有管理层重视了,一线服务人员才能保持服务质量的可靠性和稳定性。

(2) 经常与客户保持必要的联系,听取客人意见,改进服务质量。

(3) 质量检查坚持不懈。

(4) 建立完善的服务基础,包括系统的服务标准,责、权、利相统一的服务岗位责任制,部门之间团队合作意识,信息及时反馈机制,以及为一线员工服务的后勤保障等。

3. 提供超出顾客预期的服务

如果顾客获得的服务超出了他自己的预期,顾客就会非常满意,很可能重复购买或介绍他人购买。所以,酒店要处理好企业提供给顾客的实际利益与顾客预期利益之间的关系。这里关键在于酒店要将顾客对酒店服务质量的预期调节到适当的水平上,要防止出现太低和太高两个极端。一些成功的跨国公司为了创造使消费者非常满意的结果,在其产品性能大大超过其竞争对手的前提下,采取适当的保留性宣传策略,以使消费者享受到额外利益而惊喜。例如,波音公司承诺其生产的飞机比其他同类飞机节约5%的燃油,而实际上却节省了8%,使用户感到格外高兴而再次购买或推荐别人购买。这种策略也值得酒店学习借鉴,比如,旅行社可以安排一个免费景点,或将承诺的二星级住宿提高为三星级标准;酒店客人在结账时,意外收到了酒店赠送的礼物;餐馆免费向客人赠送一道菜,等等。

> **知识演练**
>
> 为什么地接导游在介绍住宿情况时,经常进行保留性介绍,比如:"由于大环境的不同,我们西部地区的同星级酒店可能与沿海地区的没法比,希望大家理解",而实际情况不一定差,但是导游一般都会这样说?
>
> 答:顾客对服务质量的实际感受超过他的预期,顾客就会产生满意,对服务质量的评价就比较高。导游这样做就是为了降低顾客的期望值,从而更容易做到使顾客感到满意。

三、酒店服务质量管理体系

根据质量管理理论建立的酒店服务质量体系,包括质量管理体系和质量保证体系两部分。它要求以为顾客提供高质量服务为目标,以科学的管理方法为手段,在酒店的各部门、各工作环节之间建立和形成一种相互协作、职责分明的有机网络。

（一）酒店服务质量管理体系的内容

酒店服务质量管理体系是指为保证酒店服务各个阶段的活动能力能够达到各项质量标准,对工作进程所实施的一系列作业和技术活动。它是通过有效的相互协调、相互衔接的服务过程和与这些过程相关的活动、职责、程序、资源等因素所组成的质量控制网络。质量管理体系的内容主要包括以下几点:

1. 管理职责体系

管理职责是制定宾客满意的质量方针、开发服务质量体系、使质量方针在质量体系中能够有效执行的保障。

(1)质量方针。质量方针要按国际标准化原则,不断充实具体内容和标准文件。内容包括四个方面:

一是服务等级。酒店服务质量一般分成优、良、合格三个服务等级。

二是企业形象和声誉,即酒店的 CIS 战略,确立由观念识别、行为识别和视觉识别构成的企业识别系统,以便宾客通过识别系统而认同酒店的服务质量。

三是质量措施。对质量措施要有定量和定性的标准,要尽可能地细化,做到有章可循。

四是全员岗位职责。酒店的服务质量由每一位员工的岗位工作质量构成,服务质量的各项指标都要分解到岗位和个人。

(2)质量目标。质量目标一旦确立,酒店管理者就应将其转化为具体的工作,并做到用数据反映质量标准。质量目标不仅包括对服务质量的追求,还要兼顾服务效果与服务成本的统一,不断优化服务质量成本,使酒店资源得到合理、有效的利用。

(3)质量职责和权限。质量体系的职责包括管理的全部职能,需要组织内的全部人员参与,共同承担义务,以实现持续的质量改进。而权限则要求酒店把握好授权和限权的尺度,充分给予员工解决问题的权力。

2. 人力和物力资源体系

酒店服务必须由人和物来综合提供，必须由每个员工来保证，只有合理运用人力资源并借助物资资源，酒店才能不断提高服务质量。合理运用人力资源包括激励员工、培训员工、合理使用员工这几个方面。

（1）培训体系。培训体系从估计酒店培训需求开始，培训需求包括酒店需求评估、酒店文化分析、工作任务分析、人员分析四个方面。

一是识别员工为做好本职工作、取得事业发展、实现酒店目标需要学习和掌握什么。

二是考虑酒店文化与培训目标是否协调一致。

三是将培训任务具体分解为知识、技能或态度改进等。

四是确定员工培训需要提高的标准，需要什么类型的指导。

（2）激励体系。激励体系包括使员工的能力与岗位相适应，做到人尽其才，让员工能充分发挥他们的才能；创造良好和稳定的工作环境，使员工能全身心地投入到服务工作之中；让员工明确服务的任务和目标，懂得服务行为所产生的质量效果，通过参与、表扬、评审、自我鉴定等形式，使员工感到他们在酒店服务质量管理中的重要地位；赏识和奖励员工，激发员工的工作积极性，对员工提高服务质量的努力加以肯定和表彰；实施职业策划和人才开发，有计划地提高员工技能，使之感到前途光明。

（3）绩效评估体系。绩效评估的目的是将人力资源的作用与酒店目标相结合，以提高工作效率、减少员工流失、改善服务、增加员工的满意度。绩效评估体系包括制定员工工作目标、指导员工改进工作、评估员工工作表现和培养员工事业发展四个方面。

员工工作目标的制定应以客人的需求和满意度为出发点，根据客人的评价确定需要改进的方面，该目标的制定应便于考核。

指导员工改进工作，一是奖励和鼓励好工作表现，二是纠正不良表现。

评估员工工作表现是对员工业绩和酒店计划实施情况的评估，如过高的员工流失率是否降低、员工满意度是否提高、激励措施是否使员工发挥出最大潜力等。

培养员工事业发展减少员工流失的一项好办法是让员工了解酒店的发展远景和在酒店可获得的发展机会，使员工与酒店共同进步。

综上所述，任何酒店的服务质量都要通过人力和物力资源共同来实现。一方面，人的服务感情是物资资源（如设备设施）所无法取代的；另一方面，现代化设备设施的高效、舒适和准确，是人力所无法企及的。服务质量在很大程度上要靠酒店的硬件来实现，档次越高的酒店对物资资源的依赖性越高。因此，酒店应有效地把人力和物力资源结合起来，使之相得益彰，最充分地发挥出各种资源的功能。

3. 宾客信息反馈体系

宾客对服务质量的评价信息往往是在同服务人员及设施的接触中获得的。酒店管理者应建立有效的信息反馈体系，使其发挥有效的服务质量决策参考作用。宾客的随机性评价应作为评价服务质量的参考，定期的调查可采用调查表、宾客座谈会等方式进行，这些调查通过分析作为顾客满意度的一种评估。宾客的评估与酒店自身的评估进行比较形成信息反馈。信息反馈体系，一方面可使宾客直接感受到酒店的形象，对酒店产生信任感；另一方面通过分析服务信息，酒店可不断改善为宾客服务的方法，起到不断提高服务质量的作用。服务质量管理体系表明,只有管理层职责、人力和物力资源以及宾客信息反馈体系之间的相互作用能够协调,宾客的满意度才能不断提高。

4.质量文件体系

服务质量体系的基础是质量文件体系。建立质量文件体系是一项标准化工作,包括质量手册、质量计划、质量程序、质量记录、文件控制等方面的内容。各项内容均要求标准、规范、精确和适度,要根据酒店内外的信息和市场变化不断改进和完善。酒店要注意质量文件使用的范围和权威性,对文件控制应有健全的修改和作废制度。

(二)酒店服务质量管理体系的运作

1.建立服务质量管理机构

有效的管理机构是提高酒店服务质量的组织保证。酒店应建立以总经理为首的服务质量管理机构和网络,全面负责酒店的服务质量管理工作。中层和基层管理者应根据部门、本班组工作的实际情况,组建以该层次管理者为首的服务质量管理小组,全面控制本部门或班组的服务质量,形成遍布酒店的服务质量管理网络。管理网络的形成可以使酒店管理者及时发现问题并予以解决,把酒店质量差错降到最低程度。

2.制定和实施服务质量管理制度

制定和实施酒店服务质量管理制度是提高酒店服务质量、满足宾客需要的关键,也是酒店服务质量管理体系的中心内容。服务质量管理制度的内容主要包括服务质量标准及其实施的工作程序、服务质量检查制度、信息管理制度、投诉处理程序,以及服务质量考核制度等。酒店服务质量管理制度应详尽、具体,但不宜过多,而且应避免因重复、交叉或自相矛盾而使员工无所适从。

3.制定和实施服务规程

服务规程是以描述性语言规定酒店某一特定的服务过程中所包含的内容和作业顺序,规定该服务过程应达到的规格和标准。只要酒店有一个服务过程,就应有一套与之相适应的服务规程。不同档次的酒店有不同的服务规程。服务规程是以客人的需求、客人与酒店的主从关系为出发点,以科学管理为指导,分析服务作业的动作、过程和规律,吸收国内外先进经验,使本来琐碎、杂乱的服务工作规范化、程序化和标准化,使酒店每位员工都有明确的服务工作目标、管理者有检查和监督服务质量的依据。服务规程的制定还使各服务环节得到衔接(如业务部门报修规程与工程部维修规程的衔接、餐厅值台与传菜规程的衔接等),这种相互衔接形成了服务的系统,使整个酒店的服务过程成为一个整体。

4.加强服务质量信息管理

服务质量信息是酒店服务质量管理体系的组成部分,是酒店进行服务质量决策的基础与前提,是计划、组织服务质量管理活动的依据,更是质量控制的有效工具。酒店管理者必须高度重视质量信息和对宾客评价的管理。宾客对服务的评价往往只有主观评价,多数客人还未自愿向酒店提出他们对服务质量的评价,就已停购或停用酒店产品。因此,酒店应建立一种动态的宾客满意度评价机构,应把宾客的评价与酒店对自己所提供服务的评价进行比较,这样将有利于酒店决策层对信息的总体把握和进行酒店质量管理决策,从而不断提高酒店服务质量。为实施这种评价,酒店管理层应建立一种收集、传播来自各相关客源信息的

系统,并为信息系统和服务质量的改善规定相应职责。

5.内部质量审核

内部质量审核主要验证服务质量体系的实施情况和有效性,检查酒店及各部门、各班组是否坚持遵守服务规范,能否达到服务规范所规定的服务质量标准。因为服务规范确定后,对酒店应"提供什么服务"的问题给出了答案,员工的服务有了追求的目标,管理人员检查服务质量时也有了衡量的尺度。对服务规程的监督检查,一方面通过原始记录和信息系统反映服务规程的执行情况,以此来检查酒店各班组、各部门服务规程的实施情况;另一方面通过管理人员经常性的检查巡视,监督和控制规程的实施,对检查结果做好记录,定期进行统计分析。酒店还应通过服务人员的自查、各职能部门对其管理活动的巡检和抽查、质检部门的专项检查评价三种方式,评审服务质量控制规范的遵守情况。巡检和抽查的重点应放在与宾客直接接触的服务活动。质检部门的专项评价是对服务过程的检查结果进行分析评价,形成专项报告,并与宾客意见调查相比较。

案例分析　一视同仁

一天早晨,酒店总经理像往常一样很早就来到办公室,看到办公桌上放着一张单子,总经理还以为是部门报上来要求审批的单子,等拿到手里一看,原来是一张过失单,并且处罚的对象就是自己。过失内容栏里是这样写的:总经理办公室卫生不到位,桌面、茶几等处物品摆放较乱。总经理看后马上虚心接受,把自己的办公室打扫得干干净净。自那以后,每天下班前,即使再晚,总经理也总是要把办公室收拾得干干净净才放心下班。

在当天的工作例会上,总经理还专门谈到了此事,表扬酒店质检人员铁面无私,严格执法,他说:"今天质检人员对我开出警告单非常正确,我们的质检制度对酒店每个人都应是一视同仁,即使是总经理也要遵守。这次我收到质检警告,我做自我检讨,我现在已积极整改完毕。我们管理人员都要对质检有正确的认识,要支持质检工作,一要以身作则,做遵守纪律的模范,做员工的表率;二要管理好部门,对质检查出的问题要积极整改,促进部门工作。"

负责质检工作的房务总部王总监听了总经理的讲话非常兴奋,他在会后跟人说:"没想到总经理这么支持我们的质检工作。本来我一直以为,质检是得罪人的事、是吃力不讨好的事,对做好质检工作还有些顾虑。现在,有领导为我们撑腰,更增加了我们今后做好质检工作的信心。"

如今,酒店上下对质检工作的认识高度统一,非常重视,视质检为提高酒店服务质量的保障,为酒店质量工作的基础。全店营造出了质检部门认真履职、其他部门全力支持的良好氛围,酒店各项管理服务工作因为有了质检这一有效手段,得到了显著提升。

(资料来源:邢夫敏,《现代酒店管理与服务案例》,北京大学出版社,2012年版。)

问题:为什么酒店服务工作能够呈现出良好的态势?

分析提示：其中一个重要原因就是酒店实行严格的管理和"高、严、细、实"的质管方针以及酒店对质检工作的高度重视。总经理违规照样警告，纪律面前人人平等；该酒店的领导能为全店做表率，要求别人做到的自己首先做到。

四、酒店服务质量保证体系

（一）酒店服务质量保证体系

1.酒店服务质量保证体系的含义

酒店服务质量保证体系，是指通过一定的制度、规章、方法、程序、机构等，把酒店服务质量管理和质量保证活动加以系统化、标准化、制度化。酒店质量保证体系要求酒店运用系统的观念和方法，把各部门、各环节、各阶段的服务管理职能组织起来，形成一个任务清楚、责任明确的服务质量管理系统。

酒店服务质量保证体系是整个酒店系统的一个子系统，它包括三个层次：

第一，设立以总经理为首的服务质量管理领导机构，建立服务质量监督网路，负责确立酒店服务质量管理目标，制订管理计划，组织、协调、督促、检查各部门服务质量管理工作。

第二，各部门根据业务范围设立服务质量管理小组，负责本部门服务质量管理计划的制订和落实，部门服务质量管理中涉及与酒店或其他部门有关的问题，需要与有关部门的服务质量管理小组协调。横向联系中难以解决的问题，由酒店服务质量管理小组解决。

第三，班组开展服务质量小组活动，重点是根据服务质量管理工作的要求，抓好标准化、程序化、制度化、原始记录等各项管理工作的具体落实，及时收集服务质量管理工作出现的问题。

2.酒店服务质量保证体系的构成

酒店服务质量保证体系由以下六部分组成：

（1）领导职责。服务质量管理工作如何关键在于领导。酒店总经理对酒店服务目标的制定和实施负有主要责任。酒店总经理应负责组建服务质量保证体系，并使其有效运转；要研究和制定能被全体员工掌握和贯彻执行的服务质量方针和服务质量目标；要重视服务质量保证体系的审核、质量成本的分析和评价。

（2）组织结构。酒店应建立与服务质量保证体系相适应的组织机构，以实现服务质量形成过程中各阶段的职能。这些组织机构应相互联系，协调配合，从保证酒店整体最佳效益出发，在酒店运行过程中发挥作用。为确保酒店服务质量职能部门发挥作用，使服务质量保证体系能有效地运转，酒店还应设立服务质量管理的专职机构，如质量管理领导小组或委员会，作为服务质量保证体系的组织保证。

（3）质量责任和权限。酒店要明确规定领导者和各部门的质量责任，明确赋予从事各项活动人员的任务权限，切实做到质量工作事事有人管、人人有专职、办事有程序、检查有标准，以达到酒店预期的质量目标，并使各项质量管理活动协调配合。

（4）工作程序。程序是完成某项活动所规定的方法。在酒店服务质量保证体系的各个环节上都有大量的管理工作，其中许多管理工作都是重复发生的，不仅内容重复，而且方法也重复，因而有一定的规律性。把这些重复出现的管理活动纳入规章制度，作为员工的行为准则,变成酒店例行的工作,就是酒店服务质量的标准化、规范化和制度化。把服务质量管理过程所经过的各个环节、各个岗位的工作程序如实记录下来,经过分析研究,加以合理改进,通过文字和图表形式定为标准,即为服务工作程序。服务质量管理工作的标准化、规范化、制度化、程序化,既是服务质量保证体系的重要内容,又是建立服务质量保证体系的一项极为重要的基础工作。

(5)资源和人员。人、财、物等资源是酒店服务质量保证体系的基础。要实施质量方针并达到质量目标,酒店必须合理、及时地安排这些资源。因为酒店经营的成败在于服务质量的好坏,服务质量取决于酒店的人力等资源的质量,服务质量只是一种结果,是酒店全部服务与工作过程中所有因素综合作用的结果。在各种因素中又以人的因素为根本,市场竞争是质量竞争,质量竞争关键在于人的素质。酒店应重视人才培养,充分发挥人才的作用。为确保各类人员的素质和能力,酒店应就人员的学历、经验和必需的培训要求做出规定。

(6)质量文件。酒店应将服务质量保证体系的有关内容、活动、程序、制度和方法等加以系统整理和总结,以健全和完善服务质量保证体系,并使该体系能有效运转。服务质量保证体系包括有关质量文件的标记、收集、编目、归档、存储、保管、回收和处理、更改修订以及贯彻实施的办法。酒店应保存足够的记录,证明服务是否达到了所要求的质量并验证服务质量保证体系的运行是否有效。

知识链接

一、酒店服务质量的三条黄金标准
(1)凡是客人看到的必须是整洁美观的。
(2)凡是提供给客人使用的必须是安全有效的。
(3)凡是酒店员工见到客人都必须是热情礼貌的。
二、酒店的七级质量控制体系
(1)总经理的重点检查。
(2)值班经理(值班管理人员)的全面检查。
(3)部门经理的日常检查。
(4)质检人员的每日检查。
(5)全体员工的自我检查。
(6)保安人员的夜间巡查。
(7)客人的最终检查。
(资料来源:苏枫,《酒店管理概论(第2版)》,重庆大学出版社,2015年版。)

五、顾客满意度调查方法

服务质量的好坏是由顾客的感受和评价决定的,而不是是否符合某种标准,标准只是进行质量管理的一种工具,不是目标。所以,通过调查了解顾客对酒店服务质量的满意度,是质量管理工作的重要环节。

（一）原则

满意度是衡量企业服务质量优劣的一个指标。顾客满意度调查应坚持全面、客观、尊重顾客意见的原则，使调查结果切实反映企业服务质量状况。

（二）调查范围

直接接受服务的个人或单位。

（三）调查方法

采用随机抽样调查的方法，通过访谈、发放《服务质量满意度调查表》等方式获得调查结果。

调查内容设置要全面、客观地反映服务质量。

抽样样本应具有代表性，样本大小以一段时间（一天、一个月或一年等）内接受服务的顾客的数量为基数，按式(5-1)计算。

$$n = 10 + 5\% N \tag{5-1}$$

式中：n——样本大小；

N——基数。

（四）满意度计算

对企业的服务质量满意度可通过设定多个项目来进行测评。对每一项目的调查结果分五个档次并量化打分，第一档为"很满意（很好）"，得 10 分；第二档为"比较满意（较好）"，得 8 分；第三档为"满意（一般）"，得 6 分；第四档为"不满意（较差）"，得 3 分；第五档为"非常不满意（很差）"，得 0 分。n 个抽样样本对某一调查测评项目分别打分，其平均值即为该项目的得分，按式(5-2)计算。

$$q_i = \sum_{j=1}^{n} q_j \tag{5-2}$$

式中：q_j——n 个样本中第 j 个顾客对第 i 个调查测评项目的打分；

q_i——n 个抽样样本对第 i 个调查测评项目打分的平均值（满分为 10 分）；

n——样本大小。

企业服务质量满意度按式(5-3)计算。

$$M = \sum_{i=1}^{m} q_i \times 100\% \tag{5-3}$$

式中：M——服务质量满意度；

m——调查表中所列调查测评项数。

对行业试点和园区试点的满意度调查，应对行业或园区内的相关服务企业的 10%（不少于 5 家）分别进行满意度调查，以平均值作为行业试点或园区试点的满意度。

（五）服务质量满意度调查表

《服务质量满意度调查表》的内容、式样和要求见示例，其中，调查项目可根据酒店特点增加或删减。

小资料

服务质量满意度调查表

尊敬的顾客:您好!

这是专门为您设计的一份简单的调查问卷,目的是了解××服务企业的服务质量和管理水平,改进工作。在此,我们提出一些问题,请您根据亲身感受,在每一个问题的5个答案中选择一个答案打"√",实事求是地反映出您的看法。

填写此表,是不记名的,我们将负责为您保密,请不要有任何顾虑。

本调查问卷由调查人员通过访谈,执笔填写,其他人员不得代填代答。

问卷内容(可根据被调查对象的实际情况,选择项目,也可以增加其他项目):

1. 您在接受服务期间对服务企业总的印象如何?
   a)很好   b)较好   c)一般   d)较差   e)很差

2. 您认为服务企业环境是否清洁卫生?
   a)卫生   b)较卫生   c)一般   d)较差   e)很差

3. 您对接待工作是否满意?
   a)满意   b)较满意   c)一般   d)不太满意   e)不满意

4. 您进入服务企业时,服务人员接待的态度如何?
   a)热情   b)较热情   c)一般   d)较冷淡   e)冷淡

5. 服务人员是否详细地向您介绍或提醒过您应享有的权益和注意事项?
   a)详细   b)较详细   c)一般   d)不详细   e)没有

6. 您对服务企业提供的各项服务标准化流程是否了解?
   a)很清楚   b)清楚   c)一般   d)不太清楚   e)不清楚

7. 您认为服务企业的服务活动是否符合标准?
   a)符合   b)较规范   c)一般   d)较差   e)不符合

8. 您认为服务企业在安全防护方面做得如何?
   a)很好   b)较好   c)一般   d)较差   e)很差

9. 您的合理需求是否能在服务企业得到足够满足?
   a)能   b)基本能   c)一般   d)不太能   e)不能

10. 您认为服务企业提供的服务是否方便、快捷?
    a)很方便   b)较方便   c)一般   d)不太方便   e)不方便

11. 您对服务企业的设施设备、环境是否满意?
    a)满意   b)较满意   c)一般   d)不太满意   e)不满意

12. 如果您对服务企业提供的服务有意见,怎样解决,您了解吗?
    a)很清楚   b)清楚   c)一般   d)不太清楚   e)不清楚

13. 您对服务企业提供的各项服务完成质量、及时性满意吗？
 a)满意　　　　b)较满意　　　c)一般　　　d)不太满意　　　e)不满意
……

服务质量是酒店的生命线，本项目通过对服务和酒店服务质量概念的阐述，使学生理解了酒店质量管理的主要内容及其在酒店经营管理中的重要地位，并对酒店质量管理的具体方法和如何建立质量管理体系做了介绍，帮助学生树立质量管理的基本意识。

知识训练

一、选择题
1. 酒店向客人提供的产品是各种有形设施和无形服务的总和，但是其最本质和最核心的是（　　）。
 A. 客房　　　　B. 餐饮　　　　C. 尊重　　　　D. 服务
2. 酒店服务质量的内容主要包括（　　）。
 A. 设备设施质量　　B. 劳务质量　　C. 实物产品质量　　D. 环境氛围质量
3. 在酒店服务质量管理中"100－1＝0"这个公式说明了酒店服务质量的（　　）。
 A. 综合性　　　B. 主观性　　　C. 关联性　　　D. 情感性
4. ABC分析法的基本思想是（　　）。
 A. 关键的是少数　　　　　　　B. 次要的是多数
 C. 关键的是多数　　　　　　　D. 次要的是少数

二、判断题
1. 积极的顾客期望管理是酒店建立长期竞争优势的有效策略。　　　　　　　　（　　）
2. 酒店服务质量是由顾客的感受决定的，内部质量审核是没有意义的。　　　　（　　）
3. 通过ABC分析法后，对问题的个数虽然很少，但分量最大，是关键的少数问题，这类问题就是C类问题。　　　　　　　　　　　　　　　　　　　　　　　　　　（　　）
4. 制定适度性的质量标准，是指质量要根据目标客源的等级要求即付费标准，以合理的成本为顾客提供满意的服务。　　　　　　　　　　　　　　　　　　　　　（　　）

三、简答题
1. 什么是服务？
2. 简述酒店服务质量的主要特点。
3. 请简述PDCA工作循环的主要步骤。

4.酒店服务质量包含哪些方面的内容?

能力训练

一、案例讨论

某酒店在上季度共发现服务质量问题400例,其中菜肴质量问题130例,服务态度问题36例,外语水平问题20例,设施设备问题8例,其他问题6例。请利用PDCA方法制定出相应的质量改进方案。

二、实践训练

1.以某企业为例开展一次顾客满意度调查。

2.设计一份宾客服务质量保证卡。

3.把你的同学当成你的酒店客户,发自内心的向他微笑,同时介绍一下自己所服务的酒店。

项目六
酒店经营方式与理念

项目目标

职业知识目标：

1. 掌握酒店的几种基本的经营所有制形式，理解其基本概念和各自的特点。
2. 理解几种基本的经营方式各自的优劣点、适合何种酒店企业采用，以及在实施过程中的难点。
3. 了解酒店集团的概念、酒店集团化经营的必然性和酒店集团化可实现的模式。
4. 了解酒店经营理念的发展过程，熟悉各个阶段经营理念的内涵与其在酒店中的应用。

职业能力目标：

能够依据酒店经营的基本理论知识，对新创立的酒店和原有酒店进行改制提出选择所有制形式和经营方式等的建议，并对酒店如何树立和运用新的经营理念提出建议。

职业素质目标：

通过本项目的学习与实训操练，提升学生在酒店经营方式方面的知识，使其具有适应现代酒店业发展趋势的经营理念和职业素养，能够运用酒店经营运作机制这一更深层次的原理知识去分析和看待酒店存在的问题。

项目核心

酒店所有制形式；股份制酒店；外商独资酒店；中外合资酒店；酒店经营方式；承包责任制；租赁制；酒店集团化；特许经营；酒店经营理念；顾客满意；让客价值；顾客忠诚；员工满意

项目导入：

如家酒店"新型"私有化

由于股价在美股市场被低估，中国连锁酒店巨头——如家（HMIN. NASDAQ）决定私有化，由上市公司变为私人公司。此次如家私有化与以往其他中概股回归A股最大的不同在于，退市的同时，直接合并进入A股上市公司首旅酒店（600258. SH）。此外，合并后如家的管理团队保持不变。如家酒店已经于2016年4月1日与首旅酒店完成合并，首旅酒店通过现金及发行股份的方式，以110亿元购入如家酒店集团100%的股权。如家酒店集团已成为首旅酒店的全资子公司，并从美国纳斯达克全球市场退市。

中国旅游酒店协会发布的"2014年度中国酒店集团60强"显示，按照客房数量排序，当时如家以31.6万间客房排名第一，铂涛集团以29.8万间排名第二，锦江酒店17.7万间排名第五。然而，在2015年，锦江系控股铂涛后，两者相加的客房数量约为47.5万间，相当于如家的150%，成为中国最大的酒店集团。

截至2015年年底，如家在中国市场355个城市共有2922家经济型酒店。首旅酒店麾下管理着经济型到五星级的各类酒店170多家。从上述数据可见，由于首旅酒店的规模并不算太大，因此，合并后的如家在规模上并不一定能夺回"老大"地位，但此次合并有战略意义。

对于如家来说，此番直接并入首旅酒店：一方面，完成国内A股的回归，等于省去了寻找壳公司或重新申请在国内独立上市的各种麻烦，这是非常有利于如家提升市值的资本化运作的；另一方面，现在经济型酒店走到"瓶颈期"，入住率和房价双降，投资回报期延长，其必须通过与首旅酒店的整合找到新的盈利点，不是简单地扩容，而是未来的战略和发展。而对于首旅酒店来说，此次合并是首旅酒店积极践行国有控股企业实行混合所有制改革的重要举措，具有十分重要的战略意义，包括规模迅速扩大，品牌体系进一步丰富全面，市场竞争力较快提升，以及线上线下业务的有机融合，推动"互联网＋"战略的真正落实。

（资料来源：http://finance. sina. com. cn/stock/s/20151208/010023955033. shtml。）

本案例中，借助中国资本市场的有利环境，酒店企业积极推行创新交易，实行混合所有制改革的举措，将国企和民企进行结合，充分利用各种所有制资本的优势，取长补短、整合资源，相互促进、共同发展，有利于进一步开拓境内境外市场，有助于在国际竞争中谋求一席之位。

要实现酒店企业目标，就要明确各种所有制的优势劣势，在企业的不同阶段采取适宜的所有制形式与经营形式，采其所长，避其所短，才能做大做强。

任务一 酒店经营形式的选择

酒店的经营形式就是指酒店内部三大经营主体——酒店资产所有者、资产经营者和员工这三者的不同组合方式,就是不同的职权关系。所以,酒店要开展经营活动,首先要确定的就是所有制形式和经营方式。

一、酒店经营所有制形式的选择

(一)个人业主制酒店

个人业主制酒店,是指个人出资经营的酒店,也叫独资酒店。个人业主制酒店的基本特征:经营的主体不是公司组织,而是个人或家庭。他们以自己的资金为基础从事酒店业务经营。虽然,这里的资金可能是业主借入的,但是,他是以自己独资的名义注册经营的,对于债务承担无限责任。这种经营形式存在以下优点:

(1)创立简易。只要不违反治安与卫生等规定,又具备经营旅游业务的条件,就可以由自己出资申请开办。

(2)全力以赴。由于酒店的所有权与经营权统一在业主手中,酒店的经营状况与酒店经营者的利益直接相关,所以经营者往往夜以继日,充分利用个人的声望和社会关系等全力以赴进行经营。

(3)易于当机立断,把握时机。由于责任、利益、权力三者完全统一,因而牵制与内耗最小。

(4)易于保守经营诀窍、专利和信息的机密。这些优点,我们可以从大量餐旅个体户服务周到、在夹缝中求生存的经营行为中深深感受到。

这种经营形式也存在着下列缺点:

(1)资金有限,不能适应规模大的酒店。这是因为业主借贷资金量受到其个人信誉低的制约。

(2)风险大。由于对债务承担无限责任,只要企业破产,业主的一切财产都可能用于赔偿。

(3)难以利用专家集团来集思广益。这是因为企业规模小,为了节省开支,主要依赖个人或家庭成员进行经营管理与决策,无力聘用经营旅游业务的各类专业人员。

(4)业主个人状况如身体状况直接影响酒店的经营状况。原因在于业主集酒店的所有权与经营权于一身,是万能博士式人物,难以有人来替代。

(5)容易在竞争中被规模大的酒店所击败。因为规模小,缺乏专业经营人员,导致竞争力弱。

我国旅游业在20世纪80年代初期,国家开始发展旅游业,鼓励个人出资创立旅游服务企业,特别是为旅游者服务的饮食服务企业,大多是以个人独资的形式成立的。经过二十多年的发展,有相当一部分独资企业已经改变了原有的资本所有结构,成为大型的酒店。

(二)合伙制酒店

合伙制酒店,是指两个或两个以上的人结合创办的酒店。我国不少小型餐旅企业就是由两人或两人以上的合伙者出资或出其他经营要素一起创办的。合伙制酒店的基本特征有以下几点:

(1)两个以上公民按照协议,各自提供资金、实物、技术等,合伙经营、共同劳动。

(2)合伙人对出资数额、盈余分配、债务承担、入伙、退伙、合伙终止等事项,订立书面协议。

(3)合伙人投入的财产,由合伙人统一管理和使用,合伙经营积累的财产,归合伙人共有。

(4)合伙的经营活动,由合伙人共同决定,合伙人有执行和监督的权利。合伙人可以推举负责人,合伙负责人和其他人员的经营活动,由全体合伙人承担民事责任。

(5)合伙的债务,由合伙人按照出资比例或者协议的约定,以各自的财产承担清偿责任。合伙人对合伙的债务承担连带责任。偿还合伙债务超过自己应当承担数额的合伙人,有权向其他合伙人追偿。

这种经营形式的主要优点有以下几点:

(1)由于合伙人较少,因此组织的组成比较容易。

(2)由于能比独资筹集更多的资金,因而可适用于较大规模的酒店。

(3)由于每个合伙人对企业债务承担连带无限责任,从而促使每个成员密切合作。

这种经营形式的主要缺点有以下几点:

(1)由于酒店的所有权和经营权同时并存在合伙人手中,因此,比较容易发生意见分歧。

(2)一个合伙人的不良行为将影响整个酒店的经营状况。

(3)没有像股份制酒店那样具有法人资格,因此,不能利用发行股票和债券等现代集资工具来筹集发展资金,从而使酒店的发展规模受到限制。

(4)由于一个合伙成员发生变故需要重新修订合伙协议,因此,合伙制酒店的组织不太稳定。

(三)股份制酒店

股份制是资产所有权与经营权分离的适用于大规模酒店的一种经营形式。股份制酒店的基本特征是把创办酒店所需资金分为若干股,通过发行股票来筹集资金。这种股份可以自由买卖、转让、抵押和继承,股东就其所认股份,对酒店的债务承担有限责任。股东是酒店的财产所有者。股份制酒店的组织机构是股东代表大会,它是酒店的最高权力机构。

这种经营形式的主要优点有以下几点:

(1)容易吸收游资。这就是因为股东责任有限,并且股票又可以转让,兼具营利性和流动性。

(2)酒店的寿命不受股东寿命的影响,而个人业主制和合伙制都要受所有者寿命的影响。

(3)由于股份制酒店的规模一般较大,又实行董事会领导下的总经理负责制,因而有条件聘用具有专门知识的优秀经营管理人员,可得到专家管理的利益。

这种经营形式的主要缺点有以下几点:

(1)由于酒店的资产所有权与经营权分离,一般股东难以对企业业务进行考核,于是负责实际经营的经理人员容易产生不负责任、假公济私、舞弊自肥的行为。

(2)处理业务常常不够快捷,管理费用开支大,容易滋长官僚作风。

(3)股份制酒店一般受到政府严格的管制,举办起来比较困难。政府对股份制企业都有专门的法律规定,包括企业(公司)设立的条件和程序、资本总额、组织管理机构、经营管理范围、对其成员和第三者的关系,以及企业的解散和清算等,以防止欺诈行为出现,避免小股东受骗和社会经营秩序混乱。

股份制企业是全部注册资本由全体股东共同出资,并以股份形式构成的企业。股东依在股份制企业中所拥有的股份参加管理、享受权益、承担风险,股份可在规定条件下或范围内转让,但不得退股。我国的股份制企业主要有股份有限公司和有限责任公司两种组织形式。

股份有限公司,其全部资本分为等额股份,股东以其所持股份为限对公司承担责任,公司以其全部资产对公司的债务承担责任。其基本特征是:公司的资本总额平分为金额相等的股份;股东以其所认购股份对公司承担有限责任,公司以其全部资产对公司债务承担责任;经批准,公司可以向社会公开发行股票,股票可以交易或转让;股东数不得少于规定的数目,但没有上限;每一股有一表决权,股东以其持有的股份,享受权利,承担义务;公司应将经注册会计师审查验证过的会计报告公开。

有限责任公司,股东以其出资额为限对公司承担责任,公司以其全部资产对其债务承担责任。其基本特征是:公司的全部资产不分为等额股份;公司向股东签发出资证明书,不发行股票;公司股份的转让有严格限制;限制股东人数,并不得超过一定限额;股东以其出资比例,享受权利,承担义务。

有限责任公司又称有限公司,是指符合法律规定的股东出资组建,股东以其出资额为限对公司承担责任,公司以其全部资产对公司的债务承担责任的企业法人。有限责任公司与股份有限公司的共同点有以下几点:

(1)股东都对公司承担有限责任。无论在有限责任公司中,还是在股份有限公司中,股东都对公司承担有限责任,"有限责任"的范围,都是以股东公司的投资额为限。

(2)股东的财产与公司的财产是分离的,股东将财产投资公司后,该财产即构成公司的财产,股东不再直接控制和支配这部分财产。同时,公司的财产与股东没有投资到公司的其他财产是没有关系的,即使公司出现资不抵债的情况,股东也只以其对公司的投资额承担责任,不再承担其他的责任。

(3)有限责任公司和股份有限公司对外都是以公司的全部资产承担责任。也就是说,公司对外也是只承担有限的责任,"有限责任"的范围,就是公司的全部资产,除此之外,公司不再承担其他的财产责任。

有限责任公司与股份有限公司的不同点有以下几点:

(1)两种公司在成立条件和募集资金方面有所不同。有限责任公司的成立条件比较宽松一点,股份有限公司的成立条件比较严格;有限责任公司只能由发起人集资,不能向社会公开募集资金,股份有限公司可以向社会公开募集资金;有限责任公司的股东人数,有最高和最低的要求,股份有限公司的股东人数,只有最低要求,没有最高要求。

(2)两种公司的股份转让难易程度不同。在有限责任公司中,股东转让自己的出资有严格的要求,受到的限制较多,比较困难;在股份有限公司中,股东转让自己的股份比较自由,不像有限责任公司那样困难。

(3)两种公司的股权证明形式不同。在有限责任公司中,股东的股权证明是出资证明书,出资证明书不能转让、流通;在股份有限公司中,股东的股权证明是股票,即股东所持有的股份是以股票的形式来体现,股票是公司签发的证明股东所持股份的凭证,股票可以转让、流通。

(4)两种公司的股东会、董事会权限大小和两权分离程度不同。在有限责任公司中,由于股东人数有上限,人数相对来计比较少,召开股东会等也比较方便,因此股东会的权限较大,董事经常是由股东自己兼任的,在所有权和经营权的分离上,程度较低;在股份有限公司中,由于股东人数没有上限,人数较多且分散,召开股东会比较困难,股东会的议事程序也比较复杂,所以股东会的权限有所限制,董事会的权限较大,在所有权和经营权的分离上,程度也比较高。

(5)两种公司的财务状况的公开程度不同。在有限责任公司中,由于公司的人数有限,财务会计报表可以不经过注册会计师的审计,也可以不公告,只要按照规定期限送交各股东就行了;在股份有限公司中,由于股东人数众多很难分类,所以会计报表必须要经过注册会计师的审计并出具报告,还要存档以便股东查阅,其中以募集设立方式成立的股份有限公司,还必须要公告其财务会计报告。

小资料　酒店类几大上市公司情况一览

公司简称	代码	2016年6月30日总市值/亿元	2015年市盈率PE	2015年每股收益/元	净利润率/(%)
锦江股份	600754	216.99	50.70	0.7925	0.115
号百控股	600640	89.89	130.14	0.0864	0.014
华天酒店	000428	66.84	−73.50	0.0200	0.011
首旅酒店	600258	45.68	52.92	0.4327	0.075
大东海A	000613	38.35	2059.39	−0.0205	−0.438
金陵酒店	601007	37.59	102.98	0.1660	0.068

(数据来源:http://www.windin.com/windin2/Index.htm。)

(四)外商独资酒店

外商独资酒店是指经中国政府批准,向中国工商行政管理部门注册登记的,在中国境内从事独立经营的外国旅游公司、酒店和其他旅游经济组织和个人。这些营业机构具有法人地位,受中国法律的管辖和保护,按照外国企业所得税法缴纳所得税。

外商独资酒店的优点有以下几个方面：

(1)无须本国的资金和外汇。

(2)可利用我国一些闲置的或机会成本较低的经济资源。

(3)通过所得税可分享外国企业近一半的所得收入。

(4)中方不承担任何风险。

(5)通过其先进的经营管理的示范效应，以及其录用与培训中国员工，可引进先进的经营管理技术。

外商独资酒店的缺点有以下几个方面：

(1)我国得不到经营利润。

(2)可能挤占内资酒店的客源份额。

一般说来，在拥有旅游资源和劳动力资源的特区，如深圳、珠海、海南，或者在国际旅游业刚开始起步阶段，虽然有大量客源，但是受到没有资金、经营管理技术缺乏等条件制约，外商独资形式是可取的，一旦当我国已拥有从事旅游业的部分资金和经营管理技术，客源量又开始充裕起来，我们就不宜于再建或多建外商独资酒店，因为再建就意味着剥夺我国酒店能获得的经营利润和吃掉我们的市场份额。

（五）中外合资酒店

中外合资酒店，是指中国与一个以上的国家或地区的公司、企业、经济组织或个人按一定比例联合投资、共同经营的酒店。各投资者所负的责任仅以其投资额为限，按照投资比例分享利润，承担风险。

中外合资经营酒店的优点有以下几个方面：

(1)有利于中方学习和掌握酒店经营管理的先进技术。

(2)既可弥补资金不足，又可获得一部分企业的经营利润。

(3)有利于开拓客源渠道，增加客源量。同时，可避开传统体制下我国政府主管部门不必要的行政干预。

中外合资经营酒店的缺点有以下几个方面：

(1)在举办手续上比较复杂。《中华人民共和国中外合资经营企业法》中有详细规定。

(2)中外双方在经营管理上的合作与协调比较困难。这是因为双方有不同的价值观和管理习惯。现在，我国政府已提出按国际惯例进行管理，不一定要设中方总经理，只要外方经营富有效益就可以让外方单独管理的政策，有助于合资企业的有效管理。

依据对中外合资经营酒店优缺点的判断，当我们有一部分资金，但又缺乏一部分资金和需要学习先进的经营管理经验时，可选择这种形式。

（六）中外合作经营酒店

中外合作经营的酒店往往叫作契约酒店或合营酒店，是指双方的权利和义务是通过合同来加以确定，而不是像合资经营的酒店那样按双方的投资比例来规定。双方的投资条件、经营管理、利润分配和风险承担都是由合同规定，负有限责任。合作者在生产、经营上是联合行动，在财务上分别核算。合作各方单独依照各自相关的所得税法交纳所得税。

中外合作经营酒店的优点有以下几个方面：

(1)可以发挥我国现有生产要素的优势,即可投入土地、劳动力、风景资源等,而可不投入或少投入现金。合作期满后全部财产一般就归中方所有。

(2)手续简便,只要经主管部门批准同意即可。

中外合作经营酒店的缺点有以下几个方面:

(1)在合作经营初期一段相当长的时间里,中方收入较少,常常只有相当于土地使用费的收入和国家所征收的一部分税收。

(2)与合资经营比较,由于进行合资经营立法比较完善,有法可依,因而比较安全。进行合作经营虽然方式灵活,但无法可依,全靠双方的协议规定,因而风险也就较大。

从我国已签订的合作经营酒店的合同看,要注意下列问题:

(1)遗漏了中外双方承担亏损与债务的条款。这样的实际结果,是使中方承担了全部亏损与债务的责任。应明确规定各方承担债务的比例和各方承担债务的限度。

(2)有的合同不但保证归还外商的投资额,还保证归还该投资额的利息(外方投资额大部分也是靠贷款)。保本保利的合同是不合理也是不允许的,因为合作经营作为一种投资形式是要冒一定风险的,如果既保本又保利,最后还要分利润,外方没有一点风险,那中方不如自己去银行贷款了。

(3)合作经营的外方,往往利用其合营者的权力,通过其自行委托国外企业设计、备料、施工与聘请国外酒店管理集团来管理,来获取回扣。在这方面,中方应有一定的防范措施。一般来说,在合同中要明确:设计以我为主、备料以我为主、施工以我为主和经营管理在开业2~3年后也应以我为主。这是因为,一方面我国已具备承担上述作业的能力;另一方面,又可节约大量的外汇。

依据中外合作经营酒店的优缺点,在严重缺乏资金,但又有其他生产要素的情况下,双方信任、互利的小的合作项目,可采用这种形式。

小资料 2013年全国星级酒店基本情况(按经济类型分)

酒店类型	酒店数/座	客房数/间	床位数/张	客房出租率/(%)	营业收入/万元	营业税金/万元	固定资产/万元
国有企业	2910	394709	710440	56.1	6026927.759	3493483.000	15232437.47
集体企业	445	47796	88679	53.73	690761.853	40290.773	1536998.985
股份合作企业	258	30549	57557	53.65	344039.189	18947.373	734047.589
联营企业	54	5249	9339	219.49	61111.629	3477.826	145015.442
国有独资公司	396	58584	97393	59	1129079.04	62042.808	1939736.572
有限责任公司	409	78599	133386	59.09	1700271.528	93973.841	3844546.45
股份有限公司	635	89683	159372	57.18	1225971.07	69445.598	2722148.56
私营企业	4407	475235	848470	224.85	5311119.792	301933.307	9505889.236
其他	1693	247651	421742	52.2	3855274.042	222066.793	8178443.748
港、澳、台商投资企业	235	56126	93589	232.67	1226128.344	66938.744	2780521.119

续表

酒店类型	酒店数/座	客房数/间	床位数/张	客房出租率/(%)	营业收入/万元	营业税金/万元	固定资产/万元
外商投资企业	245	54960	85046	231.92	13585994.52	77262.485	3557407.047
合计	11687	1539141	2705013	55.97	229292837	1305727.848	50177192.22

(资料来源:2014中国旅游年鉴。)

二、酒店经营方式的选择

(一)实行承包责任制

经营承包责任制在酒店推行,是从我国传统的集体和国有酒店开始的。传统的全民所有制酒店制度偏离了社会主义商品经济下酒店经营机制的目标模式,其基本弊端是:名为全民所有,实则无人所有,资产所有者缺位;经营者由政府主管部门任命,缺乏经营者所必需的权力;员工的录用与辞退也不是以劳动生产率为主要标准;国有国营,统收统支,企业吃国家大锅饭,职工吃企业大锅饭,使酒店丧失了活力。

从长期来看,根治这种弊端的根本出路在于按照酒店经营机制的目标模式系统理顺酒店资产所有者、经营者与员工这三者的关系,其要点是用有偿转让酒店资产的民间股份制形式寻找大中型酒店资产的真正所有者,用拍卖的形式寻找小型酒店资产的真正所有者。但这必须以社会主义市场经济文化普及、资金市场完善和我国酒店经营者阶层比较成熟为前提,目前我国这些前提条件还没有完全成熟。因此,目前对股份制或拍卖等变革形式可部分进行,不宜作为主要的变革形式加以全面推广。

目前与传统体制较易衔接、摩擦较小而可行的变革形式是对酒店实行承包经营责任制和租赁制。实行上述经营责任制的共同目的是完善酒店的经营机制。具体要做到以下几点:

(1)运用法律公证手段,以契约形式确定国家与酒店之间(税收)、酒店所有者与酒店经营者之间(利润、工资、奖金)的责权利关系,使经营者、生产者的经营责任指标(税收、利润、租金)与经营者、生产者的收益动力指标(工资、超收利润分成)挂钩。

(2)通过承包市场、租赁市场上的投标竞争产生合格的经营者,以酒店的经营成果(税收、利润、租金)包括资产增值作为奖罚经营者的主要依据,弱化所有权,即弱化主管部门对酒店的行政干预,强化经营权,即给经营者开展日常经营活动所必需的人、财、物、供、产、销等经营权力。

(3)要实行承包者、租赁经营者负责制,他们是企业的当然经理,同时以分包形式完善企业内部的各种经济责任制,实行由承包人或租赁人选聘员工的劳动组合制度,在企业内部做到劳动者有择业权、企业有选人权,待聘人员实行发基本工资和待业培训或鼓励外流政策,以此整顿劳动纪律,严格科学管理,发挥员工的积极性和创造性。

由于承包制实施容易,发包者和承包者的风险小,而租赁制的实施难度大,出租者和承租者的风险大,租赁者还要进行资产抵押与具备保人,所以,当不太具有实施经验时可先试行承包制;或中型酒店试行承包制,小型酒店试行租赁制。当具有实施经验时,大中型酒店也可选用租赁制,因为租赁者所拥有的经营管理权力与承担的风险都要比承包制大,更符合所有权与经营权分离的原则。

酒店在实施承包经营责任制中经常会遇到下列一些难点:

1. 确定承包形式

经营责任指标与收益动力指标不同的组合与挂钩形式决定了不同的承包形式。酒店一般可采用下列三种承包形式:其一,当酒店刚开业或处于经营的饱和阶段,如试营业的酒店和老酒店,可采用基数利润包干、超收分成的形式;其二,当酒店处于经营的高速增长阶段,如开业两年后的酒店,可采用基数利润递增包干、超收分成的形式;其三,当酒店处于经营亏损阶段,可采用亏损包干、减亏分成的形式。

2. 确定发包人和承包人

发包人一般由当地的财政部门、旅游主管部门与有关专家组成的发包小组担任,具有旅游业经营管理能力,并且投标书与经营管理方案被论证为最优者可确定为承包人。一般提倡个人承包,承包竞争者越多越好,但为了避免由对承包者缺乏了解所带来的风险,可先从酒店管理者与员工中选定承包人或进行集体承包。

3. 确立承包基数与超收分成比例

基数利润的标的可参照上一年所完成的利润指标,并依据此后经营曲线是上升还是下降的预测,通过对上年指标的加减来确定。实际承包的利润基数与超收分成比例由承包市场上被论证可行的最高标书决定。

4. 确定承包期限

承包期限取决于对酒店未来经营情况的预期。如果未来的经营情况不能确定,发包人和承包人为避免承包指标过高或过低的风险,可选择短期。反之,则可以稍长,以利于经营者行为的长期化。承包期一般在一年到三年之间,不超过五年。

5. 确立承包层次与承包指标在各层次的分解方式

酒店的承包层次是:酒店向发包小组承包,酒店内务部门向酒店承包,班组向部门承包,员工向班组承包。这些分层承包是通过承包指标在各层的分解来实现的。酒店各部门一般可分为两类:一类是有盈利的经营部门;另一类是没有盈利的非经营部门。前者如酒店的客房、餐厅、车队、商场等部门,后者如工程维修、人事培训、办公室等部门。经营部门的承包指标是利润,其承包基数与超收分成比例可由该部门承包人的投标竞争来决定,非经营部门的承包指标是提供服务工作的数量、质量与单位成本以及与之挂钩的利润分成,这也可由该部门承包人的投标竞争来决定。非经营部门要分享经营部门的利润分成,就需满足下列要求:如果酒店对发包小组承包的超收分成比例是50%,那么,经营部门超收分成比例就要低于50%。例如超收分成比例是25%,即将其中25%的超收分成给非经营部门分享。每一班组和员工的承包指标,主要是提供服务工作的数量、质量与物耗,这可以通过对员工的评分奖惩,用每一年(或每一月)每一部门的员工获得的总分除以超收分成的部门利润,就可获得该部门每一分的分值,而每一位员工的积分乘以每一分分值就可得到每一年(或每一月)所增加或减少的承包收入。扣分惩罚的极限在于保证每一位员工维持生活的基本工资,在此基础上的工资与全部奖金都可以作为罚款额。

6. 确立承包者的收入

承包者的收入可以比一般职工平均工资高 2~3 倍。应该给成功的承包者重奖,以作为其风险报酬。要破除酒店经营不好无人关心,而当承包经营效益显著,承包者的收入略高,一些人就眼红的恶习。

7. 确定固定资产价值

为了确保酒店长期的盈利能力,还需承包固定资产增值指标。使用过的固定资产价值按原值计显然不科学,按净值计,有些固定资产已折旧完毕,其净值等于零,但仍有实际使用价值。一般宜采用重置价格计,即按市场上的拍卖价计,这能反映其经济价值。固定资产增值额可用前后两次承包中固定资产的市场拍卖价格差额来确定。

(二)实行租赁制

租赁经营是指企业的资产使用权的定期有偿转让,其实质是对企业经营要素的使用权及其完好程度的承包,及对经营手段的全面承包。它和企业承包经营制的区别在于:承包对象不同,承包制承包的是经营后果,而租赁制承包的是经营要素使用权;企业承包制经营者的收入主要是工资,而租赁经营者的收入是企业税后缴租后的利润额;租赁制的两权分离程度比承包制高一些,故企业的动力机制比承包制也要强一些。

酒店在实行租赁制时,应重点做好以下几个方面的工作:

1. 确定出租人和承租人

酒店的出租人由旅游主管部门和财政部门担任,它们负责审查批准。承租方式有个人承租与集体承租两种。由于受到需要抵押资产及风险较大等限制,开始可采用集体承租方式,但个人承租应是发展的方向,因为它更利于确定经营者在企业的中心地位,理顺经营机制。承租人要具有酒店的经营管理能力,个人承租要有一定数量的个人财产和两位具有正当职业并具有一定财产的保人,集体承租不用保人。承租人最后由出租方和有关专家、学者及出租企业职工代表组成的考评委员会对投标书和经营管理方案论证后择优选定。

2. 确定租金

酒店租金的计算公式为

$$租金 = (固定资产净值 + 流动资金占用额) \times 银行利率 + 承租前三年行业统筹金平均数 \times (1 + 年利润递增率)$$

年利润递增率,可依据酒店的环境、素质、市场动态等可变因素综合考虑,科学确定。租金又可分为固定租金与基数递增租金两种方式。采用哪一种方式,要根据出租酒店所处经营曲线是饱和还是增长阶段来决定。实际租金高低由承租人的投标竞争来决定。

3. 确定承租人的收入

租赁的酒店在租赁年度留利中扣除当年租金后,剩余赢利在企业和承租人之间按合同规定比例分成。承租人分得红利不宜全部转为消费基金,一般以支取员工年平均收入的 5 倍左右为宜,剩余部分作为承租风险基金存入企业,以备经营亏损时的赔偿之用,租赁终止时,一次或分期从企业提取。

4. 确定租赁期间承租人投资设备的产权及其收益分配

个人投资,允许按银行利率计息,并分期收回投资额,个人投资收回后,投资设备的产权归酒店所有。

5. 租赁合同的中止或解除

要严肃租赁合同,如单方变更、中止或解除合同,须按国家经济合同法规承担经济责任。如遇不可抗力等异常情况,出租方或承租方均可经仲裁部门按法定程序中止或解除合同。

(三)购买技术许可证与技术服务的经营形式

购买技术许可证与技术服务的经营形式是指拥有技术的一方将其专利、制造方法或经营管理方法或商标等知识产权,转移给我国酒店使用,由我方付给使用费的交易。这种方式目前主要在酒店使用。

这种做法的优点是中方可直接取得经营一流酒店的能力,避免延迟开业、走弯路的损失,在最短的时期之内形成生产力,打开国外市场,为国家赚取外汇。

这种做法的缺点主要是费用太高。这些费用包括以下几方面:

(1)包括许可证费和管理费在内的基本费。例如,酒店如果使用国际酒店业的著名品牌,费用的提取率随客房出租率浮动,以基本费在营业总收入的比例来计,一般为0.5%~2.5%。

(2)奖励费。每月在经营毛利中按一定比例提取,比例为5%~10%。

(3)订房参加费。每月向订房公司支付一笔订房参加费,以其在订房系统总成本中的分摊额计。

(4)从国外派来的主管级人员的工资和福利。工资和福利将与外方在其他相似的酒店和情况下工作的人员相等。

那么,依据技术许可证、技术服务形式的优缺点,我们在什么情况下可选用呢?这里的选择原则是当支付的管理费用大于由不聘请管理集团造成的开业推迟、经营管理不善的损失费用时,就不该聘请,反之就应该聘请。具体可分下列几种情况:

(1)大型四星级以上国际宾馆,在国内缺乏经营管理人才和组织客源能力的筹建与开业初期,以聘请海外管理集团为好。例如,上海华亭宾馆投资总额6500万美元,迟开业一年以贷款年利率5.2%计,每年利息损失就达338万美元,而聘请海外管理集团一年所增加的开支,要远低于这个数目。

(2)正在进行开业准备和刚开业的大酒店,当酒店已拥有一大批国内合格的经营管理人员,可邀请国外管理集团的少数专家进行业务指导,以利于酒店工作迅速进入正轨。南京金陵饭店和上海天马酒店曾采用了这一形式。当然,我们的方针应该是扶植国内具有世界一流水平的酒店管理集团的成长,以取代海外管理集团的地位。

(3)客源不足、管理水平低而长期亏损的酒店,可考虑国外管理集团来接管,而在客源充足的地区,即便管理水平低也可暂时不采用这种办法,但要注意长远得失的比较。

(4)在现有酒店内部的经营管理水平较高,但其知名度小、客源不足、开房率低的情况下,可向拥有著名商标与庞大订房系统的国际酒店集团购买商标与预订系统的使用权,而不必委托管理集团直接管理。

委托管理期限不宜过长,一般以五年为限;在签订合同时要管理集团真正将管理技术传授给我方,这可通过设立副职人员见习及参加培训来实现。另外,包括许可证费在内的管理费的提取,应该与经营毛利或纯利挂钩,这样能真正刺激向管理要经济效益。

任务二 酒店集团经营

一、酒店集团化经营必然性

酒店集团,是指以资本为主要联结纽带的母子公司为主体,以集团章程为共同行为规范的母公司、子公司、参股公司及其他成员企业或机构共同组成的具有一定规模的为旅游者提供吃、住、行、游、购、娱等服务的酒店法人联合体。

酒店发展到一定阶段后,将面临三种前途:一是因为自身经营不善而倒闭,或者因实力薄弱而被兼并;二是维持原状,既没有足够的实力去兼并其他企业来扩大自身规模,又不至于被兼并,而是以自身的经营特色能够在市场上立足;三是发展壮大。这三种前途中,除第二种情况外,其余两种都与酒店集团化经营密切关联,集团化经营是酒店发展到一定阶段的必然选择。2000 年,国家旅游局提出要把旅游业培育成我国新的支柱型产业,支柱型产业就需要形成支柱型的酒店。中国加入世界贸易组织,国内的旅游市场体系与国际旅游市场体系将全面对接,国际跨国旅游集团在中国市场的全面进入,将对中国酒店形成严峻的挑战,发展酒店集团恰逢其时。中国酒店的集团化发展,是时之所趋,势在必行。

（一）市场机制的作用

旅游产业是由为旅游者提供各种旅游产品和服务的多个酒店及相关部门组成的,也有自身的产业延伸链,不同的酒店在这个产业链中处于不同的环节,发挥着不同的作用。在市场经济条件下,市场是资源配置的手段,酒店集团的出现在一定程度上也是一种市场需求。在企业外部,价格机制指导生产,引导经营方向,并通过市场进行交换;在企业内部,复杂的市场交易被企业家这个协调者所取代。企业集团这种"放大的市场替代功能",正是企业集团这种组织形式出现和迅速发展的原因。

在市场中,对酒店集团大发展有重大影响的主要是供求机制、价格机制、竞争机制等市场机制。供求机制是市场机制的主体,供求运动是市场内部矛盾的核心,各个酒店在市场中既是供应者,也是需求者,在这种供与求的不断运动和变化中,通过横向或纵向的价值延伸,形成酒店集团,将部分市场交易内部化。价格机制主要是作为一种反馈机制而存在,起指示器的作用。但在实际中,往往供求是不平衡的,价格的指示作用也会滞后,竞争机制开始作用,试图恢复平衡,酒店集团的成长和发展既是竞争的产物,也是竞争的必然结果。集团与市场之间呈现的是一种动态的均衡,正是这种动态的处于经常变动中的均衡,使酒店在市场竞争的汪洋大海中形成"联合舰队",取得竞争优势。

（二）降低成本的需要

酒店集团作为多法人联合体,通过规模不断扩大,内部结构的不断调整,使自己同时享有规模经济效益和范围经济效益。其中,信息成本、经营成本、交易成本、资金成本以及其他成本的节约起到了重要作用。

1. 信息成本

信息成本包括外部市场信息成本和内部企业信息成本。酒店集团内企业之间由于特殊的关系,连续和反复的交易不断,这与一般企业利用市场机制相比,能够大幅度降低合同成本及信息收集成本。所以在这种情况下,作为继企业组织和市场组织之后的第三个组织——企业集团便产生了。在酒店集团形成之后,不仅增强了收集外部信息的能力、扩大信息来源和渠道,还降低了集团内企业间交换信息的成本。

2. 经营成本

经营成本是企业维持经营能力和提高经营效果所付出的成本代价。酒店集团内的企业通过优先的金融交易的优势扩大负债比率制约的范围,通过股份的相互持有扩大企业评价率降低的余地,从而企业有更高的成长性。取得较低的经营成本、赢得市场竞争优势的目的,驱动了酒店集团化发展。

3. 交易成本

交易成本包括因市场变动引起的交易风险和正常交易成本。交易成本过高是企业集团形成的原因之一。科思(Coase)指出,如果市场活动交易成本过高或存在失效,企业会考虑实施内部交易取代市场交易,企业集团即是这种交易固定化的组织模式。由于旅游产品的无形性、不可转移性和不可储存性,旅游活动涉及的环节复杂,地域较多,交易成本过高和市场失灵是经常的,因而更适合采取集团化的形式使交易固定下来。

4. 资金成本

资金成本主要是企业为了获取保证一切正常运行和未来发展所需资金所付出的代价。酒店集团能够通过相互持股、行业并购、系列融资等手段将小额、分散的、闲散的社会资本转化为巨额的、集中的生产资本,将借入资本转化为永久性资本,从而最大程度上节约了酒店的资金成本。

(三) 科学技术的发展

科学技术是第一生产力,它对酒店集团的形成与发展起到了巨大的推动作用,尤其是现代通信与网络技术,使酒店集团在管理、交流等方面突破地域限制,在更大的空间范围内成长与发展。从宏观上说,科学技术促进生产力的发展与生产社会化程度的提高,改善了酒店集团的外部环境。从微观上说,科学技术与企业的结合,促进了酒店的技术变革和产品创新,加速了酒店集团组织结构的革新,提高了酒店的运作效率,并且大大降低了酒店的交易成本。如旅游酒店预订系统的建立,使集团的成员酒店可以在世界各地分享客源,同时,集团还可以通过信息技术实现一般管理能力和专业管理能力的扩展。

(四) 体制与政策的导向作用

体制与政策是酒店集团发展的重要影响因素,甚至是决定性的作用,如韩国企业集团的形成就是典型的政府作用型。酒店集团作为微观经济组织,必然受到体制与政策的制约与影响。不同体制与不同政策对企业集团的发展有着不同的作用效果。在我国酒店集团形成和发展的过程中,由于体制方面的原因,众多酒店在经过了权力与利益在各相关利益者之间重新调整与再分配后,仍无法完全实现自主决策、自主投资,仍是地区、行业与部门的行政附属物。同时,国家财政、金融、投资、产业、科技、教育等方面的政策对酒店集团的成长和发展的作用是巨大的,在市场经济规律的基础上,以法律为依据,利用政策导向间接引导酒店集团的发展,形成良好的法律框架和诚信的商业氛围有助于降低交易成本,是建立股份制旅游集团的基础。

二、酒店集团化可实现的模式

酒店集团化是全球经济一体化和行业发展的产物,是经济全球化发展和规模生产的必然趋势。这种趋势在第二次世界大战以后已初露端倪,其经营的秘诀是"集约式"经营。20世纪40年代到50年代初期,出现了一批以美国为首的跨国酒店集团,其代表是希尔顿、喜来登、假日集团。20世纪60年代和70年代,以东南亚华人为资本主体、以香格里拉为代表的东方跨国酒店集团登上了世界舞台。这些酒店集团都采用集约化手段,迅速地建立起新型的组织,扩大了市场占有率,以规模经营的方式,获取了高额利润,从而走向企业巨人的行列。其管理特征有特许经营权、委托管理合同及会员联盟等,20世纪90年代逐步趋向于投资加管理的双重结构模式。我国酒店业的集团化发展,目前尚处于初级阶段,从20世纪80年代开始,出现了集团化经营模式,90年代以来逐渐形成一种发展趋势。

（一）我国现存酒店集团的三种形式

1. 行政划拨、集约组合

将某一母公司或上级单位下属的企业用行政调拨的方式集中在一起,成立一个集团。无论资产是否优良,统统绑在一起,形成算术式相加,然后多出一个集团机构来进行管理,这种捆绑式的结合,属于单一生产形式状态。这样的行政翻牌集团貌似强大,其实没有对内部存量资产和外部资产进行任何变动,只是一种形式上的企业集团,其竞争力不可能强。

2. 企业联合体

这里指的是没有建立资产关系的企业联合体。它们出于联合开发市场、分享市场资源、互相合作的动机,由类似行业协会的组织牵头进行横向的联合。这种做法是先有联合体成员,后有联合体,正好和集团化集约式发展模式"先有核心企业控股母公司,后有子公司、分公司"的组合顺序相悖。其优点是较为宽松,缺点是由于没有产权关系,不能形成有效的管理机制,指挥不灵,更谈不上利益和风险共担。这种组织形式在市场经济条件下很难成为一种有效的组织形式,属于松散联合型,缺少集约式的指挥核心。

3. 综合式集约组合

以某一企业为核心,将生产上下游产品的公司划拨给这家企业从而形成综合性的企业集团。这种做法是由改制而来,由于酒店规模不大,所形成的集团内部交易不饱和,致使生产上下游产品的公司经营困难,母公司也无力支持下属公司获得更多的市场份额,常出现外部交易贫乏,到头来还是各自为战。这和广义上的企业集团化发展思路实际上是大相径庭的,不可能产生集约式的规模化经营。

(二) 适合我国酒店集团化经营的可实现模式

1. 特许经营与专业化经营相结合模式

特许经营是国外旅游集团的主要经营模式。特许经营权转让,要求转让者具有强大的实力和良好的知名度,经转让方允许后,受让方可以使用集团名称、标识、经营程序、操作规则、服务标准,并加入集团的电脑销售预订系统和市场营销系统,成为旅游集团中的成员。我国的酒店和旅行社数目很多,适宜采用专业化经营实现整合,但它们多数资金薄弱,往往无力兼并其他个体或发展分支机构。在这种情况下,一是可以采取参股和联合投资的方式,形成共同的所有权;二是可以采取输出管理和品牌扩张的方式,将管理要素和品牌折合成一定股份,形成共同的所有权;三是以上两种方式兼用,实现所有权共有。这三种方式可以使单体企业初步建立以资产为纽带的集团,之后逐步提高资金实力,培育品牌建立网络,再逐步采用控股、兼并等手段壮大集团。

案例分析 特许经营领域的佼佼者——精品国际酒店公司

美国的精品国际酒店公司是世界排名第二的酒店特许经营公司。精品国际酒店公司(以下简称"精品国际")旗下所辖品牌包括住宿旅馆、舒适旅馆、质量旅馆、号角酒店、经济客栈、罗德威旅馆和延长期套房酒店,各品牌酒店又各具鲜明的特性。

精品国际的特许经营模式有着高效的管理组织机构,比如在美国,其根据地理位置将美国划分成五个地区机构,分别代表总部对相应地区的酒店进行管理。地区机构向精品国际系统中的每个酒店提供一个专门的联系人,由他们负责对每个酒店的特殊需求进行评估并做出反应。每个地区机构的主要功能包括以下几点:

(1) 特许经营管理。

各地区组织机构负责向所有的特许经营获得者提供应用系统、合同、开放式服务、24 小时帮助热线、实时咨询等多项服务。

成为精品国标的加盟店后,新建酒店可获得包括选址、培训、提供产品、营销计划和帮助融资在内的服务,已有酒店则可获得除选址之外的其余各项服务。精品国标作为特许经营者,它所担负的责任并不是对各加盟店进行管理,而是向各受许者提供品牌、标准、营销及采购网络、质量控制服务。

作为精品国标的加盟店,需要交纳四部分的费用:初始费(每间客房 300 美元,最低不少于 35000 美元)、特许权费(4% 的客房毛收入)、广告促销费(1.3% 的客房毛收入外加每天每客房 28 美分)及客房预订费(1% 客房毛收入,外加通过预订系统预订的每间客房加收 1 美元)。

(2) 特许经营服务。

每个地区的专家都会为精品国际系统中的各加盟酒店提供"从摇篮到坟墓"的全面服务,从局部的销售策略、开创新品牌,到培训新技术,最终的目的就在于使其获得最高的收益及收益率。这些地区机构同时还负责管理质量担保和品牌标准。所谓"旁观者清",他们的认识相对来说比较客观,能根据具体情况制定对症的"良药"、销售策略、人员培训等等。

(3)特许经营销售。

特许经营的战略性方法是由地区机构设计的,他们根据不同品牌在不同区域的发展情况,分别对美国的关键市场进行细分、定位,从而为各加盟店找到最适宜的细分市场。已经在市场中运作的加盟酒店在新的特许经营机遇出现时具有优先选择权。

(资料来源:http://wenku.baidu.com/view/c2180556ad02de80d4d8405c。)

问题:分析精品国际酒店公司的成功之道?

分析提示:精品国际酒店公司能够在激烈的竞争中脱颖而出,成为一家世界级的酒店集团,主要原因在于他的经营特色——特许经营模式,正是这种新型的经营理念和运作模式极大地推动了精品国际酒店集团化的发展。特许经营模式作为一种轻资产模式,对于特许方来说,便于品牌输出,能实现规模的迅速扩张且又不增加企业财务负担;对于受许人来说,能够获得品牌效益,迅速获得市场占有率,保障了市场竞争能力和生存能力,减少了财务开支,以及成员店自己内部之间的竞争。另外,精品国际酒店公司的成功还得益于他对网络的充分利用、明确的市场定位以及众多的特殊服务项目等。

2. 资本经营模式

资本经营是酒店集团的现代经营理念。通过股票上市、发行债券、融资、合资等形式迅速进入资本市场,以资本经营的方式,实现迅速的扩张,形成具有国际品牌特征的大型企业集团,这是我国旅游业面临的一个重要课题。我国现有的企业集团往往被资金不足所困扰,难以在短期内参与兼并收购、控股、参股等的直接投资,因而规模不大,经营范围受区域局限,竞争力不强,市场占有率不高。现有的企业集团其经营状况表明,依靠企业内部积累的经营方式仍占主导地位,存量资产和外部增量资产缺少合理流动,盘活资产的意识不强,造成资源浪费。造成这种现象的主要原因是集团没有把资本经营作为主要的经营方式,相当一部分集团企业还没有资本经营的意识。我国酒店集团要走向世界,创出自己的品牌,不通过资本经营是根本无法达到的。没有规模,就不可能产生企业的竞争力,不可能获取高市场占有率和高额回报,更谈不上跨区域、跨国界的经营,因此,资本经营是集团化集约式发展的必经之路。

3. 多元化经营模式

多元化经营,在市场中具体表现为酒店集团与其他集团通过资产融合、法人持股、人员派遣、市场契约等方式构成集团有机体。其中,各集团之间不存在支配与被支配关系,而是相互配合、相互支援的关系。对于旅游集团来说,在新的世纪里,要设法通过证券、基金、金融等市场平台,寻求与民用航空业、交通运输业、房地产业之间的产业互动,或者相互持股,或者结成战略联盟,或者共用网络,以及形成产业集群,从而在产业互动过程中加速旅游集团的生长与发育。近年来,出现大量的房地产商介入酒店业的现象,这些酒店买入、卖出频繁,他们往往不依靠经营来收回投资成本,而是通过一段时间的经营提高了品牌和信誉后,在市价行情好的时候出售,从而取得超额利润。

跨入21世纪的国际旅游集团必将会在世界旅游市场被基本瓜分完毕的情况下进行重新排列组合,将在全世界范围内出现新一轮的"二次集团化"过程;新一轮的"二次集团化"将主要表现在集团之间的兼并收购与优胜劣汰和旅游集团与其他相关企业集团之间的强强联合与优势互补上。这对我国的酒店业来说,既是严峻的挑战,也是一个良好的发展机遇。

案例分析　万豪122亿美元收购喜达屋　全球最大酒店集团问世

美国当地时间2015年11月16日早晨,万豪国际酒店集团宣布以122亿美元现金加股票收购喜达屋酒店与度假酒店国际集团(以下简称"喜达屋")。据美国酒店权威杂志《HOTELS》公布的2014年度"全球酒店集团325强"排名,希尔顿全球排名第一,房间总数超过71.5062万间,酒店总数4322家;万豪国际原本排名第二,房间总数71.4765万间,酒店总数4175家。收购完成之后,万豪将在全球拥有5500处产业,总计约110万间房间,相当于增加了50%的酒店房间,这项交易将缔造全球最大酒店业公司。腾讯财经从喜达屋大中华区确认了消息的真实性。

案例分析　喜达屋的困境之局

喜达屋是全球最大的酒店及娱乐休闲集团之一,旗下运营有威斯汀、喜来登、瑞吉、雅乐轩等酒店品牌。根据美国酒店行业权威杂志《HOTELS》公布的2014年度全球酒店集团排名中,喜达屋共计拥有酒店总数1222家,酒店房间总数超过35.42万间客房,位列全球第8位。

然而,喜达屋最近的日子似乎并不好过。一方面,其官网公布的财务报表显示,公司2015年第一季度的净利润仅为9900万美元,较去年同期的1.36亿美元下降了27.2%,到三季度净利润降至8800万美元,也较去年同期的1.09亿美元下降了19.2%。

另一方面,喜达屋的扩张速度明显落后于万豪、希尔顿等老牌竞争对手。在酒店总量、房间量及增长率等方面,喜达屋与行业强者的差距都在逐渐拉大。以房间总数为例,据《HOTEL》数据,2014年,希尔顿、万豪、洲际三家酒店的房间数均超过70万间,稳坐行业的头三把交椅,其中,希尔顿和万豪的房间数增加最快,分别达到5.37%和5.78%。相比之下,喜达屋2014年房间数仅增长2.1%,远没有实现此前设定的4%~5%的增长目标。即便在被视为全球经济增长引擎的中国,喜达屋的表现也并不抢眼。在2015年第三季度全球RevPAR(每间可供出租客房产生的平均营业收入)增长5.4%的情况下,大中华区反而下降了2.6%。这些都给喜达屋带来了巨大的财务压力,原喜达屋大中华区总裁也于2015年5月离职。

面对行业大环境的改变以及自身发展的滞缓,喜达屋近年来一直在寻求解决方案,包括剥离部分非核心资产、改变部分品牌的经营模式等,但都无法从根本解决问题。

问题:造成喜达屋困境的主要原因是什么?

分析提示：固有的重资产发展模式是制约喜达屋近年来发展的主要原因之一。自营物业以获得全部运营收入曾是世界主要酒店集团的主要经营模式，但对资产规模的过高要求及经营物业风险的不稳定性，让不少酒店集团在20多年前便开始逐渐剥离自营资产，转为以特许加盟和酒店管理为主的轻资产模式。以洲际酒店集团为例，现今在大中华区已经不再持有任何物业，全部转为管理模式。相比之下，喜达屋的转身并没有对手迅速，物业自持率仍然高于行业老牌竞争对手。较高的物业自持率给喜达屋带来了沉重的负担，比如负债率攀高，还有品牌扩张的受限，造成了如此困局。

（资料来源：http://finance.qq.com/a/20151116/057348.htm。）

任务三　酒店经营理念的发展

酒店无论是采取独资经营还是合资经营、股份制经营，无论是采取单体经营还是集团化连锁经营，都只是解决了企业的组织形式和经营机制问题。在开展具体的经营活动中，还需要有正确的、先进的经营理念指导具体的经营活动，才能在激烈的市场竞争中保持领先优势和地位。在酒店发展的过程中，顾客满意理论、顾客忠诚理论、员工满意理论正受到越来越多的重视。

一、顾客满意理念

（一）顾客满意的内涵

顾客满意是由 Customer Satisfaction 翻译而来，所以又称 CS 理论，有的又称为 CS 战略，他是在 CI 的基础上产生的。

"CI"是 Corporate Identity 的缩写，即企业形象，是一种以塑造和传播企业形象为宗旨的经营战略，成型于20世纪50年代，70年代风靡全球，80年代中后期导入我国企业界，并被国内旅游业所接受。

CI 也是指企业为了使自己的形象在众多的竞争对手中让顾客容易识别并留下良好的印象，通过对企业的形象进行设计，有计划地将企业自己的各种鲜明特征向社会公众展示和传播，从而在市场环境中形成企业的一种标准化、差异化的形象的活动。

实践证明，CI 对酒店加强市场营销及公共关系发挥了非常重要的作用。随着市场日益激烈和人们对市场经济规律认识的深化，CI 也逐渐暴露了它的局限性。CI 的整个运用过程完全是按照企业的意志加以自我设计（包装），通过无数次重复性地向社会公众展示，"强迫"顾客去加以识别并接受企业自己的形象。因此，CI 的经营战略依旧停留在"企业生产什么、顾客接受什么"的传统的经营理念上。

随着市场从推销时代进入营销时代,在 CI 的基础上产生了 CS。CS 是指企业为了不断满足顾客的要求,通过客观、系统地测量顾客满意程度,了解顾客的需求和期望,并针对测量结果采取措施,一体化地改进产品和服务质量,从而获得持续改进的业绩的一种企业经营理念。

CS 理念及其在此基础上形成的 CS 战略,在 20 世纪 80 年代末超越了 CI 战略,在世界发达国家盛行,并于 90 年代中期,被我国企业界所认识和接受。CS 经营战略关注的焦点是顾客,核心是顾客满意,其主要方法是通过顾客满意度指数的测定来推进产品和服务,满足顾客的需求。目标是赢得顾客,从而赢得市场,赢得利润。实现了从"企业生产什么,顾客接受什么"转向"顾客需要什么,企业生产什么"的变革。

在 CS 理念中,顾客满意具有某种特定的意义。

(1)在横向层面上,它包括以下五个方面的内容:

①企业的理念满意,即企业经营理念带给顾客的满足状态,包括经营宗旨满意、经营哲学满意和经营价值观满意等。

②行为满意,即企业全部的运行状况带给顾客的满足状态,包括行为机制满意、行为规则满意和行为模式满意等。

③视听满意,即企业以其具有可视性和可听性的外在形象给顾客的满足状态,包括企业标志(名称和图案)满意、标准字满意、标准色满意以及上述三个基本要素的应用系统满意等。

④产品满意,即企业产品带给顾客的满足状态,包括产品质量满意、产品功能满意、产品设计满意、产品包装满意、产品品位满意和产品价格满意等。

⑤服务满意,即企业服务带给顾客的满足状态,包括绩效满意、保证体系满意、服务的完整性和方便性满意,以及情绪和环境满意等。

(2)在纵向层次上,它包括三个逐次递进的满意层次:

①物质满意层,即顾客对企业产品的核心层,如产品的功能、质量、设计和品种等产生的满意感。

②精神满意层,即顾客对企业产品的形式层和外延层,如产品的外观、色彩装潢、品位和服务等所产生的满意感。

③社会满意层,即顾客在对企业产品和服务的消费过程中所体验到的社会利益维护程度,主要指顾客整体(全体公众)的社会满意程度。它要求在企业产品和服务的消费过程中,要维护社会整体利益的道德价值、政治价值和生态价值。

(二) CI 与 CS 的比较

CS 战略比 CI 战略具有更多优势,主要体现在以下几点:

1. 在企业理念方面

CI 的目标是通过建立独特的企业识别系统来塑造和传播良好的企业形象,并进而获取更多的利润,并未跳出以企业为中心的理念范畴,而 CS 则通过建立完善的顾客满意系统,来更好地为顾客服务,获得顾客的满意感,它体现了顾客为中心的更高层次上的企业理念。

2. 在操作和实施方面

CI 是围绕着"识别"和"形象"来进行的,而 CS 则是以"服务"和"满意"为宗旨而运作的。

3. 在理论的涵盖与价值层次方面

CI 所提出的"识别"与"形象"概念,其着眼点在于现有顾客和潜在顾客,它所突出的是企业的自身价格;而 CS 所提出的"服务"与"满意"的着眼点超出了前者的范畴,它将"社会满意度"作为最高目标,将"顾客满意"扩大到社会和全体公众的层面,更加突出企业的社会价值,它要求企业经营活动要朝着有助于维护社会稳定推动道德进步和保持生态平衡等诸多方面协调发展。

4. 在评价与度量标准方面

CS 引入了顾客满意指标和顾客满意程度坐标系,与 CI 的企业形象评估方法相比,它可使企业更加具体而准确地把握顾客需要与追求的脉搏。

5. 在与市场经济发展机制的关系方面

CI 理论体现了企业由生产导向转变为市场导向的需要与水平,而 CS 理论则标志着企业由市场导向转变为顾客导向的需要和水平。

(三) CS 在酒店的运用

CS 经营理念强调要从顾客视角出来开展企业的一切经营活动,以实现顾客满意和企业目标为目的。那么,酒店如何吸引顾客呢?

1. "让客价值"理论的提出

近年来,美国市场营销学家科特勒提出了"让客价值"(Customer Delivered Value,CDV)的新概念。它的主要含义是顾客购买一种商品或服务,要付出的是一笔"顾客总成本",而获得的是一笔"顾客总价值",而"顾客总价值"与"顾客总成本"的差值就是让客价值。即

$$让客价值 = 顾客总价值 - 顾客总成本$$

顾客在购买时,总希望把有关成本降到最低限度,而同时希望从中获得更多的实际利益,以使自己的需要得到的满足。因此,顾客在选购商品时,往往在价值与成本两个方面进行比较分析,从中选择价值最高,成本最低,即"让客价值"最大的商品作为优先选购的对象。

(1) 顾客购买的总价值。

顾客总价值,是指顾客购买和消费产品或服务时所获得的一组利益,它主要由产品价值、服务价值、人员价值和形象价值构成。

产品价值,是指由产品的功能、特性、品质、种类与款式等所产生的价值。

服务价值,是指企业伴随产品或服务实体向顾客提供的各种附加服务,即为满足顾客对产品或服务的外延需求提供的服务,包括产品介绍、售后服务以及其他各种承诺等所产生的价值。

人员价值,是指企业员工的价值观念、职业道德、质量意识、知识水平、业务能力、工作效率,以及对顾客需求的应变能力和服务水平等所产生的价值。

形象价值,是指企业及其产品或服务在社会公众中形成的总体形象所产生的价值。

(2) 顾客购买的总成本。

顾客总成本,是指顾客为购买和消费产品或服务时所耗费的时间、精神体力以及所支付

的货币资金等,它包括货币成本、时间成本、精神成本和体力成本等。

货币成本,是指顾客购买和消费产品或服务的全过程中所支付的全部货币,即寿命周期费用。

时间成本,是指顾客在购买和消费产品或服务时所花费的时间。

精神成本,是指顾客购买和消费产品或服务时,在精神方面的耗费与支出。

体力成本,是指顾客购买和消费产品或服务的过程中,在体力方面的耗费与支出。凡是需要顾客付诸体力的活动,就会使顾客支付体力成本。

2.提高让客价值的途径

酒店可从以下五个方面来设法提高让客价值。

(1)确定目标顾客。

酒店要十分清楚地掌握顾客的动态和特征,首先应区分哪些是对自己有重要影响的目标顾客,要将有限的资金和精力用在刀刃上,到处撒网只能枉费资源。同时,做到以真正的顾客为中心。

(2)降低顾客成本。

顾客成本是顾客在交易中的费用和付出,它表现为金钱、时间、精力和其他方面的损耗。企业经常忘了顾客在交易过程中同样有成本。酒店对降低自己的交易成本有一整套的方法与规程,却很少考虑如何降低顾客的成本。酒店要吸引顾客,首先要评估顾客的关键要求,然后设法降低顾客的总成本,提高让客价值。

(3)理顺服务流程。

酒店要提高顾客总价值、降低顾客总成本而实现更多的让客价值,使自己的产品和服务满足并超出顾客的预期,就必须对自身的组织和业务流程进行重新的设计。

(4)重视内部顾客。

顾客的购买行为是一个在消费中寻求尊重的过程,而员工在经营中的参与程度和积极性,很大程度上影响着顾客满意度。据研究,当企业内部顾客的满意率提高到85%时,企业外部顾客满意度高达95%。

(5)改进绩效考核。

成功和领先的酒店都把顾客满意度作为最重要竞争要素,经营的唯一宗旨是让顾客满意。

二、顾客忠诚理念

(一)顾客忠诚理念的基本含义

顾客忠诚,即 Customer Loyal,缩写为"CL",其基本含义是企业以满足顾客的需求和期望为目标,有效地消除和预防顾客的抱怨和投诉,不断提高顾客满意度,在企业与顾客之间建立起一种相互信任、相互依赖的"质量价值链"。

"CL"侧重于企业的长远利益,注重将近期利益与长远利益相结合,着眼于营造一批忠诚顾客,并通过这个基本消费群去带动和影响更多的潜在消费者接受企业的产品与服务。以顾客忠诚度为标志的市场份额的质量取代了市场份额的规模,成为企业的首要目标,"顾客永远是对的"这一哲学被"顾客不全是忠诚的"思想所取代。

顾客忠诚的衡量标准,主要有顾客重复购买的次数,顾客购买挑选的时间,顾客对价值的敏感程度,顾客对竞争产品的态度,顾客对产品质量问题的承受能力,购买周期等指标。

(二) 培育忠诚顾客的意义

忠诚的顾客是成功企业最宝贵的财富。美国商业研究报告指出:多次光顾的顾客比初次登门者,可为企业多带来20%~85%的利润;固定客户数目每增加5%,企业的利润则增加25%。对酒店企业来讲,培育忠诚顾客的意义可以归纳为以下几个方面:

1. 有利于降低市场开发费用

任何企业的产品和服务都必须被市场所接受,否则这个企业就不可能生存下去,而市场开发的费用一般是很高昂的。由于酒店产品与服务的相对固定性,建立顾客忠诚更有特殊意义。如能达到引导顾客多次反复购买,从而可大大降低市场开发费用。据美国管理协会(AMA)估计,保住一个老顾客的费用只相当于吸引一个新顾客的费用的六分之一,而且老顾客由于对企业的忠诚、对该企业产品与服务高度的信任和崇尚,还会吸引来更多的新顾客。在企业推广新产品时,也由于忠诚顾客的存在,可以很快打入市场、打开销路,从而节省新产品的开发费用。

2. 有利于增加酒店经营利润

越来越多的酒店认识到建立起一批忠诚顾客是企业的依靠力量和宝贵财富。正如美国商业报告的调查结论指出的那样,多次惠顾的顾客比初次登门者可多为企业带来利润;随着企业忠诚顾客的增加,企业利润也随之大幅增加。

3. 有利于增加酒店的竞争力

企业之间的竞争,主要在于争夺顾客。实施CL战略,不仅可以有效地防止原有顾客转移,而且有助于酒店赢取正面口碑,树立良好形象。借助忠诚顾客的影响,还有助于化解不满意顾客的抱怨,扩大忠诚顾客队伍,使酒店走上良性循环发展之路。

(三) 顾客忠诚理念在酒店中的应用

1. "消费者非常满意"理论的提出

美国营销大师科特勒曾提出了"消费者非常满意"(customer delight)的理论。该理论认为顾客在购买一家企业的产品以后是否再次购买,取决于顾客对所购产品消费结果是否满意的判断。

(1) 做好顾客期望管理。

酒店可以通过对所做承诺进行管理,可靠地执行所承诺的服务,并与顾客进行有效沟通,来对期望实现有效的管理。

第一,保证承诺反映现实,明确的服务承诺和暗示的服务承诺这两项都完全处在酒店的控制中,对这些承诺进行管理是一种直接的可靠的管理期望的方法。

第二,重视服务可靠性。可靠的服务有助于减少服务重现的需要,从而限制顾客期望。

第三,与顾客进行沟通。经常与顾客进行沟通(理解他们的期望和所关心的事情,对他们所接受的服务进行说明,或者只简单地对顾客与你做生意表示感激),会鼓励顾客的容忍,并借此可以作为一种管理期望的有效方式。

(2)设法超越顾客期望。

期望管理为超出期望铺垫了道路。期望管理失败的一个主要原因是无法超出期望。受到管理的期望为超出顾客的期望提供了坚实的基础,可利用服务传送和服务重现所提供的机会来超出顾客的期望。

2. 顾客关系管理的推行

(1)顾客关系管理的概念。

顾客关系管理是一个通过详细掌握顾客有关资料,以酒店与顾客之间关系实施有效的控制并不断加以改进,以实现顾客价值最大化的协调活动。

(2)顾客关系管理的运作流程。

要做好顾客关系管理,首先要形成完整的运作流程,其流程主要包括:

第一,收集资料。利用新技术与多种渠道,将收集的顾客的个人情况、消费偏好、交易历史资料等储存到顾客资料库中,并且将不同部门的顾客资料库整合到单一顾客资料库内。

第二,对顾客进行分类。凭借分析工具与程序,将顾客按消费特征进行分类,这样可以预测在各种营销活动情况下各类顾客的反应。

第三,规划与设计营销活动。根据对顾客的分类,为各类顾客设计相应的服务与促销活动方式。

第四,例行活动的管理。由于酒店与顾客之间建立并保持着长期关系,双方越是相互了解和信任,交易越是容易实现,并可节约交易成本和时间,由过去逐项的谈判交易发展成为例行的程序化交易。

第五,建立标准化分析与评价模型。通过对顾客资料的综合分析,建立一套标准化的模型,对经营状况和绩效实施分析和评价。目前,顾客关系管理的技术,已经可以对处理顾客关系的每一项活动或过程做出评价,而在出差错时,标准化模型可自动、实时地显示出问题发生在哪个部门、哪个人员、哪个环节,以便迅速采取措施加以解决。

三、员工满意理念

(一) 员工满意理念的含义

员工满意,即 Employee Satisfaction,缩写为"ES",其基本含义是现代企业只有赢得员工满意,才会赢得顾客满意。因为面向服务的员工是联系企业与顾客的纽带,他们的行为及行为结果是顾客评估服务质量的直接依据。服务企业必须有效地选择、培训和激励与顾客接触的员工,在他们满意的同时营造满意的顾客。

ES 战略注重企业文化建设和员工忠诚感的培育,把人力资源管理作为企业竞争优势的最初源泉,把员工满意作为达到顾客满意这一企业目标的出发点。

(二) 员工满意的意义

员工满意理念的强化,是源于"服务利润链"理论研究的结果。"服务利润链"理论认为,在企业利润、成长性、顾客忠诚、顾客满意、提供给顾客的产品与服务的价值、员工能力、员工满意、员工忠诚及效率之间存在直接相关的联系,如图 6-1 所示。

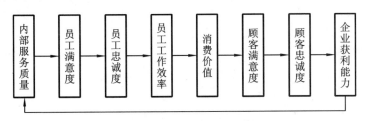

图 6-1　服务利润链构成因素图

(三) 员工满意理念在酒店中的应用

1. 内部营销理论的提出

内部营销,是指成功地选择、培训和尽可能激励员工很好地为顾客服务的工作。它包括两个要点:一是服务企业的员工是内部顾客,企业的部门是内部供应商,当企业员工在内部受到最好服务而向外部提供最好服务时,企业的运行可以达到最优;二是所有员工一致地认同机构的任务、战略和目标,并在对顾客的服务中成为企业的忠实代理人。

内部营销是一项管理战略,其核心是发展对员工的顾客意识,在把产品和服务通过营销活动推向外部市场之前,应将其对内部员工进行营销。

内部营销的宗旨是把员工当作顾客看待,它是创造"工作产品",使其符合个人需求的策略。

内部营销的最终目标是鼓励高效的市场营销行为。

内部营销意味着酒店管理者必须实施两种类型的管理:态度管理和沟通管理。态度管理,就是确立员工的正确态度,使员工树立顾客意识和服务观念。沟通管理,就是在管理工作中,向员工提供大量的信息,这些信息可能包括工人计划、产品和服务的特征、对顾客的承诺。

2. 企业文化的培育

现代酒店的员工满意战略对于酒店企业文化的建设和形成有重要作用,是酒店企业文化的重要组成部分。企业文化,是员工在长期的生产服务和经营活动中培育形成并共同遵守的最高目标、价值标准、基本信念以及行为规范。而人是文化的创造者,员工是酒店人力资源的主体,他们是否获得了物质和精神的满足及其满足的程度,决定了企业文化是否具有生命力。关于这部分将在本书第九章专门讲述,此处不赘述。

案例分析　格林豪泰的 4S 理念

格林豪泰(Green Tree Inn)酒店(上海)有限公司(以下简称"格林豪泰")是由美国 APH(安费诺)、美国 George Realty、中国台湾大同集团、统一投资集团的股东和其他若干跨国集团联手创办的。格林豪泰力求在中国打造高品位、高性价比的商务酒店连锁的第一品牌,把格林豪泰品牌和服务输出到全国各地,为客户真正做到二星的价格、五星的服务。"超健康、超舒适、超价值、超期望"(4S)是格林豪泰的重要经营理念之一。

（1）超健康。在对待客户上，充分关注客人对健康生活的需求细节，从节能环保的设计、健康空调的选择、客房的静音程度，到绿色食品的采购与健康美食的制作，以及绿色环保装饰材料的使用等都体现了格林豪泰对人性的极大尊重，致力于为客人提供健康的旅行生活空间；在对待员工上，格林豪泰关注每一个员工的健康发展，致力于创造家庭式的工作氛围，开展丰富多彩的文体活动，以关注全体员工身心健康为己任，为员工提供健康的工作空间。

（2）超舒适。在对待客户上，从人体工程学角度出发，从提供高低枕头、卫生间的设计、餐厅的环境、服务用品与全棉制品的采购、高速电缆光纤的铺设，到整个酒店的色调都给客人舒适的感受；在对待员工上，关注员工的工作舒适感受，从绿色的工作环境，到员工食堂的饮食、员工宿舍，致力于为员工创造温馨、舒适的工作环境。

（3）超价值。在对待客户上，致力于为客人提供超价值的服务，从客房餐饮环境，到旅居生活必需的一些自助服务设施，客人只需要付出经济型酒店的价格就可以享受到超价值的高星级商务酒店的服务；在对待员工上，公司关注员工的精神需求，帮助员工制定职业生涯规划，并提供发展的平台，帮助员工实现人生价值，让每一个在格林豪泰的员工都会有满足感、成就感。

（4）超期望。在对待客户上，格林豪泰深入研究商务旅行客人的需求与期望，然后通过精致的客房与餐饮设计、便利服务设施的提供、员工对服务细节的关注，让客人有超出其实际预期的感受，即二星的期望，五星的体验；在对待员工上，格林豪泰是一个不断学习、创新、飞跃发展的平台。工作在格林豪泰，每个员工的成长都会大大高于其实际心理预期。

（资料来源：邢夫敏，《现代酒店管理与服务案例》，北京大学出版社，2012年版。）

问题：运用本项目中理论对格林豪泰的4S理念进行评价？

分析提示：格林豪泰的4S理念是顾客满意、顾客忠诚和员工满意几种理念的综合应用。对于顾客，格林豪泰的价格是经济型的，但是硬件及服务标准完全是商务型的，就是顾客付出二星的价格，获得五星的服务，充分提升了客人的"让客价值"，从而超出"顾客期望"，获得"顾客忠诚"。对待员工，把员工当成内部顾客，贯彻以人为本的理念，关注员工的身心健康与个人发展，为员工创造舒适温馨的工作环境，提高员工满意度，发挥其积极作用，实现内部营销带动外部营销。最终形成"超值"企业文化——企业要做超值的公司，员工要做超值的人，为顾客提供超值的服务。

项目小结

酒店的经营管理活动，是在一定的经营形式和组织方式下进行的。本章首先分析了酒店对个人业主制企业、合伙制企业、股份制企业、外商独资企业、中外合资企业、中外合作企业等不同所有制形式的选择,以及对经营承包责任制、租赁制、购买技术许可证与技术服务等不同经营形式的选择。然后是针对我国酒店发展的实际状况,对酒店的集团经营进行了阐述。最后对酒店在实际经营中应树立的顾客满意理念、顾客忠诚理念和员工满意理念作了介绍,以期望酒店能够在激烈的市场竞争中占有一席之地。

知识训练

一、选择题

1. 股份制酒店( )。
   A. 组成比较容易　　　　　B. 易于吸收游资
   C. 企业寿命受股东寿命的制约　　D. 对债务承担无限责任

2. 某企业集团投资新建了一座五星级酒店,聘请了某著名的酒店跨国公司管理并使用其商标,选择这种经营方式属于( )。
   A. 经营承包责任制　　　　B. 租赁制
   C. 中外合作　　　　　　　D. 购买技术许可证与技术服务

3. 顾客总成本是指顾客为购买和消费产品或服务时所耗费的( )。
   A. 货币成本　　B. 时间成本　　C. 精神成本　　D. 体力成本

二、判断题

1. 当我们有一部分资金,但又缺乏一部分资金和需要学习先进的经营管理技术时,最好选择中外合资经营酒店这种形式。( )

2. 特许经营与专业化经营相结合模式与我国的国情差异较大,是不适合我国旅游集团化经营的可实现模式。( )

3. 顾客重复购买的次数越多,顾客购买挑选的时间越长,顾客对价值的敏感程度越高,顾客对竞争产品的态度越疏远,顾客对产品质量问题的承受能力越强,购买周期越短,说明顾客忠诚度越高。( )

三、简答题

1. 简述酒店在经营中如何运用顾客满意理念。
2. 简述我国酒店集团化经营可实现的几种模式。
3. 简述股份制酒店的优点和缺点。

能力训练

一、案例讨论

民族酒店如何实现集团化管理

目前,全世界的酒店中,已有一半以上以各种形式隶属于酒店集团。这些酒店集团往往采用全球化经营战略。例如,美国至2014年年底共有酒店4.9万家,其中前10家大酒店集

团在美国国内已拥有客房219万间,相当于全美客房总数的58%。而最大的塞恩德恩斯公司竟拥有酒店5802家,客房51万余间。

酒店集团的大量涌现不是偶然的。一方面,信息技术革命为其扩张提供了重要条件,目前在国际酒店集团中广泛采用的计算机预订系统,已能帮助成员酒店销售25%以上的客房,成为紧密联结远在天边的成员间的纽带;另一方面,旅游业在世界范围内蓬勃兴起,业内竞争日益激烈,优胜劣汰成为必然。拥有著名酒店品牌、完善服务系统与强大市场营销能力的超级集团,犹如远渡重洋的航空母舰,可以抵御住任何等级的风浪。

1982年,香港半岛管理集团在中国兴建第一家中外合资酒店——北京建国饭店,亦可以视为境外酒店集团在中国内地的首次登陆。迄今,已有30多家外国酒店集团在中国内地管理着200多家酒店。虽然它们的数量仍不算多,可其良好的经济效益与强大的攻势,却十分引人注目。若用占我国酒店总数65%的2000多家国有酒店与数量仍不盈利的合资酒店相比较,更可看出它们之间经济效益的巨大落差。2015年我国有星级酒店12300多家,外资酒店有200多家,约占星级酒店的1.92%,而四星级以上酒店共3100多家,外资酒店有130多家,约占总数的67.0%。在经营效益上外资酒店利用管理、品牌等方面的优势,经营绩效远远高于内资酒店:外资酒店的客房出租率比内资酒店高出8个百分点,营业收入占29.5%,缴纳的利税占28.4%,效益明显高于内资酒店。

尤其应注意的是,外国酒店集团有雄厚的资金作后盾,带着丰富管理经验大举进军中国,其在华资本还在急剧扩张。例如,香格里拉集团截至2013年在全世界建有82家酒店,其中进驻中国即有43家,而且还在中国兴建新的高星级酒店。外国酒店集团来华猛烈抢滩登陆,加剧了我国酒店业市场过剩的局面,中国民族化酒店感受到空前的紧迫感与危机感。

改革开放以来,我国民族化酒店虽然规模与服务水平有了极大发展,但仍未摆脱"弱、小、散"的劣势。我国现有的国有酒店,八成以上规模不足200间客房,平均只达150间,投资主体又分属于各个部门,产权关系复杂往往既不能做到"大而全",又不能"小而专",缺少电子预订系统等必备硬件及个性化服务等优质软件,在激烈竞争中往往只能出竞相降价等下策。

问题:请从集团化经营的角度分析中国民族酒店业在参与国际竞争中的出路。

二、实践训练

对当地任意一家私营、股份制、中外合资酒店进行调查,了解其企业性质、经营方式,以及在经营中是否体现了顾客满意、顾客忠诚和员工满意等经营理念。

项目七
酒店人力资源管理

项目目标

职业知识目标：
1. 了解酒店人力资源管理的概念和特点。
2. 掌握酒店人力资源管理的内容。
3. 掌握酒店员工招聘、培训、激励以及薪酬管理的基本内容、原则和方法。

职业能力目标：
1. 掌握人力资源从业者的基本素质要求。
2. 掌握酒店员工的招聘流程。

职业素质目标：
　　通过本章的学习，使学生对酒店人力资源管理有一个初步的认识，充分意识到酒店人力资源管理贯穿于酒店整个管理过程之中，酒店人力资源管理的重要性，将酒店人力资源管理的基本理论和方法与其他酒店管理知识有机的融合在一起。

项目核心

　　人力资源的概念和特点；酒店员工的招聘；酒店员工的培训与开发；酒店员工的激励与薪酬

项目导入：

海景花园酒店塑造高效团队

　　有人说："海景是一块生长人才的文化沃土。"许多单位在招聘员工时，只要在海景工作3个月以上的，可以免试录用。人们把这种现象称为"海景效应"。
　　培养什么样的人需要设计。海景要求员工第一是会做人，第二是会做事，并按

照"品德高尚、意识超前、作风顽强、业务过硬"品格模式塑造人、锤炼人。每一个管理人既要接受塑造和锤炼,又要责任塑造和锤炼好自己的下属。

海景对员工实行学校式素质化培训,员工的企业文化学习和技能培训都是高强度的,几年来一直坚持不懈,不打折扣。近两年,海景以其成功的魅力吸引了一大批大学生加盟。海景的领导对他们倾注了大量心血,让他们通过企业文化学习和严格的实践锻炼,使他们中的绝大多数成为能独当一面的管理骨干。

海景的老总常对员工说,我们不要求你们在海景干一辈子,但我希望你们人人成为人才! 能为社会培养有用之才,是我们企业的荣耀。

1997年,一个部门经理离开海景到另一家酒店去做,并且得到了"升迁",一年多以后,他又回到海景。几年来,有好几名高级管理人员走了又要求回来,海景以博大的胸怀接纳了他们,并予以重用。

他们为什么要"燕子归巢"? 有人说出了心中的秘密:海景是一个团队,一个有凝聚力的集体,环境氛围好。你个人本事再大,离开了团队,做事也很难。

海景非常重视团队塑造,每一个员工对海景都是至关重要的。酒店为员工施展才华搭建舞台,并花费心血把他们培养成出色具有团队精神的演员,共同唱好一台戏。

海景认为,一个群体不能没有尊重、沟通和协作。海景有一个多层次沟通网络。总经理与部门经理、总经理与员工、部门经理与下属、班组长与员工、职能部门之间都有定期沟通会制度,以增进了解,达成更多的共识。与众不同的是,他们特别擅长"理念沟通",不是就事论事,而是从价值观、理念和行为准则上追寻共同语言。可以说,海景人统一于也凝结于共同的价值准则。

(资料来源:http://wenku.baidu.com/view/980f3c3031126edb6f1a100c.html? from=search。)

酒店最重要的是人才,人才最重要的是品德。海景正是抓住了这一点,从企业文化和业务技能两个方面强化培训,造就了一批批素质过硬的"海景人"。"团队协作""顾客至上"等理念在青岛海景花园大酒店里被体现得淋漓尽致。海景花园大酒店正是利用"价值观"这一无形的手把大家的行动统一在了一起,实现了人力资源管理的优化。

任务一 人力资源管理概述

世界上有四大资源:人力资源、自然资源、资本资源、信息资源。而人力资源是酒店中最基本、最重要、最活跃的资源,因为只有人才能开发和利用酒店中的其他资源,通过酒店的经营运作将资源转变为资本,实现酒店生存、发展、获利的企业目标。

一、人力资源的概念和特点

(一)人力资源概念

资源,在社会经济领域泛指投入生产活动中去创造财富的各种生产条件。

人力资源,广义而言,是指能推动整个经济和社会发展的劳动者的能力。就微观层面看,人力资源是将智力和体力结合为企业创造效益的劳动力总和。由此可见,组织中无论是高层管理人员或是最基层的操作人员,只要是对组织有价值贡献的人就是组织的人力资源。人力资源包括数量和质量两个方面。

人力资源数量,是指一个国家或地区具有劳动能力、从事社会劳动的人口总数,包括现实的人力资源(适龄就业人口、适龄待业人口、尚未达到劳动年龄的劳动人口和超过劳动年龄的劳动人口)和处在潜在状态的人力资源(劳动适龄人口中正在学习的人口、从事家务劳动的人口、军队服役人口和其他人口)。

人力资源质量,是指一个国家或地区的劳动力人口的综合素质,包括体力、智力和道德修养。

人对社会发展起促进或延缓的作用,人力资源的数量和质量与经济社会发展密切相关,人口数量过多造成许多社会问题。人力资源管理中,重点强调的是人力资源的质量,而不是数量上的人口资源,只有具有高素质的人才资源,才能促进社会的进步和发展。

(二)人力资源的特点

人力资源是所有资源中较为特殊的资源,它与其他资源相比较有其鲜明的个性特征。

1. 人力资源的生物性

人力资源是以人为载体的资源,是有生命的"活"的资源,其基本形态是具有生命的人,因此人力资源具有生理和心理个性特征,人力资源管理比其他物资资源管理更为复杂,管理的难度更大。

2. 人力资源的再生性

自然资源在被消耗之后,一般是不可再生的,而人力资源是一种可再生资源,其个体在劳动过程中的消耗可通过休息和各种形式的补充使劳动能力再生,其劳动者的总量随人类的繁衍而不断的再生产出来,所以只要人类存在,人力资源是一种取自之不尽,用之不竭的资源。

3. 人力资源的增值性

人力资源不仅具有再生性的特点,而且其再生过程也是一种增值的过程。随着劳动人口的增加和科学技术的发展,人力资源不仅在总量上增大,而且使劳动生产能力提高。

4. 人力资源的时代性

一个国家或地区的人力资源,在其形成过程中受到时代条件的制约,人一出生就置身于某一特定的时代背景之下,各方面受当时的社会经济发展水平的影响,只能在时代为他们提供的前条件下发挥作用。

5. 人力资源的能动性

自然资源在被开发和利用时是被动的,而人力资源则不同,它存在于人体之中。人具有意识,为了一定的目的会自觉地运用能力,并通过学习、积累经验不断地强化自身的工作能力。

6. 人力资源的时效性

每个有生命的活体都有其生命周期,人在不同年龄阶段有着不同的生理和心理特征,人的能力的发挥也有最佳年龄段,会受到时间的限制。人力资源开发和使用的时间不同,所得效益也不相同。

二、人力资源管理的概念和内容

(一) 人力资源管理的概念

人力资源管理,是指运用现代化的科学方法,对与一定物力相结合的人力进行合理的培训、组织和调配,使人力、物力经常保持最佳比例,同时对人的思想、心理和行为进行恰当的诱导、控制和协调,充分发挥人的主观能动性,使人尽其才,事得其人,人事相宜,以实现组织目标。简而言之,人力资源管理就是提供和协调组织中的人力资源的活动。

人力资源管理根据不同的主体、对象和范围,可分为宏观的人力资源管理和微观的人力资源管理。

宏观的人力资源管理是从国家和全局性的角度对一个国家和区域的人力资源配置、使用和维护进行管理,强调从国家、地区、行业范畴的用人管理、就业和组织管理。

微观的人力资源管理主要针对基层组织的具体的对人力资源获取、整合、保持、开发、控制与调整等方面所进行的计划、组织、协调和控制等活动管理。

(二) 酒店人力资源管理的内容

1. 制定人力资源规划

人力资源规划是为了实现酒店的战略目标而进行的人力资源计划管理方式,是实现酒店战略的重要基础。其任务是分析酒店现有的人力资源状况,预测实现酒店战略目标所需人力资源的要求,制订和实施满足这些要求的计划,以确保酒店实现目标所需的人力资源的需求和合理配置。酒店人力资源规划的具体运作是核查现有人力资源、人力需求预测、人力供给预测、制定具体的人力资源规划方案。

2. 工作分析

工作分析是对某特定的工作做出明确规定,并确定完成这一工作所需要的知识技能等资格条件的过程。进行工作分析的目的主要是为酒店内的特定工作确定具体要求,工作分析是人力资源管理的基础工作,工作分析的结果为合理的选拔人才、培训、绩效考评、薪酬管理提供了明确的依据。

3. 员工招募与选拔

酒店根据制定的人力资源规划,通过一定的招募途径和选拔方法,选择和雇佣填补酒店内具体职位的人力资源过程。酒店在招募和选拔员工时应遵循公平、公正、任人唯贤、人事相宜的原则。

4．员工培训与开发

培训与开发不仅可以帮助员工胜任目前岗位的工作以及提高职业发展需要的各种能力，还可以增强员工对工作的责任感和对企业的归属感，构建健康和谐的企业文化，提高生产率。对于酒店而言，不仅应根据酒店发展的需要为员工提供一系列的培训，还应充分考虑员工职业发展的需要。

5．绩效考评

绩效考评是指一定时间内对员工的工作态度、工作过程以及工作结果的评价过程，绩效考评是控制员工工作绩效的有效手段，通过绩效考评，确认员工的工作成就，使员工发现差距，改进工作方式，以提高工作效率和经营效益。绩效考评的结果是酒店组织培训、晋升、奖惩等人事决策的重要依据。

6．薪酬管理

薪酬管理包括工资、奖励和福利的分配和管理。薪酬从来都是员工最关注的因素之一，也是最敏感的问题，薪酬不仅为员工提供最基本的生活保障，还是员工在酒店中价值地位的体现。建立科学、合理的薪酬制度有利于吸引优秀人才、调动员工的工作积极性和降低员工的流失率。酒店的薪酬制度是管理者用以激励员工的最有效的激励手段之一。

7．劳动关系管理

企业劳动关系主要指企业所有者、经营管理者、普通员工和工会组织之间在企业的生产经营活动中形成的各种责、权、利关系。通过规范化、制度化的管理，建立健康和谐的劳动关系，使劳资双方的权益受到保障，是人力资源管理的重要内容。

三、酒店人力资源管理常见的问题

我国酒店是与国际接轨最早的行业，近年来国际往来和国际贸易的增加，使酒店国际化趋势日趋显著。一些国外著名酒店集团也纷纷登陆中国市场，如马里奥特集团在中国现已开业的酒店就有23家，洲际集团在中国管理的酒店已经多达39家，在这种竞争环境中，酒店需要拥有一支具有一定专业知识和技能的高素质的员工队伍。而目前我国酒店人力资源现状却不容乐观，存在管理缺乏规划、员工素质偏低、人才流失严重等问题。

（一）人力资源管理缺乏规划

许多酒店没有明确的战略目标，更谈不上战略性人力资源规划，只是被动的适应外部市场变化，走一步看一步，凭借人力资源管理者主观的经验预测人力资源需求和供给。由于缺乏动态的人力资源规划，导致人事政策的随意性大，人力资源得不到合理的开发和利用，员工流失严重。

（二）酒店员工流失严重，整体素质偏低

随着旅游业的发展，作为旅游业三大支柱的酒店其规模和数量不断扩大和增加，在二三十年之间中国建设投资了大批酒店，由于数量上的增加，酒店从过去的供不应求发展到供过于求，近年来，酒店行业已步入低利时期，酒店员工的收入也由改革开放初期的绝对高薪行业转变为目前的相对低薪行业，这种整个行业的普遍低薪，导致酒店的员工特别是基层服务员纷纷跳槽到其他行业，据有关专家的调查研究表明，酒店员工年流失率的正常范围应在

6%~25%之间,北京、上海、广东等地区的酒店员工平均流动率在30%左右,有些酒店甚至高达45%,据国家旅游局调查在2004年的统计数据中,酒店员工年流失率超过25%高达49.47%,如果这种现状长期得不到改善,酒店不仅很难招聘到高素质员工,而且酒店业中的优秀员工也会不断流失。

(三)酒店人力资源结构分布不合理

酒店业是综合型很强的服务行业,部门多、岗位多。酒店不仅需要具有操作技能的基层服务员,而且迫切需要经过系统酒店管理专业学习,有丰富专业知识、管理能力和创新能力的复合型人才。而目前,酒店的人力资源结构分布很不合理,主要表现在以下两个方面:第一,学历结构分布不合理,酒店中高中生、初中生居多,大专、本科生较少,就连管理决策层中高学历的也很少。即使在酒店招聘时,有大学生进入酒店工作,但由于薪酬水平低、发展空间小等原因使这部分员工流失非常严重,例如,杭州市10家酒店2000年招聘了168名大学生,到2003年初已流失111名,流失率为66.1%,其中进酒店不到1年流失的大学生有81名,占流失人数的73%,个别酒店连续3年新招聘的大学生几乎全部在第一年内流失。第二,专业结构不合理,酒店员工中只有少部分员工是从旅游职业学校和旅游院校毕业的,他们经过专业教育,具有一定的理论知识和专业技能,而大部分员工专业化程度较低,而且大多数酒店高级管理者所从事的职业与其所学专业不一致,具有较强专业素质的技能型人才和高级管理人才奇缺。

案例分析 年薪10万招不到一个厨师长　上海酒店业人才奇缺

从上海多家酒店了解到,紧缺的人才分为两个极端:一类为进入门槛低但需求量大的人,如服务员、前厅接待等;另一类则是不仅有3年以上相关工作经验,而且至少懂一门外语的高级人才,如管理类的客户经理、培训经理,技术类的中西餐总厨、工程部经理等。其中懂国际惯例、语言和沟通能力强的本土酒店管理人才严重短缺,引来越来越多的"老外人才"填补空白。如今在上海的高星级宾馆中,担任总经理、副总经理、行政总监、销售总监等高级管理职务的外籍人士已有近千人,他们的年薪可达50万~100万元。

除了中高层管理人才之外,中西餐厨师、日韩料理厨师、酒店设备维护、餐饮客房服务等技能型人才也十分紧缺。如西餐总厨,不仅要有精湛的厨艺,还要对世界各国不同风格和口味的西餐了如指掌,因此,开出年薪10万元招聘不到一个厨师长是常事。几年前,上海国际会议中心开出50万元的天价年薪招聘一名西餐总厨,没想到应聘者寥寥,最后费尽周折才从法国引进了一名总厨。

问题:根据本项目所学的理论试解释为什么会有这样的现象产生?

分析提示:我们应该明确,服务性行业才是未来的发展趋势,服务业有着无可限量的未来。我应该用科学的眼光,科学的方法来管理、发展服务性行业。服务性行业最根本的核心是人。如何管理好人员就是一门学问。人力资源管理是酒店生存和发展的保证,是酒店在竞争中制胜的关键因素。其服务产品质量的高低直接与员工的工作相关联,或者说,员工的工作过程就是产品的生产与提供过程。

（四）酒店没有完全从传统的人事管理过渡到人力资源管理

有的酒店虽然将人事部更名为人力资源部，但其观念、管理职能和管理模式却并没有发生太大的变化，仍然停留在传统的人事管理阶段，如视人力为成本，重视对员工的管理，而忽视员工的培训与开发，酒店高层决策者仅把酒店的人力资源部作为执行部门，而非生产和效益部门，不重视人力资源管理工作。

从酒店人力资源管理的现状来看，人才匮乏已经成为制约我国酒店向规模化、品牌化发展的瓶颈之一，如何采取有效的措施吸引人才，留住人才是现阶段酒店人力资源管理面临的一个重大挑战。

任务二　酒店员工的招聘

酒店从战略发展的角度分析现有的人力资源状况，预测人力资源需求与供给，确定需求，并制定酒店人力资源规划，人力资源规划确定了所需要填补的工作的具体数量，而工作分析提供了特定工作的性质和要求（见图7-1）。员工的招聘是根据人力资源规划在工作分析的基础上，为一定工作岗位选拔合格人才而进行的一系列活动。招聘是酒店获得人力资源补充的重要渠道之一，也是外部优秀人才进入酒店的唯一通道，员工招聘是人力资源开发和利用的开端，是酒店经营成败的关键。

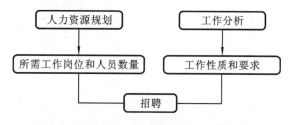

图7-1　工作分析、人力资源规划、招聘的关系

一、招聘的途径

酒店获取人力资源的途径有内部招聘和外部招聘，也就是说酒店可以用自己现有的人员来填补某项特定的工作，也可以从酒店以外的劳动力市场选拔优秀合格的人才。但无论是内部招聘还是外部招聘都各有其利弊。

（一）内部招聘

据有关调查显示，美国有90%的管理岗位是由内部招聘来填补的，酒店通常也会优先考虑内部招聘，只有在酒店内部没有人才或者酒店的情况不适合内部招聘时，才考虑外部招聘。

内部招聘的优势主要有以下几个方面：

(1) 采用内部招聘创造了提升的机会，激励被提升者工作更加努力、工作效率更高；同时，也可以激励和鼓舞其他员工，对员工的动机和士气产生积极的作用。

(2) 可以减少招聘的环节，降低招聘成本。

(3) 通过绩效考评，酒店对内部员工的工作情况比较了解，员工对酒店的组织结构、服务流程、服务标准等也已经熟悉，因此，内部招聘可以使员工预期的不准确和对酒店不满意的可能性降低。

(4) 酒店对现有的人力资源投资很大，充分开发利用现有的人力资源可以提高酒店的投资回报。

然而，内部招聘也有一些缺点。内部招聘不容易吸收到优秀人才，可能使企业缺乏活力，在内部提升中如果选拔不公平、公正，反而会挫伤员工的积极性，引起内部明争暗斗，工作上相互牵制。

酒店在进行内部招聘时，通常以发布公告的形式向员工传递招聘信息。许多酒店在员工食堂、员工休息区、员工宿舍等设置信息栏，通过信息栏发布招聘公告，如果酒店设有完善的内部网进行员工间相互沟通、传递信息、文化交流，人事部门会在内部网上及时发布职位需求信息。公告中详细说明所需职位的名称、报酬以及任职资格，员工向所在部门提出申请，酒店按照公开、公平的原则经过严格的筛选程序进行人员选拔。

(二) 外部招聘

外部招聘的渠道很多，我们比较常见的有大学校园招聘、员工推荐、职业介绍机构和人才交流市场、媒体招聘、网络招聘等。

1. 大学校园招聘

大学校园是酒店优秀人才的主要来源之地。我国目前的高等教育越来越重视学生的动手能力，在教学计划中有大量的实践教学，酒店与学校采取实习、就业联合一体的方式，学生的实践教学在酒店中进行，酒店对实习的学生进行考核，实习结束后酒店根据实习情况选拔聘用合格学生在酒店就业。

知识衔接

2007年3月19日，万豪酒店管理集团旗下7家酒店，即上海、苏州地区万豪姊妹酒店：上海明天广场JW万豪酒店及明天广场万豪行政公寓、上海新梅万豪行政公寓、上海虹桥万豪大酒店、上海扬子江万丽大酒店、上海淳大万丽酒店、上海齐鲁万怡大酒店、苏州尼盛万丽酒店与上海师范大学旅游学院、上海旅游高等专科学校共同达成协议，即日起校企将紧密合作，本着平等互利精神，建立长期友好合作关系，以加强酒店管理人才培养的教学与实践合作，推进企业管理文化交流，增进相互了解和支持。协议包括从2007年4月开始，学校从每年的入学新生中，选择组建以"万豪班"冠名的酒店管理、财务管理和烹饪专业本、专科教学班。学校将根据自身教学计划，提前制订万豪集团承担课程的计划和内容，并指定专人负责组织与管理。

万豪集团则制定相关部门的年度实践培训安排供给学校参考,(如前厅、客房、餐饮及烹饪)。万豪集团的专业管理人员也将成为学校的客座讲师,教授专业理念及实践操作知识。为学生们开设企业文化,人才需求,企业发展规划,以及具有现代酒店培训特色的实践教学课程。在实习合作方面,酒店也将定期安排专科学生见习参观和交流,为本科学生提供酒店服务和管理的体验见习。在举办大型国际活动或者宴会期间,长期为学生们提供实践的机会。对于实习成绩合格的学生,优先录用并签订就业协议。在企业文化交流方面,学校将定期宣传酒店文化和发展,管理特色和酒店新闻等;酒店也将每年为学校派选专业教师进行特定管理岗位的短期考察。

2. 员工推荐

员工推荐可节约招聘费用和时间,尤其对关键职位的人选,经有关研究机构调查这种聘用形式比其他聘用更有效,员工流动性小。缺点是容易在内部形成裙带关系。

3. 职业介绍机构和人才交流市场

酒店在开业之初,人员需求量较大,可以通过专门机构招聘员工。酒店只要将有关招聘信息传递给这些专门机构,就可以直接获得应聘人的相关资料。但有的职业介绍机构管理不规范,应聘人员素质参差不齐,难以选拔到优秀人才,成功率比较低。

4. 媒体招聘

利用广播、杂志、电视、报纸等进行招聘宣传,这种招聘方式信息传播迅速、广泛,但筛选工作量大。而且时效短、招聘成本较高。

5. 网络招聘

网络招聘是指酒店通过在人才网站发布招聘信息的方式进行招聘,这种方式越来越多地被酒店所采用。因为网络招聘相对于传统招聘方式收费低,招聘面广、时效长。酒店应充分利用网络技术,与正规、专业的人力资源网站合作,提高招聘的效率。

知识衔接

艾瑞检测数据产品 iUserTracker 显示,2015 年中国招聘网站月浏览时长为 4397.7 万小时,其中,3 月浏览总时长为全年最高,达 6232 万小时,4～12 月浏览时长月度变化小基本稳定在 4500 万小时左右。(数据来源:http://www.iresearch.com.cn/product/。)

内部招聘为员工提供了职业发展的机会,外部招聘为酒店注入了新鲜血液,"鲶鱼效应"激活了内部员工的潜能。内部招聘和外部招聘都有其优缺点,酒店应根据自身的具体情况选择合适的招聘途径。

二、员工招聘的程序

员工招聘的过程一般必须包括一系列的步骤,主要有招募、甄选、录用、评估等方面,酒店在这个过程中通过一系列审查手段诸如申请表、面试及测试,来证明应聘者是最合适的岗位人选,如图7-2所示。

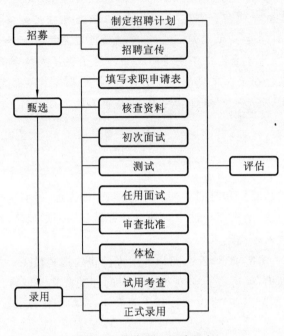

图7-2 酒店员工招聘程序

(一) 制订招聘计划

人力资源规划和工作分析是制定招聘计划的前提条件,人力资源规划决定了招聘的时间、人数、岗位等,工作分析明确了所需人员的任职条件。在二者的基础之上,制订完整的招聘计划,从而指导招聘工作。

(二) 招聘宣传

依据招聘计划的要求,酒店在确定的招聘渠道进行宣传活动,吸引应聘者前来参与选拔。招聘宣传不仅是将招聘的信息传递给应聘者,还是酒店进行对外开展公关宣传推销的一种途径。因此,酒店应周密策划每次招聘的宣传活动。

(三) 填写求职申请表

填写求职申请表是大多数组织选择过程的第一步,一张完好的申请表可以提供应聘者最基本的信息,使我们能够初步了解应聘者的情况,同时便于我们在众多的应聘者中筛选不合格的申请者,如酒店需要有从业经验的销售人员,而申请人不具备这样的条件,就不必对其进一步考虑。

(四) 审查资料

对初步筛选后的人员进一步了解有关情况,如申请表中信息可以通过证明材料核实对其证明，还可以通过应聘者原来工作的单位、学校了解其工作表现、学习情况、人际关系等。

（五）初次面试

初步面试一般由酒店人力资源部门人员与应聘者进行简短、初步的会谈。通过直接交谈，可以了解应聘者的仪容仪表、表达能力以及求职动机等情况，并回答应聘者关于工作的相关问题。

（六）测试

为了进一步了解应聘者的专业知识和专业技能以及心理特征，还要进行测试，在酒店招聘过程中最常见的是专业知识测试、心理测评和专业技能测试。

（七）任用面试

任用面试是酒店甄选过程中一个重要的步骤，通过任用面试可以补充我们前面甄选所获得的信息。酒店采用的面试方式主要有结构性面试、非结构性面试、压力面试和团体面试。

（八）审查批准

汇总应聘者的所有资料及招聘部门的意见上报高层管理者最后决策。

（九）体检

对于基本确定的应聘者要进行体格检查，体检决定应聘者在身体上能否从事该项工作。因为酒店员工大部分要与客人面对面的接触，因此，体检更为重要。

（十）试用期考察

试用期是酒店与员工为了相互了解、选择而约定的考察期。经过试用期，酒店和应聘者可以进行双向选择。

（十一）招聘评估

在招聘结束后，酒店要对本次招聘进行评估，总结招聘过程中的成功和失败之处，并提出改进意见，确保下一次招聘工作更好地进行。

三、甄选的方法

无论是外部招聘还是内部招聘，在招聘过程中都应该按照招聘程序，采用恰当的甄选方法进行严格筛选，以确保酒店招收到合格的员工。一般来说，甄选的方法主要有专业笔试法、面试法、情景模拟法、心理测评法等。

（一）笔试法

笔试是让应试者在试卷上答事先拟好的试题，然后由评估人员根据应试者解答的正确程度予以评定成绩的一种测试方法。酒店主要通过这种方法测试应聘者的专业知识、管理知识以及综合分析能力。笔试的优点是可以大规模地进行，而且比较客观，缺点是不能考察应聘者的口头表达能力和实际操作能力。

（二）面试法

面试是通过与应聘者直接交谈，观察其言谈举止，可以了解到应聘者的知识状况、能力

特征和求职动机等情况。根据面试方式方法不同,又可分为结构性面试、非结构性面试、压力面试、小组面试和集体面试等。

结构性面试,是指根据事先拟定的纲要来进行面试,纲要的拟定以工作分析为基础。应聘同一个工作所需回答的问题是相同的,面试者按照清单提问并记录下求职者的回答,这样便于在不同的应聘者之间进行比较。结构性面试获得的信息比较全面、系统。

非结构性面试与结构性面试正好相反,没有预先确定问题的清单,它是一种比较随便、开放式的面谈,如"你和同事的关系好吗?""你认为自己最擅长那些方面?"等等。非结构性面试比较灵活,面试氛围宽松和谐,但这种面试无法系统的了解应聘者的信息,而且主观性大,测试的准确度不高。

压力面试是将应聘者置于压力之下,观察应聘者的情绪变化,承受压力的能力。在压力面试中,面试者故意采取一种不友好和敌对的态度,对应聘者提出一系列不礼貌、冒犯的问题,将应聘者置于尴尬、难堪的境地。压力面试通常用于对谋求要承受较高心理压力的岗位的人员的测试,酒店在面试中只对有这种需要的工作采用压力面试,如公关销售工作人员和大堂经理等。

小组面试,是指两个或两个以上的面试者对一个应聘者进行面试。允许每位面试者提出不同的问题,可以得到更深入、更有意义的回答。

集体面试,是指数位面试者分别对应聘者面试,由每一位面试者依据自己的看法,向应聘者提问,然后将自己的评价意见记录下来,最后所有面试者经讨论做出评价判断。

(三) 情景模拟法

情景模拟法,是指模拟真实的工作环境和过程,让被试者在模拟的情景中表现自己的才干,由评价员在旁边观察并根据测评要素进行评定的一种方法。酒店在招聘中采用情景模拟法不仅可以考察应聘者的语言能力、应变能力,还能考察应聘者的心理素质和形态举止。

(四) 心理测评法

心理测评法,是指对个体的心理特质进行测量和评价。现在有许多企业在选拔人才时使用心理测评技术,如联想集团是国内较早在招聘中运用心理测评的企业。在酒店招聘中仅凭外表和简历在众多的应聘者中选拔优秀人才,其成功率是很低的,为了进一步了解应聘者的能力、人格、兴趣等,有必要对其进行心理测评,为人与职位匹配提供重要的依据。心理测评按测评的功能可分为能力测评、成就测评和个性测评。

任务三 酒店员工的培训与开发

随着酒店业发展的日趋成熟,竞争也越来越激烈,每个酒店都竞相为顾客提供最优质的服务,"为顾客提供优质服务"成为每个酒店的承诺,可是由谁来兑现这个承诺呢,答案不言而喻,是酒店的员工。因此,酒店必须通过培训提高员工素质,只有高素质的员工才能为顾客提供真正满意的服务,才能在竞争激烈的市场赢得一席之地。

酒店员工的培训就是按照一定的目的,有计划、有组织、有步骤地向员工灌输正确的思想观念、传授服务、营销和管理工作的知识和技能的活动。

一、员工培训的意义

(一) 培训可以强化服务意识、提高服务质量

酒店从评定星级,就开始规范化的管理和服务,我们要求员工提供星级标准的服务。但随着社会和经济的发展,规范化服务已经不能满足顾客多样化的需求,这时酒店倡导个性化服务。如果说规范化服务是一种标准化服务,则个性化服务是没有标准的,对服务质量的要求是永无止境的,因而酒店员工只有不断提高服务水平,以满足顾客不断变化的需求。提高服务水平最有效的方法就是培训,培训可以使员工了解和掌握酒店服务质量标准、良好的服务技能和工作态度以及丰富的行业知识,在规范化服务的基础上提供令客人满意的个性化服务。

(二) 培训可以提高工作效率,降低损耗

通过培训,可以使新员工很快适应工作岗位,掌握相应的知识和技能。系统的培训比员工自己去摸索学习,全面提高的速度要快得多,其工作效率自然会有很大提高,如在客人数量差不多的自助餐厅,经过培训的一组服务员可以应付自如,而未经培训的服务员则手忙脚乱。同时,在培训中一些好的工作方式方法被推广得以在工作中运用,也会很大程度提高工作效率,降低劳动力成本。

酒店服务工作都有一定的浪费与损耗,如餐饮、客房、清洁、洗涤等,造成损失的原因有两个:一是缺乏责任心;二是操作不当,没有经验。经过培训可以树立节约、爱店如家的观念,增强员工责任感,可以使员工掌握正确的操作方法,避免这些损耗。根据美国酒店协会对纽约州酒店业的统计,培训可以减少73%左右的浪费。

(三) 培训有利于员工的职业发展

培训不仅对酒店的发展有着重要的意义,对员工自身的发展也同样重要。1995年,美国著名管理学家西蒙和恩兹用序数效应的方法让香港12家酒店的278名员工对柯维奇的十因素进行排序,职业发展排在了首位。据有关调查数据显示,职业发展机会成为中国企业员工择业的首要因素。可见,大部分员工对于职业发展有着强烈的愿望,而在职业发展的过程中,各种形式的培训是必不可少的,并且,许多酒店将员工的职业发展规划与培训保持一致,例如,在麦当劳,从计时员工开始到高阶主管,结合他们的职业生涯规划,都有不同的培训计划,通过各区域的训练中心以及汉堡大学进行阶梯式的培训,使得麦当劳的员工能够持续不断地学习、成长。培训为酒店造就了优秀的员工,同时也为员工的发展创造了条件。

二、酒店员工培训的内容和类型

(一) 酒店员工培训的内容

1. 职业道德培训

职业道德是从事一定职业的人,在职业活动的整个过程中必须遵循的行为规范和行为

准则,是从属于社会道德总范畴的,是社会道德的一个领域,也就是社会道德在职业生活的具体体现。在酒店员工的培训中,职业道德的培训相对于其他培训来说更为重要,因为其他的培训教会员工如何做事,而职业道德培训则是教育员工在从事这项职业的过程中如何做人,常言道,修身先修德,做事先做人。在酒店员工的培训中要加强员工的道德认识,在服务的过程树立正确的价值观和道德观,发扬爱岗敬业,真诚为顾客服务的精神,并把遵守职业道德的情况作为考核、奖惩的重要指标,从而养成良好的职业习惯,增强员工的责任感和使命感。

2. 知识的培训

知识的培训包括基础知识培训和专业知识培训,通过一些调查机构对酒店人力资源状况的调查显示,酒店基层从业人员的学历普遍偏低,中高层管理人员虽有不少具有大专以上学历,但大多是学财会、工商管理等专业,酒店专业人才匮乏。因此,在酒店的培训中,对基层员工既要适当地进行基础知识教育,以提高员工的基本素质,还要进行专业知识和专业技能的培训。对管理人员主要是专业知识的培训,并且要求有一定的理论深度、广度。

3. 能力的培训

能力包括一般能力和特殊能力。一般能力也就是我们通常所说的智力,特殊能力是指在完成某种专业活动时所表现出来的能力,如绘画能力、数学能力、专业技术能力等。任何一项工作,除了必须具备一般的观察力、思维力、记忆力、想象力外,还要具备某种特殊能力才能适应该项工作的要求。在酒店的培训中针对不同能力的从业人员进行不同层次的职业培训,如餐厅服务员主要进行餐饮服务技能培训,办公室文员主要是公文处理和打字速度的培训,销售人员主要是寻找和开拓市场的能力、表达能力及应变能力的培训。

(二) 酒店员工培训的类型

1. 岗前培训

坚持"先培训,后上岗"的原则,岗前培训是指酒店的员工在上岗前所进行的培训,根据培训的内容不同又分为一般性岗前培训和专业性岗前培训。

一般性岗前培训,主要由人力资源部组织实施培训,培训的内容应以酒店和员工两个方面的需要为基础,主要有介绍酒店的企业文化、基本概况、组织结构,熟悉酒店的各项规章制度、报酬、福利,参观了解酒店的内外部环境等。一般性岗前培训要想取得积极的效果,必须在酒店需求和员工需求之间实现良好的平衡。

专业性岗前培训,主要由培训师根据新员工将来所要分配的部门和岗位有针对性地进行专业训练,使新员工在上岗前掌握将来岗位的工作流程和基本技能,能够很快地适应新的工作,酒店不会因为新员工不熟悉业务导致服务质量下降。

2. 在岗培训

在岗培训,是指对酒店在职人员进行的提高综合素质的不脱产培训,是岗前培训的延伸,主要采取重复培训和交叉培训的形式。酒店员工的大部分技能和专业知识是通过在岗培训获得的,在岗培训是一项长期、持续不断进行的工作。在岗培训应与员工的职业发展相一致,贯穿于员工的整个职业生涯。

3. 岗外培训

岗外培训主要是指酒店为了发展和员工职位晋升等需要安排员工暂时脱产进行专门的

训练。岗外培训一般由酒店以外的专门培训机构、行业协会或旅游大专院校组织实施培训，有些对人力资源管理重视和实力雄厚的酒店还会派遣员工出国进修学习，通过以培训班、研讨会、考察、参观学习等形式的培训，使员工更新观念，学习到更多的专业知识和先进经验，对酒店和员工个人的发展起到非常积极的作用。

三、酒店培训工作过程

酒店人力资源培训与开发的实施分为四个部分：确定培训需求、制订培训计划、实施培训、评价培训效果。

（一）确定培训需求

培训需求分析是通过工作分析、工作访谈、问卷调查、检查酒店的缺勤和投诉等记录、观察员工行为、事件调查等方式，了解酒店和员工本人的培训需求。只有确定了培训需求，才能在此基础上确定满足这些需求的目标，即在需求分析的基础上，确立培训要解决的问题和要达到的目标。

培训需求分析主要是通过三个层面的分析展开：

1. 组织分析

调查现状，即通过历史资料分析、问卷调查、人员访谈等方法，调查了解本企业现有的人力资源状况，尤其是人力资源素质状况。预测组织未来人力资源需求，包括不同层次、不同类别的人力资源需求。

2. 任务分析

任务分析主要是针对具体的工作，核查工作说明书，明确工作的具体内容和完成工作需要具备的知识和能力，根据员工欠缺的知识、技能、态度等确定培训课程的具体内容。

3. 员工个人分析

员工个人分析的目的是决定哪些人需要培训。首先，进行员工培训意向调查，即通过员工问卷调查、个人访谈等方式，了解员工个人发展目标和意向、员工个人愿意参加的培训项目、愿意耗费的时间和期望获得的受益等。其次，评估分析员工绩效差距，即将员工的工作实际绩效与工作绩效标准做比较，找出员工工作绩效的差距和产生差距的原因。最后，确定培训是否是提高绩效的最好方法。

在上述三个方面培训需求分析的基础上，平衡组织与员工的培训需求和意愿，尽可能地使之趋于一致，确定人力资源培训目标。

（二）制订培训计划

在确定培训需求的前提下，明确培训目标，而培训计划是培训目标的具体化和操作化，即根据既定的目标确定培训的对象、内容、形式、时间、地点以及培训经费预算等。

（三）实施培训

根据制订的培训计划实施培训，在培训实施过程中要注意对培训实施监督指导，检查培训计划执行的情况，及时发现偏差以及对培训计划的调整。

（四）评估培训效果

评估就是对工作的评价和反馈。培训效果的评估分为四个领域的评价：

(1)反应,即受训者对整个培训过程的意见和看法,包括对培训计划、培训课程、培训方法等方面的反应。

(2)学习,即通过对受训者的考核,考察员工通过培训是否获得相关专业知识或技能。

(3)行为,即考察员工回到工作岗位后的行为和表现是否比没有培训前有所改善,工作绩效是否提高。

(4)结果,即考察培训对酒店各方面的影响,如企业的利润是否增加、顾客投诉是否减少、酒店的凝聚力是否加强等等。

任务四 酒店员工的激励与薪酬

一、酒店员工的激励

管理的核心是激励,人力资源在本质上决定了其他资源的使用效益,只有通过充分调动员工的积极性,激发员工的工作热情,才能使每一位员工以自身的能力有效的利用其他资源以实现组织发展的目标。如何激励起员工的工作动机,调动员工潜在的积极性是酒店人力资源管理的中心内容。

(一)需要、动机与激励

需要,是一种心理活动,是由生理上或心理上的缺失或不足所引起一种内部的紧张状态。古时先贤就有"人生而有欲,欲而不得,则不能无求",即人都有各种需要和满足这些需要的欲望。需要是一个人产生动机的根本原因,它是推动人们从事某种活动的动力,它导致行为的产生。因此,需要是人的行为的动力基础和源泉,是人脑对生理和社会需求的反映。

动机,虽然是在需要的基础上产生的,但并非所有的需要都能成为动机。因为人的需要有很多,只有某种需要达到一定强度并有相应的诱因条件才能成为动机,也就是说,引起动机有两个条件:内在条件(个体需要)和外在条件(外部诱因)。

在心理学中,激励主要是激发人的动机,使人有一种内在的动力,向希望的目标前进的心理活动过程。将激励引入到管理中,激励就是通过某种手段,激发组织内员工的工作动机使其努力工作,从而实现组织目标的过程。激励具有目标导向,激励所要达到的目标包括个人需要和组织发展目标,即将个人需要与组织发展目标结合起来,在满足个人需要的同时实现组织目标。

(二)激励的作用

1. 激励是提高员工创造性和积极性的重要手段

酒店要想提高组织效益,就必须提高员工的工作效率和服务质量,而员工的创造性和积极性直接关系到工作效率和服务质量的高低。美国哈佛大学教授威廉·詹姆士研究发现,在缺乏激励的环境中,员工仅能发挥其能力的20%~30%,但在良好的激励环境中,同样的人其能力可以发挥到80%~90%。由此可见,只有在激励的作用下,才能真正发挥员工的主观能动性和创造性。酒店的管理人员应充分了解不同层次不同时期员工的需求,运用各种激励手段来激发员工,更为有效地为实现组织目标而努力工作。

2. 激励是建立良好健康企业文化的有效途径

每个酒店根据不同的经营战略创建适合自身发展的企业文化,不同的企业文化其价值观念、经营理念和行为准则有着各自不同的特点。酒店在进行员工激励时会不断强化企业的价值取向,如某些酒店在每个考核期评选"服务之星",获得"服务之星"称号的员工,将获得外出培训、旅游的奖励,酒店通过塑造"服务之星"激励员工,同时,也向全体员工说明了他们的行为是符合酒店的价值观的,榜样激励树立了酒店的行为文化。又如有些酒店在管理过程中尊重员工的知情权、参与权和建议权,员工把为酒店工作视为一种幸福和自愿参与的行动,激励员工充分发挥个体的能动性,形成了酒店"以人为本,尊重员工"为主题的企业文化。

3. 激励可以提高员工的满意度,减少优秀员工的流失

没有受到激励的员工就像是一潭死水,没有生机和活力,而激励机制健全的企业无论在工资、奖励和福利上都充分体现了员工在企业中的价值。员工的需求被重视,当员工努力工作的同时,个人的需求也得到满足,在酒店里一些表现优秀的员工能够充分施展自己的才华,实现自己的价值。酒店有效的激励措施提高了员工对酒店的满意度,员工努力工作为酒店创造更好的效益,形成一个良性发展的趋势。

(三) 激励的方式

自20世纪二三十年代以来,全世界的管理学家、心理学家和社会学家从不同的角度研究了应该怎样激励员工的问题,同时也提出了许多有关激励的理论。这些理论主要有需求层次理论、双因素理论、公平理论、期望理论、强化理论、目标理论等,酒店的管理者在运用这些理论的基础上,针对员工的不同需求采取各种激励方式,以激发员工的工作热情,最大限度地提高员工的工作积极性和创造性。

1. 物质激励

物质激励主要是指在工资、奖金、期权、股权等方面的激励。当今社会,虽然金钱已经不是人们工作的唯一动机,但物质的需求却是所有需求的基础,特别是在我国,通过一些专业调查机构的资料显示,经济收入仍然是酒店员工最关心的因素之一,因此物质激励是酒店管理不可缺少的激励方式,在采取物质激励时要注重客观公平,不仅是酒店内部员工之间的公平,还要从社会、行业的角度考虑其报酬的公平性。

2. 工作激励

如果说物质激励是外在激励,则工作激励是工作本身具有的一定激励功能,酒店的管理者应通过对工作进行周密的、有目的计划安排,使工作本身更有内在意义和挑战性。现代酒店对工作的设计主要包括工作轮换、工作扩大化、工作丰富化、改善工作环境等,注重工作中人的地位,赋予员工在工作中的自主权,当员工看到自己工作的成果,产生对工作的自豪感。

知识衔接

拉蒂森凤凰机场酒店正在收获实施弹性工作时间和允许两个员工——凯利·克拉克和劳拉·凯斯勒分担销售主任职位和工作量的成果。当工作分担需要经常沟通和协作时,克拉克和凯斯勒一致认为好处远远多于问题。通过设法在家庭和事业之间求得平衡来减轻压力,两位女士都认为她们上班时能更好地集中在工作上,而在家时能更好地照顾家庭。

酒店经理保罗·吉布森认为,酒店从这种安排中获益,"我们从利用两个人的思想和精力中获益",吉布森说:"两个人都对她们的职业和个人生活更满意这一事实增加了她们工作的有效性。"

3. 尊重激励

世纪著名酒店丽思卡尔顿的总经理狄高志先生说:"我的工作中保证每一位员工心情愉快,这是总经理最重要的工作,也是值得去做的事情。"有人询问过丽思卡尔顿的员工,他们曾在多家外资酒店工作过,在工资报酬方面的差别不明显,主要是心情愉快,个人受到尊重。在丽思卡尔顿内部几乎遇不到人与人之间不愉快和矛盾的事,这是他们愿意竭尽全力为酒店做出贡献的最主要的动因。丽思卡尔顿的座右铭是"我们以绅士淑女的态度为绅士淑女们忠诚服务"。作为专业人士,他们以相互尊重和保持尊严的原则对待客人与同事。员工与客人是平等的,是主人与客人的关系。"尊重员工"不是一句空泛的口号,酒店的管理者要真正树立尊重员工,为员工服务的观念并体现在管理的细节中,让员工感受到自己在酒店中的地位和重要性。尊重,使他们在工作时不仅仅为了获得报酬,更多的是一种使命感。

4. 参与激励

现在的员工与过去有一个明显的区别,就是有着强烈的参与意识,他们希望有机会参与酒店的管理,发表自己的意见和看法。针对员工的这种愿望,创造和提供一切机会让员工参与管理是调动他们积极性的有效方法。员工参与管理,可以激励员工,增强员工的自信,获得员工的支持与合作,在满足员工的尊重感和成就感的同时员工的智慧也给酒店带来效益。

5. 奖惩激励

根据强化理论,对符合组织目标的期望行为进行奖励,会使这种行为更多的重复,我们称之为正激励。相反,对违背组织目标的非期望行为进行惩罚,使得这种行为不再发生,我们称之为负激励。奖励和惩罚这两种激励方法都对员工的行为产生影响,奖励起到积极强化的作用,惩罚可以减少不良行为。酒店管理者在使用奖惩激励时应多以鼓励、奖励为主,尽量少采取惩罚的方式,因为惩罚有一定消极作用,容易使员工产生挫败心理和行为。

6. 培训与发展激励

培训可以使员工更新知识,掌握先进的方法和技能。这不仅使酒店拥有高素质的员工,同时员工也增强了个人竞争能力,有竞争实力才能有发展,才能在众多员工中脱颖而出,有晋升和提拔的机会。因此,培训使员工获得优势,优势让员工有发展的可能,员工对培训的需求会越来越强烈。

7. 目标激励

目标激励是指设置适当的目标，激发员工的动机，达到调动员工积极性的目的。目标在心理学上被称为激发人动机的"诱因"，即能够满足人的需要的外在物。目标激励是将酒店目标与个人需求相结合的激励方法。维克多·弗隆姆的期望理论指出，如果员工认为目标无法达到或根本没有价值，则他们的努力程度就会降低。因此，酒店应根据员工的能力和需要与员工共同设定酒店的目标，建立客观公正的评价体系，对目标的实现与结果予以正确的评价，并对努力完成目标的员工进行表彰和奖励以及作为晋升、提拔的依据。这种将酒店目标和员工个人晋升等个人利益结合起来的目标设置必然会激励员工积极性。

案例分析　花旗集团的激励手段

在对员工科学考核的基础上，花旗集团通过各种手段与方式对员工进行激励，肯定员工成绩，鞭策员工改善工作中的不足。作为全球最大的金融机构，花旗集团建立了完善、科学的激励体系，并随市场与公司的发展情况进行及时调整。

1. 红包

每年年底，根据员工的不同业绩表现，每一名员工都会得到花旗颁发的红包，奖励的金额不等，奖励员工一年的辛勤贡献。

2. 海外旅行

花旗银行中国区表现突出的员工，还将被奖励赴澳大利亚等海外旅游，并可以携带一名家属。这种激励方式不但对员工起到了有效的激励作用，增加了员工的忠诚度，更赢得了员工家属的理解和支持，让他们感到自己的亲人在一个人性化的氛围中工作，也增强了家属对员工的自豪感。

3. 期权

花旗银行有着完善的员工激励机制。花旗银行除了对工作业绩出色的员工给予奖励外，还给予他们花旗银行的期权，使银行利益与员工个人利益紧密联系在一起。

4. 职位晋升

激励还包括对员工职位的晋升。在花旗，鼓励员工承担更大的责任，让他们稳步成长为优秀的金融专业人才。每一次职位的晋升，每一次给员工设定更大的目标，每一次对员工的挑战，都激励着花旗员工奋勇向前，为给花旗创造更优秀的业绩，为实现自己的职业梦想而努力。

5. 培训

形形色色的培训机会当然也是花旗集团重要的激励手段。在花旗集团，表现突出的员工将得到更多的培训机会，将被派往马尼拉的花旗亚太区金融管理学院甚至美国总部进行培训，全面提高各种技能，锻炼领导力，开拓国际化视野，为担当更大责任做准备。

6. 精神与物质激励并重

在花旗集团对员工的激励手段中，许多时候物质与精神的奖励并重并结合在一起。例如,"花旗品质服务卓越奖",奖励那些在公司内部服务与外部服务方面都表现出高品质的员工;花旗每年都设有"最佳团队奖",奖励那些完成重大项目的团队,如完成某个项目,提高了工作效率等。一般表现突出的5%的员工才会得到这种奖励。在花旗中国,每年10月份进行评比,由人力资源部组织并参与,对候选人与团队进行评估与讨论,11月份公布评比结果。评选结束,花旗集团会为员工颁发有花旗全球总裁签名的奖状和奖杯,以及相应的物质奖励。

问题:请用激励的相关理论对该案例进行分析。

分析提示:企业对员工的激励不能仅仅局限于物质奖励,还必须同员工的具体情况相结合,针对不同类型的员工实行不同的激励措施,这样才能起到有效的激励作用。

二、薪酬管理

(一) 薪酬的概念

薪酬,是指员工从事企业所需要的劳动,而得到的以货币形式和非货币形式所表现的补偿,是企业支付给员工的劳动报酬。与传统的工资概念所不同的是,薪酬还包含了非货币形式的报酬如带薪假期、集体福利和保险等。薪酬制度直接或间接地反映了酒店的经营目标、管理态度以及整个酒店的组织氛围,因此,薪酬管理制度的建立可以说是酒店管理者可以支配的最有效的激励手段之一。

薪酬有直接薪酬和间接薪酬两种形式,直接薪酬主要有工资、奖金和津贴;间接薪酬主要指福利。如图7-3所示。

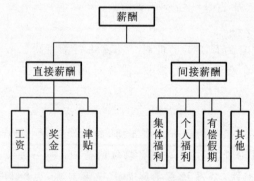

图7-3 薪酬结构图

(二) 酒店薪酬的构成

目前酒店行业薪酬主要由工资、奖金、津贴、福利等构成。

1. 工资

工资又称基本薪酬,一般情况下,酒店的基本薪酬是根据员工所承担的工作的重要性、复杂性以及在酒店中的相对价值而确定的,即采用职务工资制,不论是谁,什么职位就拿与该职位相对应的工资。另外,有些酒店为了鼓励员工提高技能和减少员工流动率,除了职务工资还包括以每个员工的技能等级为依据的技能工资。基本薪酬属于薪酬中相对稳定部分,这部分薪酬为员工提供了最基本的生活保障。

2. 奖金

奖金是酒店对超额劳动的报酬。其形式多种多样,如个人奖励、团体奖励和组织奖励,目的是激励员工提高工作效率和工作质量。奖金是一种灵活、有效的薪酬形式,奖金产生的激励作用,可以极大地调动员工的积极性,提高酒店的经济效益。

3. 津贴

津贴也称附加工资或补贴,指员工在艰苦或特殊条件下进行工作,酒店对员工的额外劳动量和额外的生活费用付出给予的一种补偿。如夜班津贴、物价津贴、特殊岗位津贴和差旅津贴等。

4. 福利

福利是指酒店为了吸引员工,维持员工稳定,增强员工对酒店的忠诚感和激发员工的工作积极性而支付的补充性薪酬。酒店的福利包括根据我国劳动法规定的社会保险福利和单位福利。

（三）薪酬管理的原则

1. 公平原则

酒店在制定薪酬制度时,公平性是重要的出发点,员工对薪酬是否公平的评价包括两个方面:内部公平和外部公平。内部公平是指在酒店内部,员工感受是公平的,其劳动付出和报酬是基本相符的。外部公平是指酒店的薪酬水平在同行业中具有竞争力,能够吸引和留住人才。薪酬制度必须建立在公平的基础上,只有当员工感觉酒店的工资、奖金是合理公平的,才能有效地激励员工更好地工作。

2. 激励原则

酒店在制定薪酬制度时要充分考虑薪酬的激励效果,适当拉开薪酬的差距,对工作绩效高的员工提供较高的薪酬,使工作表现突出的员工所获薪酬明显高于一般员工,这样薪酬才有激励员工努力工作的效果。

3. 经济性

较高的薪酬水平具有竞争力,但同时也会增加酒店的劳动力成本支出,因此酒店在进行薪酬管理的时候,要考虑酒店的支付能力和发展需要,在保持有竞争力的薪酬水平与控制劳动力成本之间进行适当的平衡。

4. 合法性

酒店薪酬制度不能违反国家及政府部门的法律法规政策。

（四）酒店薪酬管理的基本内容

1. 明确薪酬管理的目标

酒店薪酬管理的目标与酒店发展的目标是一致的,通过建立成功的薪酬制度,吸引优秀的员工,降低员工流失率,激发员工的积极性,控制酒店的劳动力成本。实现酒店与员工的和谐发展。

2. 工作评价

在工作分析的基础上对酒店各项工作进行分析比较,确定各项工作对酒店的相对价值,

由此作为工资等级评定和分配的依据。工作评价的目的是根据各项工作的相对价值确定合理、系统和稳定的工作结构,建立一套符合内部公平的薪酬制度。工作评价是实现内部公平的基础,具体的工作评价的方法有多种:工作排序法、要素比较法、要素计点法等,每种方法适用于不同的酒店,酒店可根据自身实际情况选择适用于本酒店的评价方法。

3. 薪酬调查

调查本地区或跨地区同行业或相近行业的薪酬水平,特别是竞争对手的薪酬状况,结合本酒店的财务支付能力以及酒店的人力资源策略,确定和调整酒店的薪酬水平和薪酬结构,以保证酒店的竞争地位,薪酬调查的目的是提升酒店薪酬的外部竞争力。

4. 薪酬控制

薪酬控制主要是对薪酬水平和薪酬支付过程的协调和控制,主要包括薪酬预算和薪酬成本控制。

薪酬预算是管理者在薪酬管理过程中进行的一系列成本开支方面的权衡和取舍,管理者在进行薪酬预算时要考虑诸多因素的影响,如外部市场的薪酬水平、酒店的财务承受能力、员工的绩效、酒店的薪酬策略等等,综合各方面的因素进行权衡。酒店的薪酬预算通常采取的是通过对酒店的业绩总额进行预测,确定酒店所能接受的新的薪酬总额,按照一定比例分配给各个部门,同时,各部门管理者预测单个员工的薪酬水平,将所有员工的薪酬汇总与薪酬预算总额相比较,调整二者之间的差异。酒店的薪酬除了维持还有激励的功能,酒店管理者在进行薪酬预算时应充分考虑薪酬的激励作用,分析生成薪酬的各种因素,计算薪酬预算总额,严格执行既定的薪酬制度,允许实际薪酬在预算薪酬总额上下波动,保证激励的有效性。

薪酬成本控制是指在保证薪酬竞争力和激励性的前提下,控制酒店的劳动力成本。酒店的劳动力成本主要受员工数量和人均现金报酬和人均福利成本的影响,因此控制劳动力成本必须在分析酒店现有薪酬状况下对以上三项指标进行控制。酒店控制薪酬的方法有冻结薪酬、延缓增资、延长工作时间、控制奖金和裁员等方法。

5. 薪酬沟通

薪酬方案的实施,需要全体员工的支持与合作,因此,酒店在设计薪酬体系的同时应加强与员工的薪酬沟通。在人力资源管理实践中,酒店人力资源管理者往往忽略薪酬沟通,认为工资、奖励、福利制度的制定是管理者的工作。其实不然,薪酬管理中一项重要的工作就是让员工参与薪酬体系的设计,通过员工与管理者的沟通,增加彼此的信任,发现薪酬体系中存在的问题,使员工清楚地知道酒店薪酬的制定依据,了解薪酬结构,知道自己和他人薪酬的差异,怎样工作才能加薪。只有加强薪酬沟通,让员工参与薪酬的决策,才能使员工理解和接受酒店的薪酬方案,减少因薪酬带来的误解和矛盾,激励员工在有效的薪酬体系下尽其所能地做好工作。

人力资源管理是管理理论的重要组成部分,具有很强的实践性和应用性。酒店是提供

服务产品的企业,向顾客提供面对面、高接触的服务,只有满意的员工才会有满意的顾客,酒店人力资源管理已经成为酒店经营管理的核心。

知识训练

一、选择题

1.下列关于内部招聘的陈述正确的是(　　)。
A.酒店在进行人员招聘时,外部招聘应先于内部调整
B.内部招聘的员工对酒店各方面比较熟悉,对新工作的适应期更短
C.为了避免员工提意见,内部招聘应该秘密进行,而不应该透明化
D.内部招聘不易吸收到优秀人才,可能使企业缺乏活力

2.面试和笔试法相比具有的优势是(　　)。
A.可以大规模地对应聘者进行测试
B.应聘者的心理压力小,相对来说更容易发挥正常水平
C.成绩评定较为客观
D.耗费的时间比较多

3.培训需求分析主要从(　　)几个方面进行分析。
A.任务分析　　　B.组织分析　　　C.内部分析　　　D.员工个人分析

4.薪酬调查主要解决的是(　　)。
A.外部公平　　　B.内部公平　　　C.整体公平　　　D.个体公平

二、判断题

1.酒店人力资源管理仅是酒店人力资源管理部门人员的工作。　　(　　)
2.员工培训是提高酒店服务质量最有效的方法。　　(　　)
3.酒店内部招聘要比外部招聘更能使酒店招聘到合格的员工。　　(　　)
4.酒店员工的激励方式主要应该采用物质激励。　　(　　)
5.让员工参与薪酬的决策,有利于薪酬方案的实施。　　(　　)

三、简答题

1.简述人力资源的特点。
2.酒店人力资源管理主要包括哪些内容?
3.员工招聘的途径有哪些,各有何利弊?
4.酒店员工激励主要有哪些激励方式?

能力训练

一、案例分析

上海浦东香格里拉酒店的人力资源管理

香格里拉酒店管理层很重视员工的发展,每个酒店都会给员工以英语培训,而这种培训

会根据公司上下不同级别,不同部门的员工专门制定出系统的培训进程。"因为各个部门有不同的用语需求,香格里拉一般会请来几名全职英语教师,让他们先同部门主管沟通,然后根据需求制订培训计划。"

同时,香格里拉还给每个员工网上学习的机会。"只要你想学,酒店都会根据集团的指示,给予你充分的学习机会。我们的网络课程与美国常青藤名校康奈尔大学挂钩,到学员毕业时候会颁发证书。"另外,在北京的香格里拉集团还设有一个香格里拉学院,在那边提供一些证书类学习课程,如英语、前台、餐饮服务、厨房、客房服务等,也有高级人员的培训证书。这些证书将在所有香格里拉酒店内通用。香格里拉管理层还设想在将来,所有新员工能进入这所学院进行短期培训,然后再将他们分配到不同区域的酒店工作。

(资料来源:http://www.17u.net/news/newsinfo_19465s.html。)

问题:从本案例中你看出香格里拉酒店的人力资源管理的精髓在哪里?并加以评析。

二、实践训练

分别了解调查本地2~3家不同酒店人力资源管理的主要内容,分析各酒店人力资源管理的特点。

项目八
管理酒店设备物资

项目目标

职业知识目标：
1. 掌握酒店设备系统内容、物资管理内容。
2. 理解酒店设备综合管理和酒店物资管理的重要性。
3. 了解酒店建筑与装饰的要求，存在的问题。

职业能力目标：
通过对设备物资管理内容的掌握，能够协调处理与对客服务和业务管理相关的工作。

职业素质目标：
养成设备物资管理意识，保证服务质量和营运成本的控制。

项目核心

酒店设备系统；设备综合管理；酒店物资采购、保管与发放；酒店建筑与装饰

项目导入： 四星级的 H&H 酒店最近的宾客投诉比较多。有 8 位客人投诉房间内的空调噪音比较大，无法入睡，关闭空调的话房间有比较热。有 5 位客人投诉酒店电梯安全性能较差，运行时有抖动情况，而且门的开启关闭也不灵敏，特别是在电梯里的时候出不来，引发顾客的恐慌。有 4 位客人反映房间异味比较重，主要是下水道有异味。还有 3 位客人反映酒店客房烟味比较重，房间空气较差。还有 2 位客人反映房间 Wi-Fi 信号不稳定，影响他们使用手机。

上述酒店的宾客投诉,显然集中于酒店设备设施方面的问题。酒店为宾客提供的核心产品是服务,是需要一定的物质为基础的,设备设施和物品是否处于完好状态,对宾客的服务体验发挥重要作用。所以,加强设备设施和物资用品的管理,也是酒店管理者的工作任务之一。

任务一　管理酒店设备

一、理解酒店设备系统概况

酒店的设备包括在酒店各部门使用的机器、机具、仪器、仪表等物质技术装备的总称,具有长期、重复使用的特征,在会计科目中列为固定资产。设备是酒店进行经营业务活动必要的物质条件。酒店设备的先进与落后,各类设备的完好率直接影响酒店的档次和服务质量。酒店的设备管理指围绕着酒店设备物质的运动形态和效用性能的变化而进行的选择、购置、安装、维修保养和更新等管理工作。它对于酒店管理来讲非常重要,其管理的好坏,不仅直接关系到酒店服务质量,也直接影响到酒店的经济效益。

（一）酒店设备系统

酒店设备种类繁多、数量大、分布广,涉及酒店所有部门,需要不断维护、修理和更新改造。对酒店设备进行科学分类和管理,是保证酒店正常营业的基本要求。按照酒店设备的系统分类,可分为以下几种。

1.供电系统

供电系统,是指电能从电网上的高压线输入酒店,经过变压器再到各个用点单位所经过的全部路径。整个系统分为三级,即酒店级、用电单位级(如酒店后厨是一个用电单位)、设备单台级(如电烤炉)。

2.供水系统

供水系统包括酒店的冷水、热水和废水排泄系统,酒店全部的饮用热水的供给、卫生间的冷热水的供给、游泳池和美化环境用水、消防用水的保证等工作;酒店所有的水管、水泵、水塔、储水池、排泄管道等与水有关的全部设施都属于供水系统。

3.供热系统

酒店所需要的暖气、蒸汽均由锅炉房提供。锅炉设备是将原料的化学能转化为热能,将热能传递给水,由此产生一定温度压力的蒸汽或热水,通过管道输送到各个设备进行使用。

4.制冷系统

酒店的人工制冷是利用某种装置迫使热量由低温物体传给高温物体,使低温物体的温度进一步降低。因此,人们制造了各种形式的制冷机,这些制冷机的特点是品质多、型号全、重量轻、体积小、效率高。一次性投资大,维修较为复杂。酒店里有各种型号的冰箱、冰柜、冷藏柜分布在餐饮部、客房部、康乐部等部门,其正常的维修保养和管理是保证酒店这些部门和酒店正常营业,为宾客提供良好服务的必备条件。现在,根据环保需要,酒店已经使用无氟制冷设备。

5. 空调系统

空调系统的设置是为了满足人们对温度、相对湿度、空气流动速度和空气洁净度的需求。通过集中式空调、局部式空调和混合式空调,能够对空进行冷却、加热、加温干燥和净化处理,同时,在运动中进行自动控制。

6. 通信系统

通信系统包括电话、电报、电脑、电传与图文传真通信系统和内部通信系统等。通过该系统可以保持与外界联系、方便服务、免干扰、自动叫醒、自动计时、客房状态管理等。

7. 影像系统

影像系统包括音像广播系统和电视系统两大类。其中,音像广播系统又包括客房内的音像广播、背景音乐、紧急广播等。

8. 电梯系统

电梯是酒店的垂直运输设备,对高层的酒店尤为重要。除客用电梯之外,酒店还有工作电梯、杂物电梯、传菜电梯、消防电梯、自动扶梯和观光电梯等。酒店电梯的设置数量与酒店的等级、电梯的时速以及电梯的载客能力均有关系。一般来说,酒店电梯数量=2+客房数量/100(其中 2 为货梯数)。

9. 消防报警系统

酒店的建筑物高大、功能复杂、可燃物多,并设有空调系统,因此如果出现火情,后果非常严重。为了确保客人与员工的生命安全,保证酒店财产免受损失,必须建立高标准的消防报警体系。酒店客房、机房和要害部位都装有烟感探测器或温感探测器,有自动喷淋系统和各种灭火器具,有明确的消防通道标识,酒店内设有安全监控中心,时刻保证消防设备、消防器材、火灾探测与消防监控系统处于良好运转状态。

10. 其他设备

其他设备首先包括娱乐健身设备,如舞厅、健身房、按摩室、桑拿浴室、游泳池、高尔夫球场、保龄球室、台球室、棋牌室和乒乓球室等有关设施。其次,其他设备包括酒店的办公设施,例如,商务中心的复印机、打字机、装订机,以及电报、电传和传真设备。最后,其他设备还包括厨房设备、清洁设备、洗衣设备、电脑管理系统设备等等。

(二)关注酒店设备的发展趋势

酒店是一个与时俱进的行业,时代的发展、宾客需求的变化、社会时尚的冲击都影响社酒店设备的发展。其发展趋势表现在以下三个方面。

1. 酒店设备运行控制的自动化日趋完善

由于科技进步,特别是计算机技术的快速发展,酒店设备的自动化水平日趋提高。许多酒店的电梯、锅炉和制冷机都实现了自动化控制,消费账单和门锁也由电脑来管理。所以,自动化设备已经从单体的设备管理不断走向设备系统的自动化控制。

2.酒店设备的节能和环保性不断提高

随着社会对环境问题的日益关注和可持续发展观念的不断深入,对酒店设备的节能性和环保性提出了更高要求。一些酒店通过自身的努力,通过了ISO14001环境质量体系认证,创建绿色酒店也已经成为许多酒店的奋斗目标,为此,酒店越来越注重选择环保性、节能性好的设备,这也符合减少酒店成本支出,实现经济利益和社会利益相统一的目标。

3.酒店楼宇的智能化管理日益提高

由于自动化管理系统既能提供充分的安全保证和舒适宜人的生活与工作环境,又能提高系统的经济性,节约劳动力成本,因此,酒店建筑中越来越多的设备系统实现了自动化管理。部门区域的无纸化办公,消防报警自动化控制系统的建立都是很好的例证。

能源监控信息系统技术就是一项智能化的酒店设备,即建立计算机监控信息系统,对酒店设备实时监测并记录酒店的用能时间、设备运行状态、能源消耗参数等,自动对比分析能源使用状况,发现问题并提供解决方案,实现酒店能源管理的信息化、自动化,节能率可以达到20%~30%。该系统还包括各种能源资源评估、能源成本分析、财务预算、能源消费的实时管理、能源项目的财务分析、节能设备的动态监测、节能量的准确确认等。该系统是酒店节约能源、强化管理的一大利器,耗能设备越繁杂、耗能量越大的酒店越适用。

二、酒店设备综合管理

酒店工程部作为设备管理部门,通常负责全部设施设备的维修和养护,也对其最终运转状态负责。但其他部门,包括宾客在内,却是设施和设备的使用者,往往对设施设备的实际状况最熟悉,能够在第一时间发现问题。加强这些部门员工对酒店设备的认识,号召大家参与设备管理,并自动自发地合理使用设备,避免破坏性使用,对延长设备使用寿命,提高综合效率有很大帮助。

在酒店全体员工的入店教育和日常培训中,应该列入设备管理的培训内容,明确几个关键问题:设备是酒店中的重要资产;设备管理是全员的责任,而不仅仅是工程部的任务;设备"常见常新"应从日常的使用和管理入手,而不仅仅靠维护和修理;在服务中关注设备的使用状态,建立设备管理和保护的意识等。

酒店设备维修与管理主要由工程部负责,但是按照现代酒店管理的新理念,只有建立起从总经理到一线员工都参与的设备保养和管理体系,才能真正保证设备的正常化和高质量的运营。酒店设备管理的目标是追求酒店设备最经济的寿命期费用和最高的综合效能。缺乏、忽视或失去设备管理的作用,酒店有形设施"产品"将失去它的使用价值和魅力价值,客人所需要的舒适、方便、安全的下榻环境或工作环境就无从谈起。

(一)明确酒店设备综合管理的重要性

设备管理目标最终要达到两个目的:第一,一切设施(包括辅助设施)设备都能达到正常运转,处于最佳运转状态;第二,在客人享受舒适、方便、安全服务的基础上,突出节能措施,这就意味着给酒店创造了最大利润。具体来说,酒店设备管理的重要性主要表现在以下几个方面。

1.加强设备管理是保证酒店正常运行的基本条件

酒店是以设施设备为依托为宾馆提供各种服务产品并获得收入的企业。离开必要的设施设备,酒店就成了无本之木,酒店的正常运转秩序就会被彻底打乱,也就没有服务可言。因此,只有设施设备完好,运转正常,酒店工作才能良性循环,才能优质高效地给顾客提供酒店服务。

2. 加强设备管理是提高酒店服务质量的基本保证

酒店服务质量是由设备设施质量与实物产品质量、服务水平等几个方面共同构成。设施设备完好运行是产品与服务质量的前提保证。如果设备失常,即便服务员认真按照正常程序去操作,最终还是只能导致不合格产品的出现。软件服务必须以硬件设施设备为依托,因此要提高酒店的服务质量,必须抓好设施设备的管理。

3. 加强设备管理是提高酒店经济效益的关键环节

人们常说,一个酒店管理水平的好坏,"外行看卫生状况,内行看设备管理"。良好的设备管理不仅是保障酒店提供正常的产品和优质服务的前提,也是提高顾客满意度,吸引更多的客源增加营业收入的重要环节;它更能够延长设备的使用寿命,降低设备运营成本,以节约创造利润。

酒店工程设备设施投资总额约占酒店总投资1/3以上,保持这些系统的正常运行所需要的保养费占酒店营业额的20%以上,而且每年以7%的速度递增,如果加上能源费,其投资就要占未分配营业额的40%,对酒店来说这笔费用十分可观。假如管理得当,能节约其中15%～30%,就能极大地增加酒店利润,有的酒店将此利润作为酒店的第二条利润链。所以,负责设施设备管理的主要部门——工程部如果能够从有效管理发挥设备效能,节约能源消耗出发,就一定能够给酒店带来可观的经济效益。

4. 加强设备管理是提高酒店等级的必要措施

在我国最新颁布的中华人民共和国国家标准《旅游酒店星级划分与评定》(GB/14308—2003)中,无论一星级还是五星级酒店,从酒店星级申请报告、设施设备及服务项目评分表、设施设备维护保养及清洁卫生评定检查表,到服务质量评定检查表,服务与管理制度评价表,都强调了设施设备状况和维护保养状况、管理制度的重要性、不可替代性。因此,酒店要达到一定星级,要保住这个星级,都必须重视对设施设备的管理。

5. 加强酒店设备管理是增强酒店竞争的必然要求

酒店业从来都是在竞争中求得发展的,这些竞争不仅包括人才的竞争、技术的竞争、价格的竞争,同时还有管理理念、管理制度和管理水平的较量,这其中自然包括设施设备管理水平的竞争。在酒店利润空间不断缩小的状况下,加强设施设备管理就能取得成本领先的优势,掌握竞争主动权,这是有效地提高酒店核心竞争力的重要措施之一。

(二) 管理酒店设备的内容

酒店设备管理的内容是由计划、选购、安装、调式、使用、维修、改造、更新、报废等环节组成的全过程管理。当然,设备的全过程管理是从宏观角度考虑的,涉及设计、制造、安装、使用诸多部门。具体来说,设备的前半生管理属于制造厂,设备的后半生管理属于酒店(设备使用单位)(见图8-1)。

酒店在设备长期的使用与修理实践中,对设备运行技术状态的发展变化情况了解比较全面和细致,这是第一手的资料,酒店要注意记录整理这些信息,然后反馈到设计制造部门,

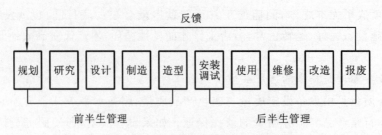

图 8-1　酒店设备管理的全过程

对设备进行更新和改造,以不断推动酒店设备的改进提高和更新换代,推动酒店设备制造的先进性,加速酒店设备水平的提高。

酒店作为设备后半生管理的责任者,必须注意对每一环节都加强管理,重视设备后半生管理的各个环节的相互联系和相互制约性,全方位地做好酒店设备的管理。

(三)管理酒店设备的特点

管理酒店设备的内容决定了管理酒店设备除了具有管理的共同特征之外,还具有以下一些特点。

1. 综合管理表现突出

现代酒店设备是多种技术知识、多门科学技术的综合应用,在设备管理中体现了技术、经济、组织三者之间的密切结合,是综合管理能力的反映。为了获得设备使用的最佳经济效益,必须实行全过程的管理,全过程管理涉及设备购置前的可行性论证,计划编制,管理使用者的组织、培训和安排,与各个部门的协调,设备管理的考核、检查、评比以及有关对外联络等多个环节,从这个意义说,酒店设备管理的综合性是企业全面质量管理的一个缩影。

2. 技术水平要求严格

酒店设备是物化了的科学技术,是现代技术在酒店的物质载体。设备管理要求运用机械、电子、液压、光学、计算机等多学科知识,在使用和维修过程中还需要状态监测和诊断技术、可靠性工程、磨损理论等专业知识。它以工程技术学为基础,因此,设备管理对技术水平的要求非常严格。

3. 随机性强管理效率高

酒店设备故障具有随机性,决定了管理维修的随机性。为确保酒店为宾客提供高质量的服务,减少故障给生产经营带来的损失和干扰,设备的维修管理必须能应对突发故障,管理维修人员必须拥有精湛的技术和过硬的工作作风,以高质量、高效率的工作状态来维护设备的正常运营。

4. 全员性参与保障

设备管理的综合性特点说明,保证设备运营非一两个人能完成,只有建立起从总经理到一线员工都参与的设备保养和管理体系,才能真正保证设备的正常化和高质量的运营。酒店设备管理的目标是追求最经济的寿命期费用和最高的综合效能。设备的寿命周期是指设备的"规划—设计—制造—调试—安装—试运行—使用—维修—改造—报废"的全过程。设备周期费用是指在设备寿命周期中,对设备投入的全部价值,主要包括设备购置费和维修费。设备管理最经济的寿命周期费用就是在设备费用效益最高时的寿命周期费用,即设备投入的全部价值能够使酒店获得最佳的经济效益时的支出费用。要保证酒店设备管理目标的实现就必须从现代设备管理的观念出发,自上而下建立全员参与的管理制度和人力资源保障系统。

(四)管理酒店设备的基本要求

1. 设备配套效益高

选购设备是酒店设备管理的首要关口。选购的基本要求是不仅要保证设备完善配套,充分发挥设备的效能,还要经济合理,使设备的数量、质量、等级规格、技术水平和酒店的等级、接待对象相符合、相适应。

2. 保证供应低消耗

充足的能源供应量、完好的能源质量保证是确保酒店业务正常开展,服务质量提升的前提条件。酒店工程部担负着整个酒店的水、电、气等供应任务,在确保酒店前台需要的前提下,工程部要采取各种技术手段和管理手段,降低各种能源消耗,突出节能措施。

3. 及时维修质量高

重视设备的维修保养要做到以下几点:一是提高维修速度,尽可能缩短从报修到修复的时间,及早报修及时维修;二是端正维修作风,维修人员要认真细致地对待维修保养过程中发生的质量问题,与其他部门的合作要本着礼貌和协作的态度;三是注重维修效果,维修后的设备要求严格测试,确保正常运转,降低返修率;四是节约维修费用,降低设备维修的物耗和工耗,本着勤俭节约的原则,修旧利废,提高效率。

4. 安全生产事故少

先培训后上岗,严格管理,严格按照操作技术规程办事,最大限度地确保各种设施设备的正常运转,避免各种故障和人身伤亡事故的发生。因此,要健全各种管理制度和技术档案,坚持不懈地抓好培训考核。

任务二 管理酒店物资

一、管理酒店物资的含义

酒店的物资管理是对酒店物资进行计划、采购、保管、使用和回收,以使它们有效地发挥应有的使用价值和经济效用的一系列组织和管理活动的总称。酒店物资管理主要包括各种物资消耗定额和储备定额的制定、编制和执行物资的供应计划,物资的采购、保管、发送,以及物资的节约和修复及废物利用等管理。

(一)管理酒店物资的基本内容

(1)核定酒店各种物资需求量,编制与执行物质供应计划,并根据市场情况、酒店业务情况的新变化不断修正供应计划,提高物资供应的科学性。

(2)全面了解酒店所需的各种物资的特性,深入研究适合各种物质的保管、储藏方法,使物资安全度过采购——使用之间的过渡期。

(3)编制科学、严密的物资管理制度。制定酒店各类物资的流通程序、设计物资流转过程的管理方法和严格的规章制度。

(4)核定酒店各类物资的消耗定额,监督各类物资的使用过程,核算其使用效率,使所有物资在酒店的业务过程中充分发挥其应有的使用价值和经济效用。

(5)用各种方法回收酒店各种尚有利用价值的报废物资并设法使其再生,再次为酒店经营做出贡献,达到物尽其用、节约经营成本的目的。

(二)管理酒店物资的基本目标

酒店物资管理的目标是物尽其用、降低损耗、减少浪费、降低成本。具体而言,物资管理工作应达到以下目的:适时、适量、优质、优价、善藏、高效。

(三)酒店物资的分类

1. 按物资的价值分

按物资的价值可分为低值易耗品、物料用品、大件物资等。

2. 按物资的自然属性分

物资的自然属性可分为棉织品、装饰用品、清洁用品、服务用品、玻璃用品、食品原料、餐具茶具、办公用品、燃料、印刷品及文具、维修材料及用具、消防用品等。

3. 按物资的使用方向分

物资的使用方向可分为客用物资、食品原料、办公用品、清洁和服务用品、基建、维修用料、安全、保卫用品、后勤用品等。

4. 按物资所处不同阶段分

物资所处不同阶段可分为在用物资、在库物资、在途物资等。

二、酒店物资采购、保管与发放

(一)酒店物资采购

1. 物资采购管理的主要内容

(1)认真分析酒店所有业务活动的物资需要,依据市场情况,科学合理地确定采购物资的种类与数量。

(2)根据酒店各业务部门对物资质量与价格的要求,选择最为合适的供货商,并及时订货或直接采购。

(3)控制采购活动全过程,堵塞每个环节中可能存在的管理漏洞,使物资采购按质、按价、按时到位。

(4)制定采购各种物资的程序、手续和制度,使控制工作严密有效。同时,建立科学的采购表单体系,为每一环节的工作流程留下可查询的原始凭证,并保证所有原始凭证得到妥善的收集、整理和保存,为酒店结付货款及物资管理的其他环节提供可靠的依据。

(5)制作并妥善保管与供货商之间的交易合同,保证合同合法有效并对酒店有利。

(6)协助财务部门做好酒店对供货商的货款清算工作。

2.采购管理的目的

(1)保障供给。有计划按规程进行采购管理,首先是保证酒店运营和对客服务,满足顾客对酒店服务在数量和质量上的需要。

(2)最小的投入。酒店营业所需的原料品种名目繁多,必须向众多的供货单位采购,这就意味着酒店每天必须花费大量的人力和时间来处理票据和验收进货。纽约某一酒店进行的一项调查表明,在一个月以内曾从 97 家食品供应商手中购买食品原料,订货 697 次,先后接受交货 703 次,处理发票 703 张。显而易见,酒店花费在联系订货、验收交货、结账付款方面的时间和劳力相当可观。一张订货单从填写到核准得经过三四个人的手,处理一张支票也要从文员转到会计员以及部门经理,加上占用的时间,成本大约要花 7.5 美元。根据这项研究,如果酒店每个月少开 100 张支票,也就能节省 750 美元。于是有人提出酒店采购也使用超级市场购物方式的设想,即"一次停靠"采购法。通过酒店物资供应公司,以批发价采购酒店营业所需的几乎全部原料物资。结果是理想的,不仅可行而且能节省大量开支,酒店原料物资供应无缺,而且每月订货、验收次数大大减少,平均每月只进行 25 次订货,25 次验收交货,每月只开出 3 张支票,大大降低了采购费用。

(3)最理想的物资质量。物资的保管会增加费用,主要是源于资金的占用和保管费,但如果没有一定的物资保存量,又不能保证营业需要。物资采购管理,通过对各种要素的分析,采取定量分析的办法,确定物资的理想物资储备量,从而节约经营成本。

(4)最低的净料成本。为达到以上目的,酒店采购部门要充分利用企业形象资本,注意信息的采集和分析,与供货商进行谈判,通过富有技巧的讨价还价来压低供货商的报价,选择恰当的采购时机集中批量订货。与优秀的供应商建立长期的购销合同,减少中间商,直接进货,同时选择恰当的支付方式,并根据市场变化寻找合适的替代品。

3.采购的基本程序

一般而言,酒店都有一套成熟的采购管理制度。采购的基本工作程序为申请—审批—采购—验收—保管。

(二)酒店物资保管与发放

物资保管是酒店物资供应体系的一个重要组成部分,是各种物资周转储备的关键环节。它的主要任务是:保管好库存物资,做到数量准确,质量完好,确保安全,收发迅速,服务经营,降低费用,加速资金周转。同时要根据酒店经营需要和酒店设备条件统筹规划,合理布局。内部要加强经济责任制,进行科学分工,形成物资分口管理的保证体系。业务上要实行工作质量标准化,应用现代管理技术和 ABC 分析法,不断提高管理水平。

1.物资验收入库

物资验收入库之前,应先进入待验区,未经检验合格不准验收入库,以及投入使用。物资验收入库时,保管员要亲自同交货人办理交接手续,核对清点物资名称、数量是否一致,按《待检验入库通知单》的要求签字,以明确承担物资保管的经济责任。物资数量验收准确后,保管员凭发票所开列的名称、型号、数量存放就位,并及时登记《物资保管卡》及输入《物资储存台账》，并按照规定向有关部门报账。不合格品，应隔离堆放，严禁投入使用。如因工作马虎，混入经营服务生产，保管员应负失职的责任。验收中发现的问题要及时通知供应部负责人处理，不得隐瞒不报，否则保管员应负失职的责任。

2. 物资的储存保管

物资的储存保管，原则上应以物资的属性、特点和用途设置库位，并根据仓库的条件考虑划区分工，凡吞吐量大的落地堆放，周转量小的货架存放。物资堆放的原则是：在堆垛合理安全可靠的前提下，推行五五堆放，根据货物特点，必须做到过目见数，检点方便，成行成列，文明整齐。仓库保管员对库存、代保管、待检验材料、产成品等其他物资的安全完整负有经济责任和法律责任。仓库物资如有损失、贬值、报废、盘盈、盘亏等情形发生，保管员不得隐瞒不报或采取"发生盈时多送，亏时克扣"的违纪做法。保管物资要根据其自然属性，考虑储存的场所和保管常识处理，加强保管措施。同类物资堆放，要考虑先进先出，发货方便，留有回旋余地。库存物资，未经供应部负责人同意，一律不准擅自借出。总成物资，一律不准拆件零发，特殊情况应报经供应部负责人批准。仓库要严格保卫制度，禁止非本仓库人员擅自入库。仓库严禁烟火，明火作业需经保卫部门批准。

3. 物资发放

按"推陈储新，先进先出"的原则发放在库物资。领料按照以下方式处理：

(1) 正常性领料单应填制《领料单》填明材料名称、规格、型号、领料数量、图号、名称或物资用途，部门负责人和领料人签字。

(2) 非正常性领料应另行填写《领退料单》说明领料原因，采用"交旧领新"的方式办理领料手续。对交回的不合格物资，纳入不良品库统一管理；属于供货质量原因的，通知供应部及时与供货单位办理退货手续；属于经营服务过程中形成的通知相关部门按照有关责任考核办法处理。

(3) 物资出库，保管员要核对清楚后方可办理物资出库手续。

任务三　酒店建筑与装饰

一、宾客对酒店功能、建筑和装饰的要求

现代酒店的建设和经营是为了满足宾客旅居生活的多种需求，与此同时，创造最佳经济效益。因而，酒店建筑与装饰首先要考虑的基本因素是一切以宾客的需求为中心，方便宾客在酒店的各种活动；其次是如何适应市场发展的需要，取得经营效益。我们考虑酒店功能、建筑和装饰时有以下几个因素。

(一) 对象因素

对象因素是要求在酒店建筑与装饰中应以酒店的经营对象，即客人作为主要考虑内容，

保证客人在酒店一切活动的合理、舒适、方便。"客人是酒店的上帝",给客人创造舒适方便的生活、工作环境,才能吸引客人,产生经济效益和社会效益。所以,无论巨细,凡是与客人在酒店活动有关的地方都应充分考虑,以"换位方式"认真分析客人活动的规律性、好恶观,从生理、心理角度揣摩客人的需求,真正使客人感受到"宾至如归"。

对于不同类型的酒店,因其接待对象不一样,其需求各异,因此在进行建筑与装饰时,必须区别对待。

商务型酒店,通常位于城市中心,接待商务客人、旅游客人或因各种原因做短暂停留的客人,建筑与装饰一般比较豪华、舒适,服务设施齐备。通常有商务中心、洽谈室以及商务套房或商务楼层。长住型酒店的宾客住宿时间较长,多为在当地短期工作或度假的客人或家庭。因而客房多采用家庭式布局,以套房为主并配备适合宾客长住的家具和电器设备、厨房设施等。度假型酒店一般建在海滨、山区、温泉、森林等旅游风景区附近。酒店应开辟多种康乐、娱乐项目来吸引游客。而对于会议型酒店,其接待对象主要是各种会议团体,因此,酒店应建设多个会议厅或可以分隔的多功能厅以适应客人的要求。

不同等级的酒店接待的对象差别很大,对酒店产品的需求差别亦有很大不同,这在酒店建筑与装饰中也应予以区别对待。

(二) 经营因素

经营因素是指在考虑酒店建筑与装饰时,应从现代酒店科学管理的角度出发,保证酒店经营管理的正常进行。酒店建筑的科学性和合理性是保证酒店正常经营的基础。进行酒店建筑与装饰时应对酒店内部信息的传递、运作流线的处理、管理区域的控制、区域间的联系及抗干扰、多余环节的缩减都要加以考虑。

(三) 经济因素

酒店的建筑与装饰必须从经济的角度考虑。因为一是业主的经济实力决定着酒店建筑与装饰的规模和档次;二是酒店企业必须考虑其投资回报。建筑与装饰需要既保证质量又要节省投资。

(四) 环境因素

环境因素要求建筑与装饰必须紧扣酒店自身的社会环境和地理环境,具有自己的"个性化",并保持整体的协调性,不至于"非驴非马""邯郸学步"。环境因素包括民族风情、地理位置、历史传统等。按不同民族的居住饮食等风俗习惯、城市或景区不同的地理位置、历史传统遗留下来的特点进行建筑与装饰,使酒店具有自己特色,且保持与周围环境的协调,特别是为现代旅游者追求"文化享受"提供精神食粮。

(五) 制约因素

制约因素是指酒店建筑与装饰必须依据有关的标准、规范和科学数据。如国家旅游局颁布的《旅游涉外酒店星级划分与评定》对酒店的星级、档次应具备的条件有明确规定,为酒店建筑确定了硬性指标。此外,还有一系列的国家标准或行业标准都是通过严格的科学论证及考证的,对建筑与装饰起到制约作用。特别是对消防、防震、防雷等有关方面一定要符合国家的有关政策和法规。

(六)可持续发展因素

在社会越来越关注经济增长与资源利用、环境保护的今天,酒店业可持续发展已成为业内密切关注的重大问题。酒店进行建筑与装饰时,应从以下三个角度考虑。

1. 经济可持续发展

经济可持续发展的角度是指在建筑与装饰时,应考虑到以下几个方面:

(1)酒店所在地酒店的经济发展水平,即酒店总数、床位总数、星级酒店结构、营业收入等情况;

(2)酒店总量与结构的合理性,即酒店所在地的酒店供应总量和结构与需求之比;

(3)酒店的科技水平,即设施设备的先进程度和技术水平以及酒店的信息技术水平。

2. 社会可持续发展

社会可持续发展主要是指要考虑对宾客身心健康与生活品质的提升,在建筑与装饰时采用绿色建材、配置绿色用品等。

3. 资源可持续发展

资源可持续发展是指应考虑节能、节水、废物综合利用、设备更新周期、不可再生资源和稀缺资源的替代使用以及土地占用的合理性等问题。

4. 环境保护

环境保护是指对自然环境的保护和对人文环境的保护,包括废物处理、噪音控制、环境优化和酒店建设的环境承载力等。

(七)超前因素

超前因素是指应意识到社会进步对酒店的冲击,及时了解社会政治、经济发展新动态、新意识、新观念,并贯穿到酒店建筑与装饰中。如生态环境、电子商务、自我挑战极限、个性化、文化旅游等应予以注意。

酒店是一个资金密集型企业,要建造一座酒店,动则投资几千万,甚至多到十几亿,而社会科技、意识的更新速度相当快,如果在酒店建筑与装饰时没有3~5年超前意识,往往酒店还没有竣工开业,许多设施就落后而不具备吸引力了。

上述因素是相互独立的,又是相互渗透、互相联系、相互制约的,建筑与装饰中要综合分析。但最基本的因素是客人的需求,应贯穿于其他几个因素中。

案例分析 迪拜帆船酒店

在波斯湾南岸阿联酋的迪拜,有漫长的洁白如银的沙滩。迪拜沙滩是最能吸引游人目光的地方,而帆船酒店则是这一片沙滩上最亮丽的明珠。

帆船酒店的建造、设备、服务水平都远远高出其他五星级酒店,被人们称为"七星级酒店"。它不仅是迪拜的标志,也是整个阿拉伯半岛的象征之一,其建筑造型被印刷在迪拜的许多产品或者商标上面,包括所有车辆的车牌上。

酒店最大的特色是它建立在海水中间的一个平台上,这是一个小小的人工岛,距离陆地有280米远,一座精致的跨海大桥将酒店与陆地连接起来。酒店的主体建筑造型恰似屹立在大海中的一座高扬的银帆。它在白天的阳光下呈现出银白色,在晚上就会转换成大海中一道U形的彩虹。不同角度的142个铱照明灯使得酒店晶莹透明,在附近几里外都能看到。

帆船酒店的豪华与美丽使人类的文字表达力相形见绌。酒店纺织物的质量、家具的档次、墙壁生动的颜色、精致的绘画和雕刻,无不反映了阿拉伯人从远古到今天的生活。

房间布局、走廊设计、游泳池、电影院等都体现了设计者的独居匠心,黄金装饰品得到最普遍的应用,用22K金膜装饰墙壁、柱子和圆顶。装饰用的材料,有的来自印度,有的来自南非或者英国,美丽的花岗岩是从巴西运来的。

酒店共有202间(套)客房,在每一个房间里都能欣赏到大海里的波涛与点点白帆……

问题:分析迪拜帆船酒店的建筑与装饰设计体现了哪些因素?

分析提示:首先是帆船酒店所处的区位以及服务对象,海湾国家由于丰富的石油使他们都成为世界最富裕的地区,人们有足够的消费能力,投资者也有足够的经济实力来打造奢华的酒店。迪拜也在通过建设海边人工岛屿,打造世界级的旅游度假中心。酒店能成为世界的焦点,除了奢华外还有超前的设计。

二、我国酒店在建筑装修中存在的问题

酒店业迅速发展,酒店如雨后春笋般拔地而起,由于种种原因,在酒店建筑装修中存在一些问题。

(一)金玉其外

不懂酒店管理的建筑师从纯建筑结构艺术的角度出发,进行设计、施工,没有充分考虑酒店实际运作的需要,其结果是楼房建造得十分漂亮,但内部规划设计不周详,酒店从运营开始,就开始敲敲打打。

(二)长官意志

行业主管部门的领导将自己的意志强加于酒店的建筑装饰规划设计中,违背酒店经营管理规律。

(三)偷梁换柱

国家控制楼堂馆所的建设,酒店业主以修建的厂房、培训中心、接待中心等名义建造,木已成舟后改为酒店。而这些建筑结构往往无法进行合理的规划、使用。

(四)旧习难改

原来的一些招待所、宾馆酒店为适应形势发展需要,在原有的建筑设施上修修补补或改造,但结果仍与现代酒店要求相差甚远。

(五)东施效颦

全盘模仿别人,没有因地制宜,结果或是弄巧成拙或是千篇一律,没有个性。

（六）缺乏文化

很多酒店建筑与装饰都是靠资金的堆砌，装金贴银，没有自己的文化特色。

以上是酒店建筑与装饰中存在的一些问题，其最终结果都是一样，不仅造成大量资金的浪费，还给酒店的经营管理带来诸多后患。

本章阐述了设备管理、物资管理的概念、内容和重要性。宾客对酒店功能、建筑和装饰的要求，以及在现代酒店建筑和装饰中存在的一些误区。设备管理、物资管理、酒店建筑和装饰对从业人员的专业知识要求较高，本章的学习只能起到入门知识的介绍，要掌握扎实的知识还必须进行系统的学习。

知识训练

一、选择题

1. 酒店设备管理的重要性有（　　）。
   A. 保证酒店正常运行的基本条件　　B. 提高酒店服务质量的基本保证
   C. 提高酒店经济效益的关键环节　　D. 提高酒店等级的必要措施

2. 酒店设备系统主要有（　　）。
   A. 制冷系统　　B. 供水系统　　C. 消防系统　　D. 信息管理系统

3. 对酒店功能、建筑和装饰的要求包括（　　）。
   A. 考虑对象因素　　　　　　　　B. 考虑环境因素
   C. 考虑经济因素　　　　　　　　D. 考虑制约因素

二、判断题

1. 酒店设施设备的先进与落后，各类设施设备的完好率直接到影响酒店的档次和服务质量。（　　）
2. 酒店建筑与装饰中应以酒店的经营对象，即客人作为主要考虑内容。（　　）
3. 酒店设备管理的综合性是企业全面质量管理的一个缩影。（　　）

三、简答题

1. 酒店设备管理的重要性、内容、特点和基本要求是什么？
2. 酒店物资管理的内容是什么？
3. 我国酒店建筑装修中存在哪些问题？

能力训练

一、案例讨论

位于四川藏族地区的九寨沟国际大酒店,建筑风格具有藏族传统特色。建筑以蓝色和白色为主色调,并缀以金色,与大自然赋予的九寨沟美景相融,展示着独具风格的品位和创意。九寨沟国际大酒店艺术剧院的外形具有浓郁藏族特色,方圆契合,线条流畅起伏,色彩与九寨沟生态环境浑然一体。生肖艺术广场是九寨沟国际大酒店建筑群中的另一道标志性景观。十二生肖铜柱分别雕刻着属于人类的12种动物精灵及其所对应的内涵图案——星月纹、湖泊纹、草原纹、江涛纹、雨丝纹、春风纹、河水纹、森林纹、太阳纹、青稞纹、雪山纹。每根青铜祥瑞柱高8.1米,直径0.95米,重约1吨,以金色(抛光铜)和朱红(中国漆)色彩,凸显藏民的精神和高贵,具有强烈的视觉冲击和审美效果。生肖铜柱扇形般地围合艺术广场,体现出东方艺术中的宇宙观;同时,巧妙地溶人、自然、动物为一体,并以一种诗情画意呈现,显示了极强的艺术扩张力。高塔是九寨沟国际大酒店建筑群的一个亮点。它以藏羌碉楼为创意蓝本,高39.6米,像一枚"定海神针"一样竖立在艺术广场。塔尖贴以金箔,在阳光、射灯映照下,熠熠生辉,异彩纷呈。

问题:酒店建筑与装饰过程中除了考虑民族性外还要考虑哪些因素?结合本案例分析其建筑与装饰的合理性。

二、实践训练

参观三家不同类型的酒店,仔细观察其建筑与装饰的优缺点。

项目九
酒店文化建设

项目目标

职业知识目标：
通过对酒店文化内涵的了解，认识酒店文化在酒店管理中的重要作用和功能。

职业能力目标：
了解酒店在文化建设过程中可能存在的误区以及正确的方法及步骤。

职业素质目标：
运用本项目的相关知识，能试以酒店管理者的角度掌握酒店文化建设的基本步骤和方法。

项目核心

酒店文化内涵；酒店文化的作用和功能；酒店文化建设

项目导入：服务怎样才算是好？住酒店怎样才叫舒服？让我们揭开举世公认的世界最佳酒店之秘。曼谷东方酒店是举世公认的世界最佳酒店，曾连续10年被纽约《机构投资者》杂志评为"世界最佳酒店""最佳商务酒店""最佳个人旅馆"。

我们从一根牙签探寻"东方"不败的秘密，"东方"人认为，历史、传统和注意细节是东方酒店能屹立100多年的原因。

先说细节。为了不打扰房客，东方酒店的服务人员就有本事趁房客不在的空隙进房收拾。可是，他们如何得知房客不在呢？这秘诀是一根牙签。当客人离房，顶在房门外底下的牙签会应声而倒，巡房员便知道客人出门了，就会通知清洁员进行整理，出来后再将牙签竖立。当客人回房，牙签又倒了，这时巡房员便知客人进房了，就会悄悄地再将牙签竖立。

这么周到的服务自然要依赖足够的人力。东方酒店就有上千人力照顾着它的

396 间客房和 34 间套房。这换算成"服务比",每间客房平均有 2.5 个人。

再以早晨叫醒服务为例。在东方酒店称之为"懒人铃"。在第一次电话叫醒之后,隔 10 分钟会再一次确定你是否起床了。

在东方酒店,这样体贴入微的细节还多着呢。你入住登记后,侍者端着一杯果汁到房间给你解渴;结账离开时在账单信封背后提醒你"机场税 500 泰铢"是否要先准备呢?

老实说,论房间该有的设备,五星级酒店大同小异,但是否称心如意就要依赖传统了。"东方"传统中最为人称道的是"仆役长"按钮服务。客人靠这按钮,举凡扣子掉了要缝、袜子破了要补、内裤皱了要烫,甚至半夜里牙齿坏了要补、宠物饿了要吃等事,都立即有人过来服务。

在一般酒店里,送水果盘这项服务并不稀奇,但东方酒店的就与众不同。因为它的水果盘里还有一张"水果卡",说明水果的来源、口味和生长环境等,让客人吃了甜在心头,还增长见识。东方酒店的卫浴用品篮盛放的是酒店自行提炼的天然洁身保养用品。

(资料来源:http://wenku.baidu.com)。

任务一 酒店文化的含义

酒店提供的产品是服务,酒店所应建立的文化是服务文化,它是一个酒店的灵魂,文化作为一种价值观、一种精神,是渗透到酒店时间活动中的经营哲学,对外它反映每个酒店各自的特色、强烈的个性,体现酒店的精神面貌,树立酒店的现象;对内它具有一种浓厚的凝聚力,成为团结员工的精神支柱和支持酒店管理的思想基础。提升酒店服务水平需要酒店文化的推动,所以,一个酒店从开始筹建,就要有意识地确定酒店的经营理念、管理模式、组织体制乃至物质再现内容,还要对酒店进行文化定位,确定文化主题。

一、酒店文化的内涵

20 世纪 80 年代产生的企业文化理论对企业的管理造成了一个猛烈的冲击,一种新的现代管理理念影响着企业的管理,给现代企业管理注入活力。

企业文化的广义概念是指企业所创造的具有自身特点的物质文化和精神文化;狭义概念是指企业所形成的具有自身个性的经营宗旨、价值观念和道德行为准则的综合。

企业文化由四个层次构成:精神文化、制度文化、行为文化和物质文化。它们形成了企业文化的核心层、中层、浅层和表层。精神文化是指企业在经营活动的过程中形成的企业的价值观、经营理念、企业道德等上层建筑，是物质文化、行为文化的升华和内涵，是制度文化的精神保证；制度文化是企业文化具体实施的载体，它包括企业的领导体制、企业的组织机构、企业的管理制度；行为文化是企业精神文化的行为体现，包括企业经营、教育宣传、人际关系活动、文娱体育活动中产生的文化现象；物质文化是企业以物质形态展示企业文化内涵的器物文化，它是以企业的建筑、生产环境、企业广告、产品设计和包装等形式出现，它由环境文化产品文化构成。这四个层次由里及表、层层外延，相互联系，里层对外层起到指导作用，外层对里层起到支撑作用。如图9-1所示。

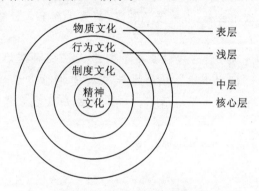

图9-1 企业结构文化示意图

酒店文化是企业文化的亚文化，它是酒店在经营活动中形成发展起来的独具个性特点的一种文化现象。它反映不同时期社会关系和经济关系中的观念形态，表现于酒店哲学、酒店价值观、酒店意识、酒店精神、酒店道德、酒店审美观和酒店思维方式等方面。从本质上说，酒店提供的产品是服务，酒店所应建立的文化是服务文化，它是一个酒店的灵魂，也是酒店提供给客人的精神产品。对外它反映每个酒店各自的特色、强烈的个性，体现酒店的精神面貌，树立酒店的现象；对内它具有一种浓厚的凝聚力，成为团结员工的精神支柱和支持酒店管理的思想基础。所以，一个酒店从开始筹建，就要有意识地确定酒店的经营理念、管理模式、组织体制乃至物质再现内容，还要对酒店进行文化定位，确定文化主题。

酒店文化影响着酒店的经营管理，涉及酒店管理的方方面面，从内涵到外观无不渗透文化的概念。酒店文化包括景观文化、产品文化、经营文化、管理文化，但核心文化是服务文化。酒店文化是酒店增强凝聚力和竞争力的关键，它直接关系到经营者、管理层和员工信仰什么、具有什么样的价值观。

现代市场发展的一个重要趋势就是服务竞争。服务竞争在现代市场竞争中的地位和作用越来越突出。强化服务理念，实现"服务增值"。不仅是酒店集团的服务文化，甚至国外制造业文化研究中，也十分强调使用"服务增值"的概念。因为同样质量的产品，可以因服务好而"增值"，也可以因服务差而"减值"。质量概念，不仅包括产品质量，也包括服务质量。企业形象在本质上，表现为产品质量和服务质量。服务的永恒主题是企业同客户、用户、消费者的管理，既包括如何使抱怨用户转化为满意用户、忠诚用户进而成为传代用户，又包括如何开发忠诚的顾客群，包括不丢失一个老客户而不断开发新客户，还包括如何使营销服务成为情感式服务，真正让顾客引导消费决策，进而引导服务产品的开发、生产与销售。

可以说酒店之间的竞争是企业文化的竞争,文化竞争不仅是一种高层次的竞争,也是一种人才的竞争。不同的酒店有不同的文化。凡具有自己独特的文化,并被广大员工、宾客认同和接受的,就具有的强大的生命力和竞争力。反之,则将在竞争中落伍。酒店的文化定位和文化特色能反映员工的文化素质,也能体现酒店的竞争能力。

以人为本的文化精神是酒店文化的一种体现。以人为本,其最基本的一点就是尊重客人、尊重员工。正如里兹·卡尔顿酒店公司的座右铭所说:"我们是淑女和绅士,我们为淑女和绅士服务。"

酒店也应该为员工提供表现自己、展示自己才能的机会和舞台,建立一种激励机制,为员工筹划职业发展计划;应结合员工的年龄、专业技术、能力、性格、气质、学历、思想品德等因素,综合考虑酒店文化的内涵,建立一种团队服务意识和团队服务机制。

酒店文化精神不仅体现在服务项目的设置上,更多地应当体现在酒店给人的总体感觉上。通过把文化的形式与员工提供的温馨的有机结合,让宾客感受到酒店所为之提供的高品质、高品位的服务。

二、酒店文化功能

(一)酒店文化的导向功能

酒店文化的导向功能,是指酒店文化把酒店整体及员工个人的价值取向及行为取向引导到组织所确定的目标上来。

在激烈的市场竞争中酒店如果没有一个自上而下的统一的目标,将很难参与市场的角逐,更难于在竞争中求得生存和发展。在一般的管理概念中,为实现组织预定的目标,需要制定一系列策略来引导和激励员工。

酒店文化就是在酒店具体的历史环境及条件下将员工的事业心和成功欲望化成具体的奋斗目标、信条和行为准则,形成酒店员工的精神支柱和精神动力,为酒店的共同奋斗目标而努力,其实质就是建立酒店内部的动力机制。这一动力机制的建立,使广大员工了解了酒店正在向崇高的目标而努力,促使酒店产生具有创造性的策略,还可以使员工勇于为实现组织目标而做出个人牺牲。如果有了一个合适的酒店文化,通过共同价值观和群体意识的培育,员工就会在潜移默化中接受共同的价值观念,对酒店产生认同感,从而使酒店员工与酒店真正成为一个有机整体,形成一股强化的力量向既定方向努力。

酒店文化在统一组织全体员工的行动方向、深化大家对于共同利益和目标的认识的同时,也能够将整个组织引向某个特别领域或阶层,使整个酒店朝一个特定的方向发展。

(二)酒店文化的规范功能

酒店作为一个组织,常常不得不制定出许多规章制度来保证组织活动的正常进行,这是完全必要的,但是即使有了千万条规章制度,也很难规范每个员工的个体行为,更难消除员工对规章制度的逆反心理和对抗行为。而组织文化则是用一种无形的思想上的约束力量,形成一种软规范,制约员工的行为,弥补规章制度的不足,诱导多数员工认同和自觉遵守规章制度。其功能机制是优良的组织文化通过建立共同的价值体系,形成统一的思想,使信念在员工的心理深层形成一种定势,进而改造出一种响应机制,只要外部诱导信号发生,即可得到积极的响应,并迅速转化为预期的行为。这就形成了有效"软约束",它通过协调和自我控制来实现,可以减弱硬约束对员工心理的冲撞,缓解自治心理与被治心理形成的冲突,削弱由其引起的一种心理抵抗力,从而使组织上下达成统一、和谐和默契。

(三)酒店文化的凝聚力功能

酒店组织中的成员除了有共同的利益之外,都有着各自不同的利益,有效的组织应该使大家认清组织共同利益大于各自的一己利益,组织的兴衰关系到每个人的切身利益。

文化是一种极强的凝聚力量。酒店文化是酒店全体员工共同创造的群体意识,是一种凝聚力及黏合剂,把各方面、各层次的人都团结在本酒店文化的周围,对酒店产生归属感和认同感,使他们感到个人的工作、学习、生活等任何事情都离不开酒店这个集体,将酒店视为自己的家园,认识到酒店利益是大家共存共荣的根本利益,从而以酒店的生存和发展为己任,愿意与酒店同甘苦、共命运。薪酬和福利是凝聚员工的物质纽带,那么酒店文化则是凝聚员工的感情和思想纽带。

案例分析 员工为本:老板变闺蜜,经理服务你没商量

香格里拉的中餐厅之所以能誉满全球,除了出色的菜品、光鲜的环境,更重要的是对于每一个细节精益求精,甚至于近乎苛刻的追求,以及对"人"这个最重要但却被常常餐厅忽略的元素的重点关注,而这才是香格里拉能建立顶级酒店的真正秘密。

几乎每个在香格里拉工作的人在谈到这里的工作氛围时,都会提到一句"我们亲如一家人"。香格里拉酒店集团始终坚持"员工第一""以人为本"的企业文化,尊重每一个人,使员工实现自我价值的良好环境,从而极大地提高了企业凝聚力。在每个香格里拉酒店都有"员工日",员工可以与经理们自由交谈、沟通。酒店每月给当月过生日的员工集体过生日,发给总经理签字的贺卡和生日礼品。各酒店每年专为员工举行春节晚会,从总经理到领班一起为员工服务,让员工享受贵宾待遇。酒店管理层定期与基层员工进行沟通,总经理很重视每月一次的员工大会,每个基层部门的代表都会在会前统计好本部门员工的意见和建议,有时甚至是一些很琐碎的事情,如某些员工对福利不满意,更衣室的挂钩不够用等。管理层也会通过这些会议让基层员工知道公司的决策,下一步该做些什么。集团内部尊重员工的文化氛围极大地提高了员工对香格里拉酒店的忠诚度,从而乐于为企业奉献。

(资料来源:http://www.canyin168.com/glyy/jcgl/jdglal/201407/60754.html。)

问题:该案例体现了酒店文化功能的哪一点?

分析提示:该案例体现了酒店文化的凝聚力功能。在香格里拉工作的员工能够感受到集团中每个人"亲如一家"的氛围,并且集团始终坚持"员工第一""以人为本"的企业文化,尊重每一个人,让员工能够团结在企业中,作为企业的主人,有归属感,从而乐于为企业做出贡献。

（四）酒店文化的激励功能

酒店文化强调以人为中心的管理方法，其核心是要创造出共同的价值观念。优秀的酒店文化就是要创造一种人人受重视、受尊重的文化氛围，创造一种激励机制，使每个员工所做出的贡献及时得到其他员工及领导的赞赏和奖励，由此激励员工为实现自我价值和酒店发展而勇于献身、不断进取。

"未来企业的成功需要看能否聚集创意，是否激励员工和管理人员一起从事创造性的思考而定。"一家酒店的成功与否关键是酒店员工创造性的发挥。酒店文化的建设和更新、员工心理素质的提高、民主意识的增强，客观上促进了员工思想水平的提高和参与意识的发育，这有利于员工把个人利益与酒店的社会荣誉、生产经营的好坏联系起来，使员工以主人翁的态度进行工作。而主人翁地位的巩固与实现又呼唤着强烈的权利感和义务感，使酒店产生精神振奋、朝气蓬勃、开拓进取的良好风气，诱发每个员工的创造热情，从而形成一种激励环境及激励机制。这种环境和机制胜过任何行政指挥和命令，将员工被动行为转化为自觉行为，外部动力化为内部动力，其力量是无穷的。

（五）组织文化的创新功能

酒店是一个组织，是由人组成的，存在于社会，也像人一样，有自己独特的性格、风格、风度、阶层……酒店要生存和发展，要在与其他酒店的竞争中获胜，就要树立自己的风格和特色，就要与其他酒店加以区别，就要创新。酒店文化是一个酒店能区别于其他同类酒店的特色，其主体是人。一个没有文化的酒店就像一个没有个性的人，人们不会去注意它，也不会记住它。一个没有文化的酒店或有着不良文化的酒店是绝无竞争力的。

建立具有鲜明特色的酒店文化，是酒店创新的一个重要方面，是激发员工创新精神的源泉和动力。日本本田公司董事长本田中一郎，本身就是一位有一百多项专利的发明家，他在组织中一贯鼓励员工进行创新，鼓励他们犯"合理错误"，因而在本田公司创造出了人人创新、事事创新的好氛围。

因此，建设良好的、积极的、富有个性和特色的酒店文化，是酒店独特风格和特色的主要方面，是激励员工创造性、积极性的巨大动力，是酒店在激烈的市场竞争中立于不败之地的重要保证。

（六）组织文化的辐射功能

酒店文化塑造着酒店的形象。优良的酒店形象是酒店成功的重要条件和标志，它包括两个方面：一是内部形象，它可以激发酒店员工对本酒店的自豪感、责任感和崇尚心理；二是外部形象，它能够更深刻地反映出该酒店文化的特点及内涵。酒店文化的建立，酒店形象的树立，除对本酒店产生很大影响外，还会对社会公众、对本地区乃至国内外酒店产生一定的影响，在提高本酒店知名度的同时，构成社会文化的一部分，具有巨大的辐射作用。例如，可口可乐、麦当劳已经构成美国生活方式和美国文化的一部分；全聚德、同仁堂则构成了中华民族文化的一部分。

任务二　酒店文化的建设

一、酒店文化建设的误区

知识衔接

> 曾经有一位记者向海尔总裁张瑞敏先生提出一个问题：如果公司更换了新的领导人，海尔的企业文化会不会随之改变呢？张瑞敏回答："美国人讲企业就像一堵砖墙一样，如果抽掉一块砖这堵墙不会塌。我们想先做到这个程度，然后考虑这堵墙怎么不断长高。"怎样做呢？这就涉及张瑞敏所说的"制度文化"。尤其对现阶段处于由人治向法治转换过程中的国内企业，健康的制度将削弱甚至取代个人影响力在企业中的过分存在，为企业的平稳发展创造条件。当海尔规模不断扩大、日渐规范时，张瑞敏总是设法利用企业的规章制度来保证和强化企业文化。他将公司的主要价值观念通过规则或职责规范予以公布，敦促公司所有人遵从这些规定。这样，即使企业变换了新的领导人，海尔文化也不会随之改变，因为它已逐渐扎根于企业。

（一）酒店文化建设根基不实

近年来，我国酒店企业，进行酒店企业文化建设的很多，与其他"热"一样具有两重性：一方面说明我国酒店业管理部门对酒店组织文化的高度重视；另一方面也有"赶浪头"、不扎实之处。另外，在对组织文化的内涵、外延的理解，对中国民族文化的认识，对外国组织管理文化的借鉴等许多问题上存在着不同的看法，尚未取得共识，都妨碍着酒店组织文化建设的深入开展。

另外，酒店业属于劳动密集型企业，部分酒店职工文化水平较低，酒店管理者管理水平也不高，根本没有企业的概念。若想使这些酒店的管理上台阶，使其组织文化建设从自我状态进入自觉状态，首先就要通过培训、选聘等环节，提高酒店管理者的素质，除此便无捷径可走。

（二）酒店文化建设的片面性

作为一种客观存在的微观文化，任何一家酒店都存在着自己的企业精神、业界哲学、企业目标、经营业方针、发展战略、竞争策略、企业风气、企业制度、道德规范、传统仪式等，差别在于这种文化是自发的还是自觉的，是七零八碎的还是系统完整的，是低俗不堪的还是高雅向上的；在于企业管理者和全体员工是否认识和理解目前的企业文化，以及能否自觉地对其进行分析、改造和完善。

客观存在的酒店文化应该是全面的、立体的,企业精神、企业目标、企业哲学、企业界风气、企业道德、企业制度等构成了一个完整的价值体系,缺少任何一个环节,酒店文化建设都将是残缺不全的。酒店管理者的任务,是对现有的价值观体系进行剖析和扬弃,构造崭新的、优秀的价值观体系,然后通过恰当的方式和持久的努力,使这一价值观体系变成全体员工自觉遵循的群体意识,从而产生巨大的精神力量和行为绩效。

遗憾的是,目前许多酒店的管理者往往把企业精神与企业文化等同起来。因此,他们往往对概括抽象的企业精神表现出极大的热情,而对企业目标、经营宗旨、发展战略、企业制度、企业道德、企业作风等内容则不去着力研究。在这种不完善的平面型的企业文化中,企业精神常常处于孤掌难鸣的境地,其作用大受限制。

因此,克服酒店文化建设上的片面性,必须从纠正某些酒店管理者对组织文化理解的片面性开始。

(三) 酒店文化建设缺乏个性

目前,普遍存在的另一个问题是酒店文化缺乏个性。酒店文化的个性主要体现在其精神层,特别是组织精神。许多酒店管理者在概括组织精神时往往是全面有余而个性不足,经常变成在团结、进取、拼搏、求实、奉献、创新、严谨、勤奋、奋进几个元素间的排列组合。请看以下4家酒店的企业精神:①团结、求实、奉献、开拓;②团结、振奋、开拓、奉献;③团结、务实、开拓、奋进;④团结、奉献、开拓、奋进。这种"千店一面"的企业精神,不能反映出各自的独特传统、独特风格和独特追求,给人以一般化的感觉。这种没有个性的组织精神,对员工也将缺乏吸引力和凝聚力,不能给员工以亲切感和认同感。

"一窝蜂""一刀切"是中国管理领域的通病,计划体制下"大一统"思想和"官本位"观念束缚了管理者对独特个性的追求,造成了组织文化个性的模糊和缺乏。然而,组织文化若没有个性,就没有吸引力,就没有生命力。为纠正酒店企业文化"千店一面"的弊病,酒店管理者应该从"官本位""一刀切"的传统观念中解放出来,变求同思维为求异思维,不求全,但求新,大胆地追求自己的个性,使本酒店企业文化独具特色。这样才能适应社会主义市场经济的外部环境。

另外需要说明的是,在酒店组织文化的概括方法上,并不是越抽象越好,而是要抓住特点进行恰当的抽象,否则,越抽象越易失去个性。如某酒店的企业精神为"关注每一位宾客,关注每一个细节",这就很好地把企业的特点反映出来了,因为酒店是靠宾客才得以生存的,因此要服务好每一个宾客,而服务好每一个宾客的关键在于我们在每一个工作环节上做好每一个细节。

概括和抽象的方法可以千变万化,只要酒店领导者能够执着地追求本组织的个性,总可以如愿以偿的。

(四) 酒店文化建设流于表面化

目前,我国酒店组织文化建设中另一个最为普遍的问题是流于表面化。一些酒店,虽然墙上书写着醒目的企业精神,但当你向酒店员工询问"你们酒店的企业精神是什么"时,他可能摇摇头说"不知道"。至于企业目标、企业哲学、发展战略等,就更不知道了。

产生这种现象的原因很复杂。一种原因是观念的贫乏。有些酒店的管理者之所以搞酒店文化,是出于从众心理,觉得大酒店在搞,管理集团也搞,上级开会号召搞,自己这里不搞不好。但实际他并没有真正理解酒店组织文化的真谛。因此,只满足于口号上门、上墙,并没有下苦功夫,使其深入人心。这些酒店的管理者,首先应该转变思想,必须从心底里产生改变管理观念的内在需求——坚决从过去那种经验管理转变到现代管理的轨道上来,坚决从过去那种"以钱为中心"的管理转变到"以人为中心"的管理上来。

另一种原因是方法不足。一些酒店的管理者并不满足于口号上墙、上门,他们也想把自己倡导的组织文化尽快转变成全店员工认可的群体意识,进一步化为全店员工的自觉行动,但苦于找不到适当的方法。

若想使酒店管理者的追求变成全店员工的共同追求,使管理者的价值观念变成全体员工共同信奉的价值观念,使管理者提倡的行为准则变成全体员工自觉接受的行为准则。就需要使组织文化由上墙到入心,管理者应遵循心理学的规律,按照组织文化建设的步骤,采取相应措施,适当的方法,一步一个脚印地在酒店内部创造适宜的心理环境,使酒店全体员工在感染熏陶中达成共识。

二、酒店文化建设的步骤

酒店文化建设通常需要遵循以下基本步骤:

(一)建立领导体制

领导者是酒店文化的倡导者,酒店文化建设的前提是领导者的高度重视。只有在领导者重视和理解酒店文化建设的重大意义基础上,才能获得员工的理解和配合,才能切实地把酒店文化建设深入推行下去。因此,酒店应首先成立酒店文化建设领导小组,来领导组织酒店文化建设工作的开展。

(二)建立独立的部门,设计专门的职能

为了进行酒店文化建设,应设立专门的职能部门,如组织文化部、企业文化中心等,来专门负责酒店文化建设工作的进行。比如,韩国大宇集团十多年前就成立了企业文化建设部,我国的海尔等企业也相继成立了企业文化中心。

(三)制订计划

为了酒店文化建设工作的有序进行,还应拟定相应的计划,通过编制预算等工作使资源投入、进度考核和监督等都能落到实处,从而保证酒店文化建设有章可循。

(四)对酒店现存文化的盘点

通过深入的调查研究,对本酒店的过去、现在和未来各阶段、各部门以及酒店的观念层、制度层、器物层各层次的文化表现进行深入研究和透彻分析。

(五)酒店目标文化的设计

根据酒店文化现状、特点和一系列科学的标准,进行的策划。

(六)实施计划

实施计划,即完成酒店从现存文化向目标文化的过渡。在确立了目标文化后,根据计划

将财务、人员配置、考核、待遇、激励和约束机制等完善地建立起来,从而形成一套完整的优良的酒店文化。

三、酒店文化建设的方法

(一) 运用心理定式,培训教育法

人的心理活动具有定式规律——前面一个较强烈的心理活动,对于随后进行的心理活动的反应内容及反应趋势有影响。

酒店文化建设的重要手段是干部和员工的培训。在对员工、干部培训上,心理定式规律作用十分突出。怎样做一名干部、员工？他们应该具备什么样的思想、感情和作风？刚开始,他们头脑还是一片空白。而培训,不仅要提高他们的业务能力,更主要的是要把酒店的经营哲学、战略目标、价值观念、行为准则、道德规范,以及组织的优良传统,系统而详细地介绍给他们,并通过讨论、总结、实习,加深理解,入脑入心。这样,就形成了与酒店组织文化相协调的心理定式,可以对其今后的行为发挥指导和制约作用。

在酒店文化建设过程中,相应地要更新和改造原有的企业文化,首先要打破传统的心理定式,建立新的心理定式。酒店的经营哲学、战略目标、价值观念和行为规范也必须相应地加以改变。事实证明,观念的转变绝非易事,酒店的主要负责人应率先转变观念,然后通过参观、学习、培训等多种方式,组织各级干部和全体员工理解和掌握新的酒店企业文化,形成新的心理定式。

(二) 重视心理强化,利用事件法

强化,是指运用某种手段,通过一定的肯定或否定(奖励或惩罚),使某种行为得到重复或制止,使某种心理品质变得更加牢固的过程。使人的行为重复发生的手段称为正强化,制止人的行为重复发生的手段称为负强化。

这种心理机制运用到酒店文化建设上,就是及时表扬或奖励与酒店文化相一致的思想和行为,使组织精神变成可见的、可感的、现实性的因素。许多酒店制定的店规店纪,以及开展诸如立功活动、五好评比活动、双文明标兵活动等等,都发挥了良好的心理强化作用。比如某酒店在全店开展"两个第一"评比。第一个"第一"是看谁第一个助人为乐,第一个提出合理化建议,第一个创出优异成绩；第二个"第一"是看谁第一个违反规章制度,第一个出安全事故,第一个打架斗殴。这是运用正强化和负强化手段来建设企业文化的典型事例。执行结果,第一个"第一"的好人好事层出不穷,并发展为群众性的"立功活动",至于第二个"第一",则越来越少。这就有力地促进了共同的价值观念、道德标准、行为规范的形成。

(三) 利用从众心理,环境氛围法

从众,是在群体影响下放弃个人意见而与大家保持行为一致的社会心理行为。从众的前提是实际存在或想象存在的群体压力,它不同于行政压力,不具有直接的强制性或威胁性。一般来讲,重视社会评价、社会舆论的人,情绪敏感、顾虑重重的人,文化水平较低的人,性格随和的人以及独立性差的人,从众心理较强。

在酒店文化建设中,组织领导者应该运用一切舆论工具,大力宣传本酒店的组织文化,同时发挥管理者和英雄模范人物的示范带头作用,形成潮流和声势,主动利用职权从众心理,促成全体员工行动上的一致。一旦这种行动一致的局面初步形成,对个别后进员工就构成一种群体压力,促使他们改变初衷,与大多数员工一致起来。这就实现了组织文化建设所需要的环境氛围,促使舆论与行动的良性循环。

对于组织中局部存在的不正之风、不良风气、不正确的舆论,则应采取措施,教育组织员工分清是非,防止消极从众行为的发生。

(四)培养认同心理,载体传播法

认同,是指个体将自己和另一个对象视为等同,引为同类,进而产生彼此密不可分的整体的感觉。初步的认同处于认知层次上,较深入的认同进入情绪认同的层次,完全的认同则含有行动的成分。个体对他人、群体、组织的认同,使个体与这些对象融为一体,休戚与共。

为了建设优良的酒店文化,酒店主要负责人取得全体员工的认同,是一项首要的任务。这就要求酒店组织主要负责人办事公正,作风正派,以身作则,真诚坦率,待人热情,关心员工,善于沟通,具有民主精神,成为员工靠得住、信得过的"当家人"。员工对酒店主要负责人和认同感一旦产生,就会心甘情愿地把他所倡导地价值观念、行为规范,当作自己的价值观念、行为规范,从而形成所期望的酒店组织文化。

除此之外,还应着重培养员工对组织的认同感。为此,酒店负责人应充分尊重员工的人格和权益,同时,应尽量使组织目标协调一致,使员工正确、深刻地认识到这种利益上的一致性。久而久之,全体员工就会树立"店兴我荣,店衰我耻"等观念,形成个人与组织共命运的主人翁责任感,这正是一切优良组织文化的真正基础。

对酒店认同感的最高表现形式,就是对酒店的光荣感和自豪感。为了培养这些积极的感情,一些酒店开展了撰写店史、设计店标、设置口号标语、创作店歌、制作店徽、店服、店旗等活动,通过这些传播载体,让员工了解酒店历史,熟悉酒店产品和服务。当然,更重要的措施,是把酒店的名牌产品、酒店在社会上的良好形象,社会各界对酒店产品和服务质量的良好评价,及时地反馈给全体员工,激发全体员工的集体荣誉感和自豪感。对酒店充满光荣感和自豪感的员工,必定对酒店满怀着热爱之情,总是站在酒店发展的角度思考和行事,自觉地维护酒店的好传统、好作风,使优秀的酒店组织文化不断发展和完善,这是主人翁责任感的升华。

(五)激发模仿心理,楷模带头法

模仿,是指个人受到社会刺激后而引起的一种按照别人行为的相似方式行动的倾向,它是社会生活中的一种常见的人际互动现象。

不言而喻,模仿是形成良好酒店文化的一个重要的心理机制。榜样是模仿的前提和根据。酒店中的模范人物、英雄人物,是组织文化的人格化代表。全体员工对他们由钦佩、爱戴到模仿,也就是对酒店组织文化的认同和实践的过程。

酒店管理者通过大力表彰劳动模范、先进工作者、技术革新能手、精神文明标兵、双增双节标兵、优秀党员、模范干部,使他们的先进事迹及爱店如家的精神深入人心,并在全体员工中激发起模范心理,掀起学先进、赶先进的热潮,这是酒店文化建设的有效途径。当然,要注意树标兵应实事求是,力戒拔高作假,否则将适得其反。

(六)化解挫折心理,领导垂范法

在酒店的各项活动中,上级与下级之间、同事之间总会发生一些矛盾和冲突,干部和员工总会在工作和生活中遇到各种困难和挫折,在这时,他们就会产生挫折心理。这种消极的心理状态,不利于优良组织文化的形成。如何化解员工出现的挫折心理,也是酒店组织文化建设中应该注意的问题。

日本松下电器公司下属的各个企业,都有被称为"出气室"的精神健康室。当一个牢骚满腹的人走进"出气室"后,首先看到的是一排哈哈镜,逗人哈哈大笑一番后,接着出现的是几个象征经理、老板的橡皮塑像端坐在那里,旁边放着数根木棍。如果来者怨气仍未消除,可操起木棍,把"老板"痛打一顿。最后是恳谈室,室内职员以极其热情的态度询问来者有什么不满或困难,耐心倾听他们的意见和建议。

为了化解员工可能出现的挫折心理,我们可以借鉴松下电器公司重视员工心理保健的管理思想。酒店领导者,可以发挥我国思想工作深入细致的传统优势,通过家访、谈心、党团组织生活、职代会会议等环节,向各级领导者提出批评和建议,也可在员工之间展开批评和自我批评,解决矛盾,化解挫折心理,为酒店文化建设创造和谐舒畅的心理环境。

酒店的主要管理者,应该成为组织的模范人物、英雄人物。身教胜于言教,作为酒店组织文化的倡导者,他的一言一行都起着暗示和榜样的作用。"耳听为虚,眼见为实",实际事件的意义对于个体观点的改变是极其重要的。

只要根据本酒店的实际情况,综合运用上述各种方法,酒店文化建设就可以日益深入地开展起来,发挥出应有的巨大作用。

酒店文化是酒店在经营活动中形成发展起来的独具个性特点的一种文化现象。它反映不同时期社会关系和经济关系中的观念形态,表现在酒店哲学、酒店价值观、酒店意识、酒店精神、酒店道德、酒店审美观和酒店思维方式等方面。本章通过对酒店文化内涵、功能,酒店文化建设的步骤、方法的阐述,使学生进一步理解酒店应建立的文化是服务文化。

知识训练

一、选择题

1.酒店文化的功能是(　　)。

A.辐射功能　　　B.凝聚力功能　　C.导向功能　　D.集会功能

2.酒店文化建设的步骤有(　　)。

A.成立领导小组　B.规划设计　　　C.文化盘点　　D.判断管理水平

3.酒店文化建设的方法有（　　）。
A.载体传播　　　　B.楷模带头　　C.领导垂范　　D.员工自觉
二、判断题
1.酒店的主要管理者,应该成为组织的模范人物、英雄人物。　　　　　　（　）
2.如何化解员工出现的挫折心理,是酒店组织文化建设中应该注意的问题。（　）
3.进行酒店文化建设,应设立专门的职能部门,如组织文化部、企业文化中心等。（　）
三、简答题
1.酒店文化建设的步骤有哪些?
2.酒店文化建设的方法有哪些方面?
3.酒店文化的内涵?

能力训练

一、案例分析

总经理的亲笔信

郑州一家酒店的前台的小韩从事服务工作已有3年了,10月初的一天上午,小韩刚换好工作服,只见房务部朱经理兴冲冲地走过来。

"小韩,恭喜你!"朱经理随手递上一封信,他爽朗的声音引来了小韩周围不少服务员惊奇的眼光。

小韩也疑惑不解,不知道朱经理"葫芦里卖的什么药"。

"咦,总经理的亲笔信。"小韩不禁感到诧异,以前她曾受到朱经理的口头表扬,那是因为有宾客在意见书上点名称赞了她。今天,总经理竟给她写了亲笔信,对她拾到日本小川先生20万日元及时上交这种拾金不昧的高尚品质大力赞扬。

这件小事在酒店员工当中引起了很大的反响。以前酒店收到"宾客意见书"后,如果是投诉,总经理一般会严肃处理,但是对于宾客的表扬重视程度则略为逊色,认为服务得好是应该的,无须表扬。而今天,总经理亲笔写信对于员工的优秀表现予以肯定,这使得小韩雀跃不已。

（资料来源:王大悟、刘耿大,《酒店管理180个案例品析》,中国旅游出版社,2007年版。）
问题:该案例体现了酒店文化建设的哪些功能?
二、实践训练
模拟为某家酒店设计一份酒店企业文化建设方案。

项目十
酒店管理的发展趋势

项目目标

职业知识目标：
1. 掌握可持续发展的理论，了解其在酒店管理中的具体体现。
2. 了解科技发展对酒店经营与管理的作用。

职业能力目标：
1. 了解酒店集团化经营的模式。
2. 熟悉中国酒店集团的发展现状以及未来的发展趋势。

职业素质目标：
运用本项目相关知识以及案例，结合实际情况，对于未来酒店管理发展趋势有一定了解。

项目核心

可持续发展；绿色酒店；科技发展；酒店集团化；中国酒店集团

项目导入： 根据世界旅游组织（UNWTO）发布的《2015全球旅游报告》显示，世界旅游组织非常关注新兴目的地，经济体和目的地使用频度增加，中国元素继续成为关注焦点。2014年全球国际游客到访量达到11.33亿人次，国际旅游花费达12450亿美元。

（1）全球越来越多的目的地，开始重视旅游并在旅游中投入资金用于发展，旅游已经成为创造就业和创业、出口创收以及拉动基础设施建设的关键驱动力。

（2）在过去60年中，旅游经历了持续扩张和多元变化，已经成为全球经济中最大和增长最快的行业。许多新兴目的地已经成为继欧洲、北美等传统热门目的地之外的新宠。

(3)尽管偶遇震荡,旅游整体增长未收重大中断和影响。全球国际游客到访量从1950年的2500万人,到1980年的2.78亿人次,1995年5.27亿人次,到2014年达到11.33亿人次。全球范围内旅游目的地的国际旅游花费在1950年为20亿美元,1980年增加到1040亿美元,1995年增长至4150亿美元,在2014年达到12450亿美元。

(资料来源:http://www.199it.com/archives/394112.html。)

由此可见,旅游产业的增长为酒店业带来巨大的发展契机,酒店管理如何与时俱进,进行合理调整,以适应市场发展带来的机会,将成为现代酒店管理不可忽视的重要内容。

任务一 可持续发展与绿色酒店

一、可持续发展的含义

(一)可持续发展概念的提出

20世纪六七十年代以后,大工业发展带来的社会公害问题的加剧和能源危机的出现,使人们逐渐认识到把经济、社会和环境割裂开来谋求发展,会给地球和人类社会带来毁灭性的灾难。温室效应带来的全球气候变暖;乱砍滥伐导致的水土大量流失;煤炭、石油等不可再生资源因人类的肆意开采而枯竭。各种危机扑面而来。源于这种危机感,可持续发展的思想在20世纪80年代逐步形成。1983年11月,联合国成立了世界环境与发展委员会(WECD)。1987年,受联合国委托,以挪威前首相布伦特兰夫人为首的WECD的成员们,把经过4年研究和充分论证的报告——《我们共同的未来》提交联合国大会,正式提出了"可持续发展"的概念和模式。

(二)可持续发展的含义

"可持续发展"一词在国际文件中最早出现于1980年由国际自然保护同盟制定的《世界自然保护大纲》,其概念最初源于生态学,指的是对于资源的一种管理战略。其后被广泛应用于经济学和社会学范畴,加入了一些新的内涵。在《我们共同的未来》报告中,"可持续发展"被定义为"既满足当代人的需求又不危害后代人满足其需求的发展",是一个涉及经济、社会、文化、技术和自然环境的综合的动态的概念。该概念从理论上明确了发展经济同保护环境和资源是相互联系,互为因果的观点。

可持续发展观把发展的重心从经济社会转移到了人的全面发展,认为发展不等于单纯的经济增长,而是人与自然、人与人、人与社会之间关系的协调发展。经济增长只是一种手段,并不是目的。经济发展必须服务于人的生存和全面发展。1994年9月召开的世界人口与发展大会明确指出:可持续发展问题的中心是人。

中国政府非常重视经济的可持续发展。在政府发布的《中国21世纪议程》白皮书指出:"可持续发展以人为本"。这主要包括三层含义:第一,可持续发展的核心是人本身的全面发展;第二,可持续发展是"为人"的发展;第三,可持续发展是必须由充分发展的人来实现的发展。

(三)酒店业可持续发展的必要性

旅游业的发展向其他工业一样同样依赖于地球的环境状况,酒店业作为旅游业的支柱产业,在有效保护环境和合理利用资源方面的努力直接关系到旅游业的健康发展,并影响到社会的可持续发展。所以,酒店的环境管理工作被提上议事日程,而创建"绿色旅游酒店"是酒店走可持续发展道路的具体体现。

二、绿色酒店的发展

(一)绿色酒店的提出

1991年"威尔士王子商业领导论坛"(PWBLF)创建了一个名为"国际旅馆环境倡议"(IHEI,International Hotel Environment Initiative)的机构。该机构是由世界上11个著名的旅馆集团组成的一个委员会。它们是雅高、福特、希尔顿、假日国际集团、洲际旅馆公司、喜来顿、康来特国际旅馆集团、玛丽奥特、梅丽丁、雷蒙达、奥尼国际旅馆集团,由英国查尔斯王子任主席。1993年,英国查尔斯王子倡议召开了旅馆环境保护国际会议,通过了由上述11个国际旅馆集团签署的倡议,并出版了《旅馆环境管理》一书,旨在指导旅馆业实施环保计划,改进生态环境工作,加强国际合作,交流旅馆环保工作的经验及有关信息,促进政府、社区、行业,以及从业人员对旅馆环境保护达成共识,付诸实践。

(二)绿色酒店的含义

所谓"绿色",并非指颜色,而是指人类生存的环境必须受到良好和有效的保护,是指达到生态环境保护标准,无污染的标志。绿色酒店就是指将环境管理融入酒店经营管理中,以保护为出发点,以可持续发展为理念,调整酒店的发展战略、经营理念、管理模式、服务方式,坚持清洁生产,倡导绿色消费,保护生态环境的新型酒店,其核心思想是在经营过程中加强对环境的永续保护和资源的合理利用,倡导和谐发展。

(三)绿色酒店的实质和原则

绿色旅游酒店是一种新的理念,它的实质是酒店为宾客提供符合环保要求的、高质量的产品;在经营过程中节约能源、资源、减少排放,预防环境污染为目标,不断提高服务品质。使酒店的经济效益和社会效益同时得到提高。具体而言其实质包括以下内容:

1. "废弃物"的减量化原则

酒店在不影响产品及服务质量的前提下,尽量用较少的原料和能源投入,通过产品体积小型化,重量轻型化,包装简朴化的途径,做到既降低成本,又减少垃圾,从而实现既定的经济效益和环境效益目标。通过节能、降排、减少一次性用品的使用、减少各种部件的清洗等

措施达到降低成本、减少垃圾等目的,从而实现既定的经济效益和环境效益目标。

2. 物品的再使用原则

酒店应贯彻物尽其用的原则,物品要尽可能地反复使用,把一次性使用变为多次反复使用或调剂使用;延长物品的使用期,推迟重置时间,凡能修理的就不要换新的,决不要轻易丢掉。酒店可将有些用品及其包装当作一种日常生活器具来设计,而不是用完之后一扔了之。

3. 再循环原则

再循环原则就是在物品完成其使用功能之后,将其回收,把它重新变成可以利用的资源——再生物质。酒店应设专人负责物品回收工作,不但要求员工回收物品,而且鼓励旅客参与。酒店设立专门回收容器,放置要得当,上面应标有醒目的回收物品标记和字样,力求做到分类收集,一箱收一物。这样做,也便于人们将纸、塑料、玻璃等物品进行分类投放,也便于做好废物回收处理无害化与资源化,物品在使用后不随意乱丢弃,将可回收的物品交由专业公司处理,使其成为可利用的再生资源,不对社会环境造成任何污染。

4. 尽量采用替代品原则

为节约资源、减少污染,酒店使用无污染的物品或再生物品,作为某些物品的替代。例如,用可降解的塑料袋替代传统的塑料袋,用节能电器代替传统电器等。

(四) 创建绿色酒店的主要任务和要求

1. 对生产者的要求

(1) 进行绿色酒店的设计。

绿色设计是指在设计阶段就将环境因素和预防污染的措施纳入产品设计之中,将环境性能作为产品的设计目标和出发点,力求使产品对环境的影响最小。在酒店设计中表现为酒店在建筑设计、室内设计和设施配置等方面充分考虑能源节约和生态环境保护,采用先进的技术和材料,使酒店符合绿色旅游酒店的相应标准。

(2) 进行清洁生产。

清洁生产是指不断采取改进设计、使用清洁的能源和原料、采用先进的工艺技术与设备、改善管理、综合利用等措施,从源头消减污染,提高资源利用效率,减少或者避免生产、服务和产品使用过程中污染物的产生和排放,以减轻或消除对人类健康和环境的危害。

(3) 提供绿色客房。

提供绿色客房是指无建筑、装修、噪声污染,室内环境符合人体健康要求的客房;客房内所有物品、用具及对它们的使用都符合环保要求。

(4) 提供绿色食品。

提供绿色食品是指遵循可持续发展原则,按照特定的生产方式,经专门机构评定,许可使用绿色食品标志商标的无污染的安全、优质、营养类食品。

(5) 提供绿色服务。

提供绿色服务是指在服务过程中使用环保型的设施、设备、用具,并倡导绿色消费的服务。

(6) 使用绿色电器。

使用绿色电器是以节电、保护环境为原则而设计的科学、有益健康的照明器具。

(7) 创建绿色文化,培养绿色员工,贯彻绿色意识。

2. 引导客户的要求倡导绿色消费

引导客户的要求倡导绿色消费是指酒店引导顾客在购买产品和消费时，去关注商品在生产、使用和废弃后对环境的影响问题，并在消费过程中时刻注意环境保护的问题。

案例分析　美酒店业巨头宣布禁烟

据报道，全球第二大酒店业巨头、美国万豪国际集团宣布，其在美国和加拿大的所有连锁酒店将成为无烟酒店。此间媒体认为将有更多酒店紧跟万豪脚步，酒店业禁烟将成趋势。据美国媒体报道，从2007年9月开始，万豪在美加两国2300家酒店和公寓楼的近40万间客房都将实现无烟化。除客房外，酒店大厅、餐厅、会议室、员工工作区等也都在禁烟范围之内。此前，万豪国际集团已经应客人要求，将旗下酒店中90%的房间划定为无烟房间。万豪的禁烟行动将成为酒店业最大的禁烟行动。此前，美国的喜达屋酒店与度假村集团首颁禁烟令，宣布将于12月开始在旗下酒店全面禁烟。分析人士认为，酒店业巨头接连颁布禁烟令，将会促使更多的酒店加入无烟化行列。据有关媒体报道，美国人越来越关注吸烟引发的健康危害，过去10年中，要求入住无烟客房的客人骤增。各大酒店目前的吸烟客房仅占极小比例。

（资料来源：http://www.gmw.cn/01gmrb/2006-07/23/content_453780.htm。）

问题：从绿色酒店的角度评析此案例。

分析提示：本案例中，酒店业巨头万豪集团顺应时代发展趋势，在越来越多的人开始关注吸烟引发的健康危害后，为酒店集团的绿色发展，宣布其在美国和加拿大的所有连锁酒店将成为无烟酒店。除客房外，酒店大厅、餐厅、会议室、员工工作区等也都在禁烟范围之内，实现酒店的无烟化。

任务二　高科技与酒店管理

随着现代酒店的迅猛发展，为适应发展的需要，提升酒店的竞争能力，提高工作效率，现代酒店将许多现代化的先进技术引入到酒店管理中，并在不同的领域和部门运用。信息技术在酒店管理中的应用主要体现在以下4个方面：一是酒店各种事务的处理；二是日常管理的控制；三是酒店经营性分析；四是管理的决策支持。

一、信息技术在酒店营销中的应用

（一）以互联网为载体的信息技术的营销作用

1. 将不可搬移的酒店产品跨地域地展示在顾客面前

酒店通过在因特网上展示出自身的产品、服务设施、设备，使顾客无论身在哪里，都能获

得身临其境的感觉。顾客在消费之前就能初步形成对酒店的认识。从而影响其消费决策。这是以往酒店营销中运用广告、宣传等促销手段所无法达到的效果。

2. 使无形的服务以有形化的显示充分体现出来

酒店产品和服务营销组合的核心是无形的服务,无形的服务难以让顾客了解清楚,如何使无形的服务变得有形,一直是决定营销效果的重要因素。因特网的多媒体手段使得酒店可以将内部的环境气氛、礼貌周到的服务等不易表现的成分拍成影片在网上播放,让浏览网站的潜在顾客对本酒店进行"虚拟现实旅游与消费",这种生动的促销方式使他们在做出购买决策前就感受到了酒店的优质服务。

3. 预先的体验消除顾客的猜测和疑虑

通过因特网与顾客的互动,顾客预先就"享受"到了酒店的优质服务,使其原先的种种猜测与疑虑化于无形之中。同时,顾客也从预先的体验中形成了对酒店服务的正确期望,在顾客光临酒店后,如果这正确期望与服务实绩相符合,就会提高顾客感觉中的满意程度。

4. 因人而异的产品和服务整体组合给顾客留下了深刻的印象

通过因特网,酒店可以与每一位上网的顾客建立直接的关系。通过双方互动,顾客了解酒店,同时酒店也了解每一位顾客的真实需求,这样,酒店预先设计和准备了对顾客的定制化服务,可降低成本。不仅如此,酒店还可根据顾客以往的需求信息,不断为其提供经过精心挑选的,可能令他感兴趣的产品和服务信息,吸引其再次光临。可见,因特网改变了酒店的传统,可以大大改善营销效果。

(二)信息技术在酒店营销中体现

(1)以互联网为载体展示酒店的产品、价格和促销。
(2)互联网技术改变着传统的营销渠道。
(3)互联网技术改变了传统的营销沟通方式。
(4)互联网技术改变了传统宣传方式。

知识衔接

美国 Wyse 公司最新推出一种"数字酒店客房系统"。这一系统由客房中的智能网络电视和后台的软件平台及服务器群组成,可以通过酒店的运营管理系统与客房的空调、门锁、窗帘等自动控制装置集成起来,形成一个完整的智能化酒店网络系统。经营者可以通过互动网页、电视短片等丰富多样的形式与住店客人进行信息沟通,进而提供更加周到的服务,同时为酒店经营者创造更多的商机。

(资料来源:http://www.gmw.cn/01gmrb/2006-03/29/content_396001.htm。)

二、新材料、新技术在对客服务中的应用

(一)新技术运用的意义及作用

1. 新技术运用的意义

科技创新力是企业的核心竞争力,是经济发展的原动力。酒店加强新科技的应用,这对

于迎接带来的挑战,在更加复杂的国内国际经济环境中,参与竞争,发展自己非常重要。必须树立持续创新的思想。科技创新是酒店永葆生机和活力的源泉。市场经济时代,酒店要夺取市场竞争的主动权不仅取决于开发新技术、新产品的能力,也取决于新技术、新产品开发的速度和持续程度。谁能以最快的速度不断开发出用户最需要的最优的产品,谁就能占据市场的制高点,取得主动权。但新材料和新技术的运用必须以能提高工作效率和经济效益为目的,不能为追求"新"而"新"。

2. 新技术运用的作用

一是现代科技的应用提高酒店员工的技术水平。现代酒店大量采用新技术、新工艺、新材料;意味着生产的机械化、电器化、自动化和化学化,这必将提高酒店员工的技术装备水平,大大提升他们的生产能力。由于电子计算机和自动化技术的发明和广泛使用,使劳动生产率能够几十倍乃至几百倍地增长。

二是现代科技的应用改变着酒店面貌。现代科技使劳动对象的品质、性能和用途等发生了明显的变化。现在,人类劳动对象从广度到深度都有着长足的发展。现代科学技术从根本上改变了酒店管理的面貌。现代管理广泛地运用了科学技术的最新成就,它以运筹学、系统工程、电子技术等科学技术为手段,从操作方法、作业水平的研究向现代科学管理的研究扩展,同时吸取了现代科学技术的新成就,从而大大提高了酒店管理的科学性和管理效率,使酒店可以及时拟定各种决策方案,进行优化选择,使人、财、物得以最合理的利用,取得最大的经济效益。

(二)新材料、新技术在对客服务中的应用

1. 电子技术的运用

现在,许多大型酒店都采用一系列的电脑系统进行客房和餐厅的预订和账目结算。通过采用酒店中央控制系统,客人在任何地方都可以办理预订的业务。酒店通过账目结算电脑系统,可以准确无误的将客人所有的消费,如住宿、用车、用餐、洗衣等记录下来。这样既减少了顾客结账的麻烦,又可减少漏账,还可大大提高工作效率。

2. 自动化设备运用

为更好地提高服务质量,吸引更多的客源,现代酒店采用越来越多的自动化的设备,以提高工作的效率和服务的档次。如自动化的洗衣服务;自动化的感应设计;自动化的登记等等。

3. 新材料的运用

先进的新型材料的广泛运用,能为酒店节约成本、节约开支。例如:新房卡的使用能节省楼层服务人员的数量;全自动感应装置让酒店的各种设备随着环境自动调节,全自动感应灯,全自动烘干器,全自动感应水龙头会随着顾客的来去自动开关,这将会大大节约运行成本,提高企业经济效益。

4. 支付和社交平台将更加方便旅游者

2016年,苹果支付携手银联云闪付正式登陆中国市场。依靠先进的近场通信技术,为

用户减少了支付流程环节,用户不再需要网络即可完成在线支付,支付的效率和便捷性得到了极大地提升。近场支付的出现,能给住客带来更多的便利,同时也能提高工作效率,节省酒店的人力资源成本,给酒店行业的发展带来更多想象的空间。另外,近场通信技术衍生的陌生人社交,与酒店的陌生社交环境不谋而合,对凝聚和吸引住客起着不可忽视的重要作用。

任务三 酒店集团化经营

社会化大生产客观上要求在全社会范围内实现资源的优化配置,使人流、物流、资金流、信息流能够自由畅通、自由组合,这就要求分工与协作的高度统一,这是酒店集团化发展的大前提。在我国当前情况下,我国旅游酒店涉及各行各业,投资主体多元化,投资目的纷杂,管理混乱,各自为政,重复投资严重,布局不合理等一系列问题,已使我国旅游酒店业到了非改造不可的地步,这是酒店集团化的现实动因。酒店的集团化经营是实现其规模效益,在激烈的竞争中站稳脚跟的一种极为有效的形式。由于许多投资者只顾眼前利益,盲目投资,致使我国酒店业总体上存在数量大、规模小、经济效益不高、产品单一、功能不足等弱点。在人们的旅游需求日趋多样化的今天,这些都成为酒店发展的致命之处,使其只有极其有限的竞争力,而实行集团化经营,扩大酒店的规模和产品功能,满足客人食、住、行、游、购、娱等多种需求,提供客人办公、休闲、交际、商务、交通等服务就能为酒店赢得利润。组建酒店集团可以形成强大的促销优势。一个大的酒店集团拥有雄厚的资金、优秀的人才和非凡的开拓市场的能力,它能够利用企业自身优势,抓住各种机会,进行整体形象的促销,降低成本,使各酒店均能受益。酒店间通过网络预订,可以控制客源的流向,从而进行更直接、更有效的促销,获取最大利润。应当指出的是,实行资本经营和酒店集团化并不矛盾,而是紧密结合在一起。组建现代化酒店集团正是为了实现资本经营,而资本经营的最终实现方式之一就是酒店集团化,二者是相辅相成的。

一、高档酒店的集团化经营

(一)集团化经营的概念

集团化经营就是酒店为经营和竞争的需要,采用连锁经营、特许经营、委托管理等多种方式将分散的酒店以统一品牌、统一服务、统一形式出现的经营方式。

知识衔接

世界知名酒店集团及其旗下品牌

希尔顿酒店集团公司旗下主要品牌:希尔顿、港丽、斯堪的克、双树、大使套房酒店、家木套房酒店、哈里逊会议中心、庭园旅馆、汉普顿旅馆、希尔顿度假俱乐部等。

洲际国际酒店集团旗下主要品牌:洲际、皇冠、假日、快捷。

万豪国际酒店集团公司旗下主要品牌:万豪、J.W万豪、万丽、万怡、万豪居家、万豪费尔菲得、万豪唐普雷斯、万豪春丘、万豪度假俱乐部、华美达、丽池卡尔顿等等。

海逸国际酒店集团旗下主要品牌:Harbor Plaza。

BESTWESTERN酒店管理集团旗下主要品牌:(最佳西方)Bestwestern。

圣达特集团旗下主要品牌:豪生、天天等等。

凯宾斯基国际酒店集团旗下主要品牌:Kempinski Hotel。

喜达屋国际酒店集团旗下主要品牌:瑞吉斯、至尊精选、喜来登、威斯汀、福朋及W酒店,美丽殿。

雅高集团(ACCOR)旗下主要品牌:索菲特、诺富特、美居酒店、雅高套房酒店、宜必思酒店、一级方程式汽车旅馆、红屋顶旅馆等。

香格里拉酒店集团旗下主要品牌:香格里拉酒店。

(资料来源:http://www.shineblog.com/user4/xt303141/archives。)

(二)集团化经营的优势

根据产业组织原理拥有主导地位的大公司对竞争压力有更强的抵抗力。这种主导地位可能源于供给方面的优势,也可能源于需求方面的优势。供给方面的优势包括垄断控制专利、商标、销售渠道、预订技术及资金来源。需求优势包括因联号声誉产生的品牌识别与顾客忠诚。这可能源于联号进入市场比较早,如假日集团、拉马达集团。也可能是具有很大市场吸引力的新手,如马里奥特集团。如果顾客选择酒店主要根据以往的经历,则品牌忠诚,联号的需求优势愈显突出。

根据贝恩研究发现:行业平均利润率与行业集中度呈正相关关系。行业集中度越高,行业的平均利润率越高。当然过度集中会造成垄断,但中国酒店业除部分存在行政垄断与地域垄断外,基本处于过度竞争状态。酒店基本属于独立的经营单位,资产规模小、集团化程度低,无法形成有效竞争。行业集中度过低。而集团化有利于提高行业集中度,降低价格竞争的程度。

(三)集团化经营的模式

1. 连锁经营

在酒店业常称其为品牌联号,是指有两个或两个以上的子公司隶属于同一母公司的经营形式,该母公司对于子公司的控制可通过完全拥有、租赁、租借建筑物或土地的方式来实现,是国际上通行的酒店扩张形式。

2. 特许经营

特许经营是指酒店附属于某一酒店连锁集团,在缴纳一定的加盟费用后使用其连锁集团特许品牌的模式。

3. 委托管理

委托管理又称管理合同,是非股权式集团化的一种营运方式,指酒店业主委托酒店管理公司全权代理管理的模式。

4. 战略联盟

战略联盟是指酒店为了保持和加强自身的竞争力,自愿与其他酒店或集团,在某些领域进行合作的经营形式。

(四)中国酒店集团发展现状

中国酒店集团发展到现在,数量在不断增多,各类酒店管理公司如雨后春笋般地涌现出来。据中国旅游酒店业协会的统计,2003年全国共有110余家酒店管理公司,管理酒店700余家。星级酒店集团化程度达到7.2%。2004年,国内约有160余家酒店管理公司,比2003年增加近50家,管理酒店1060余家,比2003年增加360家左右;星级酒店集团化程度达到9.63%,比2003年增长了2.4个百分点。而根据最新的统计资料显示:目前国内的酒店管理公司已经上升到大约190余家,比2004年增加了约30家,托管酒店总数约1600家,比2004年增加了540家,星级酒店集团化程度达到14.56%,比2004年增长了4.92%。可见我国酒店集团在激烈竞争中仍在不断地发展,而且一些酒店集团已具相当规模,根据酒店行业权威杂志《Hotels》2014年最新发布的"全球酒店300强客房数"排名中,中国酒店集团表现出色,铂涛集团进入前十名,为列第七,同时进入前十的还有上海锦江国际集团,位列第9名,如家酒店集团和汉庭连锁酒店集团分列11和12位,同时进入榜单的中国酒店集团还有:格林豪泰酒店管理集团、开元酒店集团、金陵酒店管理公司、东呈酒店集团等。由此可以看出中国酒店集团的扩张能力和市场占有率以及在全球酒店市场中的位置。

(五)中国酒店集团的发展障碍

1. 体制方面

(1)转型经济的自相矛盾。自1978年中国采取了改革开放政策以来,其经济体制逐渐向市场经济转变。这为酒店业的发展创造了良好的商业环境,然而这种转变并未完成,中国目前多种经济体制并存,市场规律和计划经济体系互相影响和冲突。由于中国正处在一个由计划经济向市场经济转变的特殊时期,国有酒店仍然遵从传统的行政体制,隶属于不同的政府主体和行政部门,它们的所有权关系十分复杂。国有酒店实际上不是市场化的公司,也无法像商业企业那样操作。因此即使这样一些酒店被政府凝聚在一起,也不能打破所有权和地方保护主义的障碍,产生真正的竞争。

(2)政府干预。政府官员的干预严重影响了酒店业的发展,他们可能会干预酒店的实际经营管理。太多的政治控制可能造成资源的浪费、低效率;富有创新精神的企业家的匮乏,也阻碍了酒店和酒店管理公司的成长。例如,中国一个典型的现象是"地方保护主义",即地方政府设置政策壁垒，阻止其他地区的投资和商品的介入。这些政策严重影响了国内酒店的跨地区发展。

(3)政策限制和利益集团动机和动力的缺乏。传统企业在思想体系和接受新观念方面很保守，缺乏活力，并且对环境和市场的变化不敏感。它们在内部管理和决策机制方面仍然很落后。酒店隶属于政府部门，集团化和网络化很大程度上要依赖政府行政体制，而不是市场机制。中国的市场机制在这个转型时期被扭曲了。企业无法在一个正常的商业环境中通过自身条件和计划自由竞争。

(4)中国的市场经济发展时间较短，还很不成熟。计划经济的行政体系正在逐步被打破，同时市场机制却没有完全建立，在目前非市场化的环境中一些"企业"不能算是真正意义上的企业，也不能像真正的企业那样运作。并且现存的壁垒增加了企业间商贸活动的费用，例如地方保护主义和某些行业的垄断。

2. 所有权问题

(1)所有权体制的复杂性和多样性。在谈判和随后的对酒店管理协议和合作协议的运用方面，所有权的分配和资产的控制权是一个中心问题。在中国，由于酒店所有权相当复杂，这种情况尤其突出。"第五个五年计划"（国家计划委员会 1986—1990）中"实施五方发展"的政策，有效地吸引了更多的资本，即国家、地区、部门、集体企业和私人资本都被鼓励投资酒店和旅游业。投资的多样性加速了酒店业的发展，然而由此产生的复杂的所有权关系导致了在酒店建设的决策方面的严重不协调。

(2)国有酒店的主导地位。地方分权产生了各种不同类型的酒店，如集体企业、个人企业、合资企业、股份制企业、外商投资、香港投资、澳门投资和台湾投资企业等。然而，国有酒店仍然处于主导地位，占酒店总数的63%和客房总数的60%。全民所有制可能在集团化经营的过程中引发许多问题，最主要的是酒店经营权和所有权不能完全分离，以及缺乏对国有资金的有效引导机制。

3. 酒店管理的能力和资源

(1)管理能力。在中国，酒店业是一个富有竞争力的新生产业，大多数国内酒店管理集团在市场中还是新手，在向其客户酒店提供令人满意的服务方面，经验还很欠缺。许多标准的国际商业实践经验在中国还鲜为人知，如标准化、品牌、生态规划、固定客源计划，在中国仍然是新生事物的战略同盟。信息技术是另一个弱项，本土酒店集团无法为顾客提供方便快捷的网上预订系统。

(2)中国酒店公司的资源。对未来酒店集团的成长和发展来说，怎样提高管理能力和酒店管理公司的服务质量是关键因素。管理能力的提高、市场的细分和中央预定系统的建立是影响中国酒店产业的主要方面。酒店公司应该利用自身资源来增加资产、核心权限、知识，并提高学习能力，学习如何创新并保持对酒店发展起决定性作用的竞争优势，例如，品牌管理的先进知识、房地产、发展、管理合同的运作和特许加盟。人力资源、资金、专业管理技术等必要资源的匮乏，使得中国的酒店集团很难发挥自身的组织能力。

(六) 中国酒店集团的发展对策

1. 优化产业经营环境，优化酒店集团经营环境

在政策环境方面，政府应出台支持酒店集团发展的相关政策，给予酒店集团更大的自主

权;在体制环境方面,加快现代企业制度建设,建立起"产权清晰、责任明确、政企分开、管理科学"的现代企业制度,其中最为关键的是实行政企分开,打破地方保护主义壁垒;在金融环境方面,国家应为酒店集团的发展提供贷款、减税、发展基金等多种扶持性政策,同时营造良好的资本市场环境,以拓宽融资渠道;在法律环境方面,国家立法部门应加快酒店法的出台,保证酒店集团健康、有序地发展。

2. 高效配置经营资源

国内酒店集团在经营资源上的缺乏制约着集团的发展。解决我国酒店集团经营资源的缺少的方法有外部引入策略与内部开发策略。实施资源外部引入策略具体可以采用"外包"方式,即非核心资源通过外包获取,比如信息技术外包;资源内部开发策略,即酒店集团依靠自身力量生产、开发经营资源,在资金方面,酒店集团要加强资本运营及资金管理功能,增强资金控制与融资能力;在技术方面,我国酒店集团应从企业长远发展的战略角度投资开发核心技术体系,如中央预订系统;在信息方面,酒店集团要建立高效集团内部信息网络,便于子酒店间的信息资源共享与沟通。

3. 强化品牌意识,实施品牌战略

国际酒店集团依靠品牌优势大举进入,抢滩中国酒店市场。综合各地上报的材料和查询有关国际酒店管理集团的官方网站,截至 2006 年年底,有 37 个国际酒店管理集团的 60 个酒店品牌进入中国,共管理 502 家酒店。在如此严峻的背景下,中国酒店集团更需加强品牌意识,实施品牌战略。品牌是企业的无形资产,由于它具有强大的聚合效应,酒店集团通过对其无形资产的管理和运作,能够有效地促进集团的扩张和发展。只有牢固树立品牌意识,坚定实施品牌战略,中国酒店集团才有可能在与国际知名酒店集团的竞争中占有一席之地。

4. 重视人力资源的开发和管理

企业的竞争归根结底是人才的竞争。国内酒店集团要清醒地认识到目前工作任务与从业人员在专业能力方面的反差,并采取切实措施尽快缩短差距,比如大胆地引进运作酒店集团的专业人才。酒店集团还应加强职业经理人培训与管理,有计划、系统性地对集团管理人员分级、分批开展培训;制定科学的职业经理业绩考核制度,从多方面对职业经理人进行系统性考核;同时也应该注意对集团业务人员的专业培训,使他们的经验和视野不是停留在一个微感的酒店层面。

5. 创新产品与服务

我国酒店集团在产品与服务的创新思路上可以从以下两个方面入手:

一方面,大力发展经济型酒店、主题型酒店。国内休闲度假旅游日渐兴旺,度假型酒店需求日益增长,消费者对差异化的酒店产品倍加推崇。基于以上市场变化,我国酒店集团必须因势利导,投资开发经济型和主题型酒店以占领国内市场,满足不同类型宾客的需求。

另一方面,依托自身优势,开发特色产品。国外酒店在开发特色产品上比国内酒店具有更丰富的想象力和更强的创新能力。国内酒店集团要打破僵化的思维,提高创新的能力,在特色产品的经营上走出自己的特色,使集团具有更强的竞争力。

二、经济型酒店的集团化经营

经济型酒店的概念产生于20世纪80年代的美国,近几年才在中国出现。经济型酒店的特点之一是功能简化,它把服务功能集中在住宿上,力求在该核心服务上精益求精,而把餐饮、购物、娱乐功能大大压缩、简化甚至不设,投入的运营成本大幅降低。

随着2008年北京奥运会和2010年上海世博会的成功举办,以及各类国际性会议在中国的成功举办,中国经济型酒店部分品牌扩张速度达到200%~300%的增速,新品牌也不断出现。这说明经济型酒店在中国有发展机遇的同时也面临巨大的挑战。面对跨国投资者的抢滩登陆,这是一场同一起跑线上的竞争。国际知名品牌的美誉度和积累多年的管理经验正是国内经济型连锁酒店所缺乏的;但在建立国内销售网络,中国经营者具有本土化优势。

未来经济型酒店的消费市场还会有更大的增长,消费市场也将更加成熟,同时市场竞争也会更加激烈,市场将进一步细分,企业品牌规模、品牌优势会初步显示作用。同时,随着同质化的经济型酒店品牌的不断出现,一些中小品牌短期的市场行为和恶性竞争策略将出现。

目前我国经济型连锁酒店未来将呈现如下趋势:

首先,经济型连锁酒店未来发展出现品牌化趋势。从酒店行业来看,在我国酒店行业中,欠缺的经济型酒店的产品形态,而是群体意义上的经济型酒店品牌,我国三星级以下的经济型酒店占据着整个住宿设施的80%以上,但长期以来都以单体的形式存在,没有形成规模,缺少影响力的品牌,实力不强,效益差。只有依托品牌,以品牌来带动发展。经济型连锁酒店才具有坚强的发展平台和坚实的基础。

其次,经济型酒店连锁经营趋势越来越明显。从目前的情况来看大型连锁酒店如速8、莫泰168、锦江之星、7天、七斗星、格林豪泰、宜必思等基本上占据了大部分的市场份额,曾经有人戏言:经济型连锁酒店将会把三星级以下的酒店包括招待所一扫而光。

最后,经济型酒店自身的品牌细化趋势。随着需求的变化,在经历了快速连锁化发展后,正出现品牌细化的趋势。进入2016年,满足中产阶层品质化、个性化、精细化需求的中档酒店有望突围而出,成为酒店行业发展的一匹黑马。

知识衔接

2016年中国酒店业10大趋势

1. 全球酒店业经营进入下降周期,中国酒店业经营进入调整期

过去10年间,全球五星级酒店的每间客房平均收入年均增长率不超过2%,若考虑通货膨胀率,可以说是负增长状态。国内市场同样经历寒冬,2014年全国12803家占94.02%的星级酒店亏损59.21亿元,成为有史以来最大亏损年。2016年中国酒店业总体仍旧处于低谷,部分城市会有好转现象,但上升通道和下降通道取决于各地不一的供求关系。

2. 酒店跨界合作模糊相关产品和服务之间的界限,生活方式酒店获得更大发展空间

共生共融已成为互联网时代的常态,而跨界融合也成为当前酒店企业创新经营的一条路径。酒店与其他行业的跨界合作越来越多,方式也越来越多样。在互联网时代里,无论是产品形式还是服务方式的创新,从生活方式上探索客户的真正需求,才能成为客户的心头好。

3. 智慧酒店有进一步表现,人工成本和能耗预计有所降低

智慧酒店从互联网时代进入移动互联网时代,一项关键性的因素就是网络覆盖,尤其是 Wi-Fi 覆盖。当前酒店业,智慧化发展模型千差万别,有酒店独自发展的,如华住酒店集团自己研发的自助入住系统,使入住由3分钟变成25秒;也有紧密牵手社交媒体发展的,如街町酒店的"自助选房、微信开门、微信客服、微信支付"生态闭环;更有抱团发展的,如由开元领衔的六大集团联盟。行业之间的跨界、联动与融合成为趋势。

4. 伴随着公民收入提高和旅游热情上升,中国度假酒店建设出现新高潮

中国旅游研究院数据显示,2014年旅游业实现平稳增长,国内旅游人次36亿,全年旅游总收入约3.25万亿元。据各省统计数据,"十一"黄金周排在前五名的省份旅游总收入均超过200亿元,全国人民旅游热情一片高涨。如何挖掘客户需求,是中国度假酒店持续需要关注的重点。

5. OTA 加速布局在线度假领域,预订系统重组是大势所趋

目前携程作为OTA平台领军者,不断进行大平台布局,从机票、酒店、度假进行平台化开发,推出景区酒店自由行方式推动度假业务发展。收购 Travelfusion 后,又加速布局海外市场,在海外拓展当地资源,抢占出境游市场;而首旅酒店已与阿里巴巴公司、石基公司实行战略合作,针对酒店 PMS 进行开发,布局酒店 O2O。面对利益空间不断压缩的困境,在线领域预订系统重组或是趋势。

6. 酒店管理模式选择方向多元化,逐步与国际接轨,本土品牌影响力持续放大

高星级酒店在中国发展的黄金十年,也是国际品牌在中国开疆扩土的黄金十年。伴随着国内房地产政策的收紧,开发商对引进高端品牌之后的酒店投资回报有了更理性的审视。于是,越来越多的开发商开始试探委托管理之外的其他模式,中国酒店市场环境的逐步成熟,也使得品牌集团开始考虑开放特许经营、策略联盟模式的可行性。

国内酒店集团自然也不甘落后,以万达、绿地为首的房企在跟大牌酒店管理公司合作多年后终于出师,强势推出自主品牌并已拓展到海外。我们乐于看到本土酒店能够打造成令人骄傲的国际品牌,实现全球化扩张。

7. 旅游酒店业向住宿业过渡,酒店业态趋向多元化

行业新常态下,酒店市场需求发生了很大变化。需求结构的调整、消费主体的变化、消费诉求的升级、互联网渗透到消费习惯和消费方式的方方面面等趋势,都

使得酒店业态多元化成为新常态下的必然要求。新一代的消费人群对个性化产品和服务的需求,催生了传统星级之外的业态,短租公寓和民宿客栈风头正劲,未来的酒店可能只有一间客房,也可能是酒店＋。

8.行业协会改革将进一步推进,各地协会将会有更多的自主权

目前旅游行业协会会员单位已覆盖全国60%以上的旅游企业,成为旅游业发展的重要力量。"去行政化"改革将让协会有更多的自主权。

9.互联网并购越来越多,国内即将迎来产生国际性大公司的机会

携程收购艺龙在相当一部分业者心中是当之无愧的年度大事件,但携程的计划显然不止于此,从其战略投资途家、订餐小秘书、易到用车、一嗨租车、蝉游记、途风、鹰漠等一系列上下游产业链企业可以窥见一斑。相比国内集团之间的并购,万达、绿地、海航等已经把触角伸到海外多个城市和地区的企业,同样值得期待。

10.住宿业分享经济影响和覆盖的范围持续扩大,非标住宿规范发展

国务院办公厅2015年11月19日以国办发〔2015〕85号发出《国务院办公厅关于加快发展生活性服务业促进消费结构升级的指导意见》,提出"积极发展客栈民宿、短租公寓、长租公寓等细分业态",将这些业态定性为生活性服务业,为民宿客栈、短租公寓等非标住宿经营模式提供了法律支撑,同时也规范了其经营模式。需求多元化和消费诉求的升级将为分享经济的进一步发展培育了土壤,传统酒店集团也有可能会进入这个领域。

(资料来源:http://mt.sohu.com/20160223/n438253168.shtml。)

本项目主要介绍了可持续发展战略对酒店发展的重要意义,如何创建绿色酒店,新材料、新技术在酒店中的运用及酒店行业发展集团化的思考等问题,同时对中国酒店行业发展的现状及问题进行了简要分析。

知识训练

一、选择题

1.酒店集团化经营的主要模式有(　　)。

A. 连锁经营　　　B. 特许经营　　　C. 委托管理　　　D. 战略联盟

2. 绿色酒店的四个原则是（　　）。

A. 减量化原则　　　B. 再使用原则　　　C. 再循环原则　　　D. 采用替代品原则

3. 为规范我国经济型酒店的发展，中国酒店行业协会起草并即将颁布的规范文件名称是（　　）。

A.《经济型酒店经营规范》　　　B.《集团化发展规划》

C.《现代酒店发展规划》　　　D.《酒店经营发展规划》

二、判断题

1. 酒店生产模式不是工业化的生产模式，没有必要搞可持续发展。（　　）

2. 集团化发展的模式是拯救我国酒店竞争力的好"良方"。（　　）

三、简答题

1. 绿色酒店的实质是什么？

2. 著名的经济型连锁酒店有哪些？

3. 新材料、新技术的运用对促进酒店管理有何意义？

能力训练

一、案例分析

根据报道，近日一座利用太阳能可以并网发电的五星级酒店——河北保定电谷锦江国际酒店在河北保定市竣工。该酒店大厦的各个向阳立面都安装有光伏发电玻璃幕墙，在附属建筑屋顶、大堂顶部的玻璃采光区也都装有光伏发电组件。所有位置安装的光伏发电组件，都有先进的数据采集系统，纪录并显示太阳能发电系统即时发电量、总发电量及太阳能辐射度、风速等参数。

问题：此报道说明什么问题？对酒店行业的发展带来什么样的启示？

二、实践训练

组织学生到当地的某酒店参观，了解其绿色酒店的创建的主要措施和效果。

1. 《当今饭店业》(第6版)(安吉洛,弗拉迪米编著,中国旅游出版社,2011年版)

《当今饭店业》的宗旨在于让学生做好从事饭店职业的准备。诠释以一种综合的视角,纵览了当今饭店业的各项热点,并向读者展示和介绍了饭店管理层的各种机会。这些机会包括各种旅行和旅游业的职业,而这些行业包括饭店、餐馆、院校、私人俱乐部、赌场和博彩饭店、咨询公司及邮轮。此外,本书还介绍了饭店管理的相关内容,包括人力资源、商业道德、特许经营、管理合同等。

2. 《现代酒店管理经典》(何建民主编,辽宁科学技术出版社,1998年版)

本书包含了现代酒店产品的国际概念与管理要求、现代酒店服务的国际标准及具体要求、现代酒店的管理系统、现代酒店设施设备的经理管理方法、现代酒店建造与经营的可行性分析方法、现代酒店的计划管理方法、现代酒店的组织管理方法、现代酒店的认识培训管理方法、现代酒店的督导方法、现代酒店的沟通管理方法、现代酒店的质量管理方法、对员工冲突与宾客冲突的处理方法、现代酒店预算与财务的管理方法、现代酒店的动力管理方法、现代酒店的需求管理方法、现代酒店市场细分与营销战略的选择方法、现代酒店产品的管理方法、现代酒店的价格决策方法、现代酒店国际营销的沟通技术、主题活动与会议及奖励旅游的推销方法、荣誉宾客奖励俱乐部的推销方法、会员制俱乐部的经营方法、涉外商务楼的经营管理方法、现代酒店管理合同的谈判技术与案例分析、新的经营形式的运用方法。

3. 《卓有成效的管理者》(德鲁克编著,机械工业出版社,2009年版)

卓有成效是管理者必须做到的事,但是在所有的知识组织中。每一位知识工作者其实都是管理者,即使他没有所谓的职权。只要他能为组织做出突出的贡献。管理者的成效往往是决定组织工作成效的最关键因素;并不是只有高级管理人员才是管理者,所有负责行动和决策而又有助于提高机构工作效能的人,都应该像管理者一样工作和思考。如何卓有成效?记录并分析时间的使用情况,把眼光集中在贡献上,充分发挥人的长处,要事优先,有效

决策。卓有成效是管理者必须做到的事,但是在所有的知识组织中,每一位知识工作者其实都是管理者——即使他没有所谓的职权,只要他能为组织做出突出的贡献。管理者的成效往往是决定组织工作成效的最关键因素;并不是只有高级管理人员才是管理者,所有负责行动和决策而又有助于提高机构工作效能的人,都应该像管理者一样工作和思考。

4.《金牌标准:丽思卡尔顿酒店如何打造传奇客户体验》(约瑟夫·米歇利著,中信出版社,2009年版)

《金牌标准》讲述了:"我先给您肯定的回答:'好的!',现在您可以告诉我,您需要我为您做什么?"这是丽思卡尔顿酒店总裁兼首席营运官高思盟先生在酒店走廊中无意中听到的。如果您的员工也能设身处地地考虑客户的感受,时刻制造惊喜体验,也许您的企业也将获得《财富》杂志评选的"最佳服务供应商"。"我们以绅士淑女的态度为绅士淑女服务"这是丽思卡尔顿酒店的座右铭。如果您的公司也能像对待贵宾一样给予员工无上的尊重,并且透过信赖赋予权限,也许您的企业也将一再斩获"亚洲最佳雇主"和"中国最佳雇主"殊荣。丽思卡尔顿的传奇,您的公司同样也能缔造。无论您希望吸引、雇用,并且留住合适的员工,或者您有兴趣学习丽思卡尔顿酒店打造传奇客户体验的秘诀,或者您在寻找各种有效方法来提高产品及服务的质量与价值,《金牌标准》都将和您一起分享丽思卡尔顿酒店成为"服务业质量标杆"的管理智慧。

5.《毫无保留:一句承诺成就万豪传奇》((美)小比尔·马里奥特凯蒂·安·布朗著,浙江人民出版社,2016年版)

万豪国际集团是如何从一间小小的"路边摊"一样的小卖铺"摇身一变"成国际知名酒店连锁集团的? 如今,万豪国际集团通过19个酒店品牌在全球80多个国家和地区管理近4300家酒店,拥有众多员工,并被《财富》杂志评为酒店行业中最值得敬仰的企业和最理想工作的企业之一。马里奥特家族是如何做到的? 小比尔·马里奥特是商界中出类拔萃的企业家之一。本书向我们讲述了他如何依靠一流的服务、正直的品质、忠诚的性格和卓越的领导力将一个小型家族企业蜕变成世界最受敬仰的企业之一。万豪五大信条:以人为本、追求卓越、勇于创新、诚实正直、感恩回报。

6.《帝国饭店服务秘诀》(东京帝国饭店营业企划室编,中国旅游出版社,2000年版)

本书分十章97个段落,每个段落总结一个宝贵的经验,你只要用3分钟就可读完一个段落。这些经验是用帝国饭店110年实践凝结成的,像中成药的验方一样有效果。本书涉及饭店服务的第一个方面:大门前、前台、大堂、走廊、客房、接线室、餐饮服务、宴会企画、酒、国宾接待等。每一个方面又分许许多多细节,每个细节里都藏着真实的有有用的经验和诀窍。帝国饭店服务体贴、周到、无微不至,这种精神是商业活动之精髓,对各行各业都带有普遍的意义。

7.《酒店管理与经营(第5版)》(迈克尔·J.奥法伦,丹尼·G.拉瑟福德著,东北财经出版社,2013年版)

《酒店管理与经营(第5版)》将来各种各样来源于第一线的酒店实际案列结合在本书中,这些真切、实际在的案例分析,来自于作者与酒店从业者之间的互动与高度归纳,为学生成为未来酒店行业从业者提供了宝贵的知识和经验财富。并且,本书中对于酒店行业的发展态势上,作者有着极其敏锐的前瞻眼光,对于本行业的发展趋势提出了许多建设性管理意见,帮助学生更好地了解行业的发展方向与状态。

8.《酒店管理(第2版)》(郑向敏编著,清华大学出版社,2005年版)

《酒店管理(第2版)》是以酒店业的实践营运管理为基础,建立在企业管理的基础理论之上的理论联系实际的书目。该书既强调酒店管理的理论性和科学性,又注重酒店实践应用中的实用性和可操作性;既注重管理理论与方法,又重视酒店功能和实务性的管理与操作;使学生既能了解到理论知识,又能在技术和方法上适应现代酒店管理实践运作的需要。

9.《世界著名酒店集团比较研究(第二版)》(奚晏平编著,中国旅游出版社,2004年版)

本书的宗旨在于为学生提供一个全面了解世界著名酒店集团的窗口,从而把握现代酒店业先进的管理理念和管理技术。本书介绍了各酒店集团不同的企业文化、经营理念、发展历史、发展战略、现在的辉煌以及未来发展的趋势。内容涉及各大集团在世界各地经营管理的不同品牌酒店和特许经营情况以及在中国大陆的市场进入情况、集团财务经营情况、在全球酒店业的地位等。本书对各酒店集团的介绍全面、详细、有深度,比较适合酒店专业学生阅读,补充专业知识。

10.《互联网+酒店 传统酒店的战略转型 营销变革与管理重构》(李勇著,人民邮电出版社,2016年版)

本书主要介绍了传统酒店在现今"互联网+"的时代下,如何实现O2O转型、如何借助新媒体平台营销、如何实现创新增长等,并借鉴相关酒店案例,对"云酒店"服务模式、如何与顾客实现"零距离"互动以及某些特殊酒店类型(如单体酒店、经济型酒店等)的改革等方面进行了探讨。在互联网时代,酒店的客户群体、预订方式、交流方式以及上下游合作伙伴等都发生了颠覆性的变革,在这种大变革的环境中,只有紧跟时代变化,才能与时俱进。本书内容翔实,通俗易懂,可操作性强,有助于学生及时更新专业知识,掌握时代发展前沿趋势,提升行业从业素质,获得成长。

参考文献 References

[1] (美)安吉洛,(美)弗拉迪米.当今饭店业[M].6版.李昕,主译.北京:中国旅游出版社,2011.

[2] 苏枫.酒店管理概论[M].2版.重庆:重庆大学出版社,2015.

[3] 邢夫敏.现代酒店管理与服务案例[M].北京:北京大学出版社,2012.

[4] 徐虹.饭店企业核心竞争力研究[M].北京:旅游教育出版社,2004.

[5] 张润纲.透视中国饭店业[M].北京:旅游教育出版社,2004.

[6] 蔡万坤、袁宗堂.中国旅游企业管理大全[M].北京:经济管理出版社,1992.

[7] 姚裕群.人力资源管理[M].北京:中国人民大学出版社,2004.

[8] 叶龙,史振磊.人力资源开发与管理[M].北京:清华大学出版社,2006.

[9] 吴慧,黄勋敬.现代酒店人力资源管理开发[M].广州:广东旅游出版社,2004.

[10] 李岫,田克勤.旅游企业人力资源管理[M].北京:经济科学出版社,2004.

[11] 董福容.旅游企业人力资源管理[M].广州:华南理工大学出版社,2006.

[12] 蒋丁新.饭店管理[M].北京:高等教育出版社,2004.

[13] 赵西萍.旅游企业人力资源管理[M].天津:南开大学出版社,2005.

[14] 陆慧.现代饭店管理概论[M].北京:科学出版社,2005.

[15] 何建民.现代酒店管理经典[M].沈阳:辽宁科学技术出版社,1998.

[16] 黎洁,肖忠东.饭店管理概论[M].天津:南开大学出版社,2000.

[17] 朱承强.现代饭店管理[M].高等教育出版社,2005.

[18] 斯蒂芬·P.罗宾斯,大卫·A.德森佐.管理学原理[M].大连:东北财经大学出版社,2004.

[19] 哈罗德·孔茨,海因茨·韦里克.管理学[M].北京:经济科学出版社,1998.

[20] 董观志,白小亮.旅游管理原理与方法[M].北京:中国旅游出版社,2005.

[21]　何建民.旅游现代化开发经营与管理[M].上海:学林出版社,1989.
[22]　张公绪.新编质量管理学[M].北京:高等教育出版社,1998.
[23]　王大悟,魏小安.新编旅游经济学[M].上海:上海人民出版社,1998.
[24]　国家旅游局人事劳动教育司.旅行社经营管理[M].北京:旅游教育出版社,1999.
[25]　张俐俐.中外旅游业经营管理案例[M].北京:旅游教育出版社,2002.

教学支持说明

全国高等职业教育旅游大类"十三五"规划教材系华中科技大学出版社"十三五"规划重点教材。

为了改善教学效果,提高教材的使用效率,满足高校授课教师的教学需求,本套教材备有与纸质教材配套的教学课件(PPT电子教案)和拓展资源(案例库、习题库、视频等)。

为保证本教学课件及相关教学资料仅为教材使用者所得,我们将向使用本套教材的高校授课教师免费赠送教学课件或者相关教学资料,烦请授课教师通过电话、邮件或加入旅游专家俱乐部QQ群等方式与我们联系,获取"教学课件资源申请表"文档并认真准确填写后发给我们,我们的联系方式如下:

地址:湖北省武汉市东湖新技术开发区华工科技园华工园六路

邮编:430223

电话:027-81321911

传真:027-81321917

E-mail:lyzjjlb@163.com

旅游专家俱乐部QQ群号:306110199

旅游专家俱乐部QQ群二维码:

群名称:旅游专家俱乐部
群　号:306110199

教学课件资源申请表

填表时间：_____年___月___日

1. 以下内容请教师按实际情况写，★为必填项。
2. 学生根据个人情况如实填写，相关内容可以酌情调整提交。

★姓名		★性别	□男 □女	出生年月		★职务		
						★职称	□教授 □副教授 □讲师 □助教	
★学校				★院/系				
★教研室				★专业				
★办公电话		家庭电话			★移动电话			
★E-mail（请填写清晰）					★QQ号/微信号			
★联系地址					★邮编			

★现在主授课程情况	学生人数	教材所属出版社	教材满意度
课程一			□满意 □一般 □不满意
课程二			□满意 □一般 □不满意
课程三			□满意 □一般 □不满意
其 他			□满意 □一般 □不满意

教 材 出 版 信 息						
方向一		□准备写	□写作中	□已成稿	□已出版待修订	□有讲义
方向二		□准备写	□写作中	□已成稿	□已出版待修订	□有讲义
方向三		□准备写	□写作中	□已成稿	□已出版待修订	□有讲义

请教师认真填写表格下列内容，提供索取课件配套教材的相关信息，我社根据每位教师/学生填表信息的完整性、授课情况与索取课件的相关性，以及教材使用的情况赠送教材的配套课件及相关教学资源。

ISBN（书号）	书名	作者	索取课件简要说明	学生人数（如选作教材）
			□教学 □参考	
			□教学 □参考	

★您对与课件配套的纸质教材的意见和建议，希望提供哪些配套教学资源：